予防と未然防止
事件・事故を回避する安全・安心の科学

監修
畠中伸敏
編著
米虫節夫
岡本眞一

まえがき

2011年3月11日に発生した東北地方太平洋沖地震に端を発した原子力事故が発生して約一年が過ぎた．福島第一原発が，なぜかくもたやすく事故を引き起こしてしまったのか，品質やリスク管理に携わるものの一人として，看過できないものがある．このことが本書の執筆のきっかけである．

本書では，リスクの概念そのものを原点に立ち返って見直した．リスクの概念の提案者の一人であるナイト（Frank H. Knight）は，確率分布が想定でき危害が測定できる場合は"リスク"と称し，測定しえないものは"不確実性"と称した．不確実性は"真理の曖昧さ"であり，リスクと不確実性は明確に概念が違い，明確な境目が存在している．両者を同じ範疇のものとして扱ってしまうと，誤謬（まちがい，誤り）が生じやすいことを警告した（詳細は第2章で論じた）．

科学は万能ではなく，自然の前では人間は無力であり，科学者や技術者が，たとえ知識を獲得したとしても厖大な知識の一部で，克服できない未成熟な技術分野が存在し，様々な誤謬が重大な事故や事件の根源となっている．

そこで，本書では，まず科学的な知見により解決できるものと，科学的知見は得られないが，重大な懸念があるものとに分割し，それぞれに対するアプローチの方法を，"予防と未然防止"で示唆した．

次に，食品の安全と安心，放射性物質の影響による人間への危害，サイバーテロへの防護方法など，科学的知見が得られていない段階での，研究者や技術者が試みるべきアプローチの仕方について，それぞれの分野での専門家が概念形成を図ると同時に，事例を通してわかりやすく解説した．

さらに，未然防止と予防のアプローチの境目を明確にすると同時に，未然防止が効果的に活用でき実績を上げた自動車産業の事例を通して，いかに科学的知見を活用し成功を収めたかについて解説する．

本書の章建ては以下のようになる．

第1章　予防と未然防止
第2章　組織事故と事故原因の潜在化
第3章　食品における予防と未然防止
第4章　食品被害と事件・事故事例
第5章　放射性物質の拡散と人体への影響
第6章　自治体における震災の想定と被害実態の検証
第7章　サイバーテロへの防護手段
第8章　金融危機へのリスク対応
第9章　自動車のリコールと不具合対策
第10章　自動車の高品質解析モデルと予測評価

　以上のことを，平易で読みやすく，事例を織り込みながら，"予防"と"未然防止"のアプローチを解説し優秀な科学者や技術者が見逃しがちな"予防"の観点を示唆し，忘れてはならない安全・安心の考えの一助とするものである．

　最後に，出版にあたってご尽力いただいた日本規格協会出版事業部の方々に心からの謝意を表します．

2012年3月

執筆者を代表して　畠中　伸敏

目　次

第1章　予防と未然防止

- 1.1　崩れる日本の安全・安心神話 ………………………………………… *9*
- 1.2　安全と安心をどう捉えるか …………………………………………… *11*
- 1.3　リスクの受入れと利益 ………………………………………………… *14*
- 1.4　不確実性と科学の限界 ………………………………………………… *19*
- 1.5　トランス・サイエンス ………………………………………………… *24*
- 1.6　ナイト流の不確実性 …………………………………………………… *27*
  - 1.6.1　『日本三代実録』第十六巻の貞観地震の記録 ……………… *28*
  - 1.6.2　原子力発電所と不確実性 ……………………………………… *30*
- 1.7　予防と未然防止 ………………………………………………………… *32*
  - 1.7.1　防止原則（Prevention Principle） …………………………… *33*
  - 1.7.2　予防原則（Precautionary Principle） ……………………… *34*
  - 1.7.3　欧州の環境政策 ………………………………………………… *36*
  - 1.7.4　予防と未然防止の使い分け …………………………………… *37*
  - 1.7.5　科学的リスク評価 ……………………………………………… *41*

第2章　組織事故と事故原因の潜在化

- 2.1　組織の構成要素 ………………………………………………………… *45*
- 2.2　事故原因の潜在化 ……………………………………………………… *47*
  - 2.2.1　顕在欠陥（active failures） …………………………………… *47*
  - 2.2.2　事故原因の潜在化（latent conditions） …………………… *48*
  - 2.2.3　深層防護（defense in depth） ………………………………… *50*
  - 2.2.4　誤謬（fallacy） ………………………………………………… *51*
  - 2.2.5　深層防護の破壊のパターン …………………………………… *52*
  - 2.2.6　事故原因の連鎖モデルと連動 ………………………………… *54*
  - 2.2.7　福島第一原発事故の誤謬 ……………………………………… *55*
- 2.3　進化するネット犯罪と企業責任 ……………………………………… *56*
  - 2.3.1　真実と虚実が混ざった世界 …………………………………… *57*

　　　　2.3.2　没個性化 ……………………………………………………… *63*
　2.4　組織風土と"ゆらぎ"への反応 ………………………………… *64*

第3章　食品における予防と未然防止

　3.1　食品危害の重要性 ……………………………………………… *71*
　　　3.1.1　衣・食・住 …………………………………………………… *71*
　　　3.1.2　食品の定義 …………………………………………………… *72*
　　　3.1.3　急性毒性と慢性毒性 ………………………………………… *74*
　　　3.1.4　食品分野における"予防"と"未然防止" ………………… *76*
　3.2　食品分野における危害の予防と未然防止対策 ………………… *77*
　　　3.2.1　食品危害の要因 ……………………………………………… *77*
　　　3.2.2　衛生管理・食材管理から環境・工程管理へ ……………… *81*
　3.3　食品危害の予防策 ……………………………………………… *91*
　3.4　衛生管理から労務管理まで …………………………………… *98*
　　　3.4.1　衛生管理の内容の変化から労務管理の必要性へ ………… *99*
　　　3.4.2　未然防止とバイオテロ対策 ………………………………… *100*

第4章　食品被害と事件・事故事例

　4.1　食品の安全性を揺るがした事例 ……………………………… *103*
　4.2　予防と未然防止の事例 ………………………………………… *107*
　　　4.2.1　食中毒事故の事例 …………………………………………… *107*
　　　4.2.2　食中毒以外の食品事故事例 ………………………………… *111*
　4.3　事例：雪印メグミルク ………………………………………… *123*
　4.4　事例：赤福 ……………………………………………………… *127*

第5章　放射性物質の拡散と人体への影響

　5.1　原子力事故 ……………………………………………………… *133*
　5.2　放射線と放射能 ………………………………………………… *135*
　5.3　原子力発電所と放射性物質 …………………………………… *136*
　5.4　放射能の測定 …………………………………………………… *137*
　5.5　放射性物質の拡散・沈着と線量評価 ………………………… *139*
　5.6　人体影響 ………………………………………………………… *146*

5.7　原子力発電所の設置審査 …………………………………………… *147*
　　　5.8　事故の未然防止 …………………………………………………… *151*

第6章　自治体における震災の想定と被害実態の検証

　　　6.1　地域防災計画が果たす役割 ……………………………………… *159*
　　　　　6.1.1　震災による被害想定の実態―宮城県石巻市の事例 ……… *160*
　　　　　6.1.2　震災による被害想定の実態―岩手県宮古市の事例 ……… *161*
　　　6.2　今後発生が予測される主な大規模地震 ………………………… *163*
　　　　　6.2.1　首都圏直下地震 ……………………………………………… *163*
　　　　　6.2.2　東海地震 ……………………………………………………… *164*
　　　　　6.2.3　東南海・南海地震 …………………………………………… *164*
　　　6.3　今後発生が予測される大規模地震の震災対策 ………………… *165*
　　　　　6.3.1　地震防災戦略 ………………………………………………… *165*
　　　　　6.3.2　首都圏直下地震対策 ………………………………………… *167*
　　　　　6.3.3　東海地震対策 ………………………………………………… *170*
　　　　　6.3.4　東南海・南海地震対策 ……………………………………… *172*
　　　6.4　東日本大震災発生後の新たな震災対策 ………………………… *174*

第7章　サイバーテロへの防護手段

　　　7.1　ソニー情報漏洩事件 ……………………………………………… *179*
　　　　　7.1.1　発生事象とソニーにおける対応 …………………………… *179*
　　　　　7.1.2　本事件の原因を追究する …………………………………… *183*
　　　7.2　本事件を教訓とする情報セキュリティ・リスク予防と未然防止 … *188*

第8章　金融危機へのリスク対応

　　　8.1　リーマンショックに対する金融機関と企業の対応 …………… *193*
　　　　　8.1.1　リーマンショックとその影響 ……………………………… *193*
　　　　　8.1.2　金融機関と企業の実施したリスク対処 …………………… *196*
　　　8.2　ギリシャ財政危機とリスクの予防と未然防止 ………………… *197*
　　　　　8.2.1　ギリシャ財政危機とは何か ………………………………… *197*
　　　　　8.2.2　ギリシャ財政危機から欧州財政危機へ …………………… *199*
　　　　　8.2.3　リスク予防と未然防止 ……………………………………… *201*

第9章　自動車のリコールと不具合対策

 9.1 自動車の不具合・事故 …………………………………………… 205
 9.2 自動車の品質保証と予防と未然防止 …………………………… 210
   9.2.1 品質保証体系図 …………………………………………… 210
   9.2.2 プロセスで活用される予防，未然防止の手法 ………… 212

第10章　自動車開発設計の未然防止

 10.1 自動車開発設計の未然防止 …………………………………… 219
 10.2 自動車開発設計の現状とCAE活用の課題 ………………… 220
   10.2.1 自動車開発生産とCAE ………………………………… 220
   10.2.2 開発設計刷新のためのCAEの適用課題 ……………… 221
   10.2.3 CAE解析技術向上への統計科学の有効性 …………… 223
 10.3 自動車開発設計の高品質保証CAE解析モデルの創案 …… 224
   10.3.1 高品質保証CAE解析モデル ………………………… 224
   10.3.2 トータルインテリジェンスCAEマネジメントモデル ……… 225
   10.3.3 インテリジェンスCAEシステムアプローチモデル ……… 227
   10.3.4 高信頼性CAE解析の技術要素モデル ……………… 229
   10.3.5 高信頼性CAE解析システムアプローチ法 ………… 231
 10.4 適用例 ……………………………………………………………… 232
   10.4.1 設計諸因子が固有技術的に特定可能な例
     ―ドアアウターミラーCAE防振最適化アプローチ …… 233
   10.4.2 設計諸因子が不明な例
     ―NNと重回帰解析を併用した車両揚力特性CAE
     最適化アプローチ ……………………………………… 234
   10.4.3 技術問題のメカニズムが不明なケース
     ―駆動系オイルシール油漏れの高精度CAE解析 …… 236
   10.4.4 "高品質保証CAE解析モデル"の水平展開とその成果 … 239
 10.5 まとめ ……………………………………………………………… 239

索　引 …………………………………………………………………………… 242
著者紹介 ………………………………………………………………………… 246

予防と未然防止

第1章 PRINCIPLE

● ●

　原子力発電所に代表される複雑な社会技術システムでは，科学技術と政策科学の領域にまたがり，たびたび科学技術の知見のみでは解決できない事件・事故が発生している．本章では，まず，リスクの概念とナイト流の不確実性を紹介する．次に，科学的知見が十分に得られない状況下で，カタストロフィ（壊滅的打撃）的な事件・事故が懸念される場合に，"**予防**"と"**未然防止**"を使い分けて，不確実性のある事件・事故について，いかに解決を図るかについて解説する．

1.1　崩れる日本の安全・安心神話

　日本には"津波"という言葉がある．記録のある最古の例は貞観11年5月26日（869年7月13日）に発生した貞観地震である．また，慶長16年10月28日（1611年12月2日）に発生した慶長三陸地震の津波では最大高さは20 mである．その後も，表1.1に示すように，明治三陸地震（1896年），昭和三陸地震（1933年）を経験しており，津波の最大高さは38.2 m，28.7 mである．英語には"津波"の適当な訳はなく，ラフカディオ・ハーンは"Tsunami"という語を用いた．中国にも該当する言葉がなく，日本で生まれた言葉である．それだけ，日本では多くの津波を経験しているのである．

　2011年3月11日14時46分に，太平洋三陸沖を震源として，マグニチュード9.0，最大震度7の東北地方太平洋沖地震が発生した．関東大震災のマグニチュード7.9を上回り，世界でも4番目の大地震となった．岩手県大船渡の津波の最大高さは30 mを超えた．

　かつて，2005年11月15日の三陸沖地震の際には，福島第一原子力発電所

表 1.1　江戸時代からの地震の記録

過去の地震発生	
1611 年（慶長 16 年）	慶長三陸地震
1677 年（延宝 5 年）	延宝地震
1703 年（元禄 16 年）	元禄地震
1707 年（宝永 4 年）	宝永地震
1854 年（安政 1 年）	安政東海地震
1854 年（安政 1 年）	安政南海道地震
1855 年（安政 2 年）	江戸地震
1891 年（明治 24 年）	濃尾地震
1896 年（明治 29 年）	明治三陸地震
1923 年（大正 12 年）	関東大震災
1933 年（昭和 8 年）	昭和三陸地震
1944 年（昭和 19 年）	東南海地震
1946 年（昭和 21 年）	南海地震
1948 年（昭和 23 年）	福井地震
1995 年（平成 7 年）	阪神・淡路大震災
2011 年（平成 23 年）	東日本大震災

■　首都圏近辺の地震を示す．

は持ちこたえて，原子力発電所の威厳を保った．しかし，今回の大地震での津波では，原子炉の冷却機の予備電源を支える燃料タンクを海岸近くに置いていたために，津波により破壊され原子炉の冷却が不能となった．冷却不能となった原子炉は加熱され，水素爆発を起こした．放出された放射性物質により，約 200 km 離れた東京の金町の浄水場の水が，210 ベクレルの許容範囲を超えて放射性物質に汚染されたため，東京都は乳幼児用に自然水 4 本を配布した．千葉県でも流山市にある千葉北浄水場，千葉市柏井浄水場が汚染された（130 ベクレル）．

　原子力発電所を設計した技術者は，"今回の津波は想定外である" と主張したが，過去の津波の経験が生かされていたとは思えない．この地方には歴史上，同じ規模の津波があったのである．

安全・安心は何よりも優先されるべきもので，完全な技術者のミスで明らかに人災だと主張する者もいる．コンピュータのプログラムを作成するときに，ある制約条件のもとでコストや利益を評価関数として選択し，最大化または最小化することを最適化というが，安全・安心は最適化されるべきものでなく，何よりも優先されるべきもので，設計の安全率の考えが，いつの間にか喪失していたのではないだろうか．

1.2　安全と安心をどう捉えるか

(1)　原子力発電所の事故に対する日米政府の対応

　自然界および人工物からの放射線量は 6.2 ミリシーベルトであるのに対し 2011 年 3 月 15 日の福島第一原発の水素爆発事故の翌日 16 日に，米国の原子力規制委員会（NRC：Nuclear Regulatory Commission）は，放射能の拡散シミュレーション結果により，人体が吸収する線量が 10 ミリシーベルト，甲状腺が吸収する線量が 50 ミリシーベルトを超えると予測した．コンピュータシミュレーションの結果は天候，風向，風速，原子炉の状況により変化するが，この予測結果に基づき，米国は福島第一原発から約 80 km（50 マイル）圏内の米国人に避難勧告を出した．NRC のホームページ上には勧告文を掲載し，ハワイ，アラスカ等米国の管理下にある地域のモニタリングポストでの放射線量の測定を強化した．米国の西海岸地域には，放射性物質による深刻な影響はないとした[9]．水素爆発を起こした 3 月 12～14 日の日本周辺では，福島第一原発から太平洋側に南西あるいは西向きの風が吹き，放射性物質は太平洋側に飛散し，放射性物質の首都圏への影響は限定的であった．

　米国では同様な事故の発生に対してどのような対応をとるかとの質問に対して，NRC は，地震や津波を含む自然災害に対して，十分持ちこたえるように，津波に対してはまれなケースから極端なケースを含めた原子炉施設の構造，システム，構成要素の安全設計を要求し，また，緊急時の対応計画を立てることや事故管理を行うものとした[10]．

一方，日本でも，日本原子力研究所が開発した緊急時迅速放射能影響予測ネットワークシステム（SPEEDI：System for Prediction of Environmental Emergency Dose Information）の放射能拡散のシミュレーションを行っていた．しかし，文部科学省は放射性物質の拡散を予測していたが，省内の執務事項外として，発表を控えていた．

　自民党衆議院議員河野太郎の講演によれば，外国人の記者団に，コンピュータシミュレーション結果を聞かされ，斑目春樹原子力安全委員会委員長に詰め寄ったが，"原子力発電所事故全般についての対応及び広報"の担当は，細野豪志内閣総理大臣補佐官（原子力発電所事故全般についての対応及び広報担当）であり，権限がないと退けられた[8]．

　東北地方太平洋沖地震と福島第一原子力発電所事故の発生以降，連日，スポークスマンとして活躍した枝野幸男内閣官房長官（菅第2次改造内閣）は，"風評に惑わされないように"と冷静な対応を国民に呼びかけた．また，文部科学省は，すでに観測車両で放射線量を測定し，その結果を3月15日夜に発表していた．しかし，健康への被害については官房長官の指示によりコメントを控えた．その後は，枝野幸男官房長官が"直ちに人体に影響を与える値ではない"を繰り返した．2011年4月，文部科学省は，児童への安全基準として，毎時3.8マイクロシーベルト，年換算20ミリシーベルトを示したが，除染対策を自治体に任せたことから，自治体が独自に校庭の表土除去を開始した．その前後の政府の狼狽ぶりがうかがえ，国民に情報隠蔽の印象を与えた．政府発表に国民が懐疑的となった．

　東京都足立区に住む主婦は，茨城県産と千葉県産の野菜を購入することをやめ，北九州産の野菜を購入し，ミルクやチーズは北海道産を購入した．横浜では幼稚園や小学校は給食制度が進み，出される食事が放射性物質に汚染されているのではないかと心配した父兄の心を悩ませた．

　福島第一原発から離れた千葉県柏市や松戸市でも，東葛教職員組合，松戸教職員組合が中心となって"放射能から子どもを守る会"の集会を柏駅の近くで開催するなど，放射能物質への対応の仕方について話し合われた．

(2) 欧米人と日本人のリスク観の違い

　ここで欧米人と日本人の違いとして，リスクと安全をどのように捉えているかを考えたい．

　欧米人はリスクをとることを前提に"安全（safety）"を考えるが，日本人はリスクがないこととして回避するといわれる．また，安全と安心は，セットで使われることが多いが，安全と安心は異なっており，安全だからといって，必ずしも安心ではない．川の傍らに住んでいて大雨が降ると，川は安全で堤防が決壊しないと言われても不安である．雨が上がり川の水位が下がると安心する．逆に，川の水位が高くないからと安心して川の中に入ると，大雨の後には鉄砲水が襲い，人が溺れる場合がある．安全と安心の不一致は，リスクの過大視や過小視によって起こり，一般的には，リスク認識の不一致により発生する場合が多い[36]．水位が低いと思って，川の中で鉄砲水に襲われるのは，リスクを過小評価したためである．

　欧米人はリスクを客観的に捉えるのに対し，日本人は，誰かが"安全"といえば，心が惑わされずに"安心"するだろうから，"安全"と言っておこう，ということがある．安全の根拠が示されないまま，リスクそのものを主観的に捉え信じ込んでしまう．日本政府のスポークスマンの発言は，"風評に惑わされないように"，"直ちに人体に影響を与える値ではない"，"今のところ，安全である"と変化していった．日本人の心の中には，"安全だと言ってくれ，そうすれば安心する"という側面がある．日本人は，本当に"安全"という意味を理解しているのかと疑問に思われる．

　それに対して，今回の震災でNRCは，放射能拡散のコンピュータシミュレーション結果により，人体が吸収する線量が10ミリシーベルト，甲状腺が吸収する線量が50ミリシーベルトを超えると予測し，米国大使館は，福島第一原発から約80 km（50マイル）圏内の米国人に，避難勧告を出した[9]．このリスクの根拠を客観的に捉えたうえで，引き続き，日本に留まるのであれば，（米国政府の勧告を無視し）留まった米国国民自身の責任となる．日本人の場合には，リスクという言葉をよく口にするが，リスクそのものの概念が明確で

はなく，リスクを対象として捉えていない．
欧米人の考え方 [14]

> 安全 (safety) [14),36),37),39]
> ・リスクを客観的に捉える
> ・リスクと恩恵を比較する
> ・リスクを取る
> 　　安全："身に危険を，物に損傷・損害を受けるおそれがない様子"
> 　　　　出典) 三省堂『第二版　新明解国語辞典』金田一京助他編集

日本人の考え方 [14]

> 安心 (peace of mind) [14),36),37),39]
> ・リスクを主観的に捉える
> ・リスクから回避
> 　　安心："心配がなくなって，心がおちつくこと"
> 　　　　出典) 三省堂『国語辞典　第二版』金田一京助他編集

1.3　リスクの受入れと利益

(1)　事件・事故の発生確率

図 1.1 に，主な事件・事故の発生確率を示す．また，表 1.2 はその算定の根拠となった過去の事件・事故例である．

原子力事故の発生確率についての研究には，国家予算 10 億円を投じて調査した，マサチューセッツ工科大学教授のノーマン・ラスムッセン (Norman Carl Rasmussen) の"原子力安全性研究"がある．そこでは，原子力発電所事故の発生確率を 5×10^{-9}（50 億分の 1）と見積もっている．しかし，米国は 1979 年 3 月 29 日にスリーマイル島原子力発電所事故を引き起こし，ノー

1.3 リスクの受入れと利益

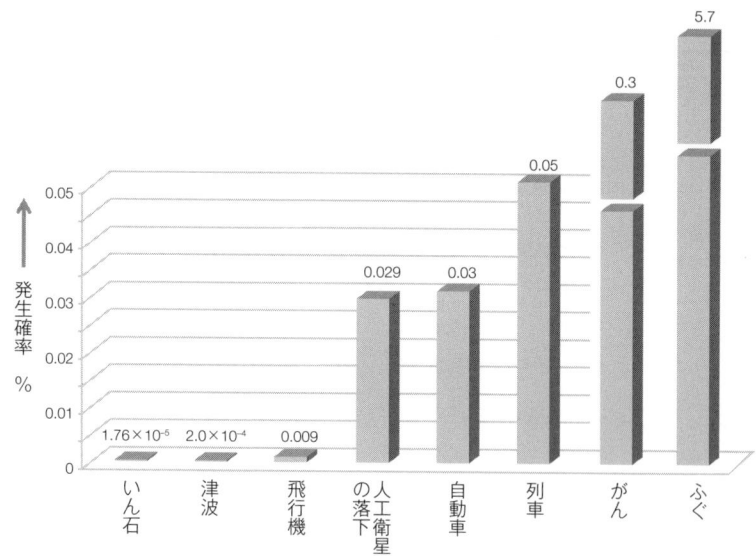

図1.1 重大事件・事故の発生確率

表1.2 過去の重大な事件・事故例

項目	発生件数	重大な事件・事故例・その他
飛行機事故の確率	航空機に乗って死亡事故に遭遇する確率は0.0009%（自動車の1/33）438年に1回	輸送実績1億人km当たりの死亡乗客数：0.04人 10万飛行時間当たりの死亡事故件数：0.07件 安全性の高い順位 1位　カンタス航空 2位　フィンランド航空 3位　キャセイパシフィック 安全性の低い順位 1位　トルコ航空 2位　エジプト航空 3位　エア・インディア ［ドイツの航空業界専門誌『アエロ・インターナショナル』（AI）2005年3月号］
列車事故の死亡確率	日本の鉄道の死亡率は2.9×10^{-8}/時間（10年間の統計） 世界全体で見れば2×10^{-7}/時間	日本の新幹線の死亡事故は，開業以来36年間なし 浙江省温州市で2011年7月23日に起きた中国高速鉄道の追突事故：35名死亡

表 1.2 （続き）

項目	発生件数	重大な事件・事故例・その他
自動車事故で死亡する確率	自動車に乗って死亡事故に遭遇する確率は0.03%（米国） 1.2×10^{-7}/時間	
いん石が落下する確率	6,500年に1回	
古い人工衛星（スペースデブリー）が落下して人に当たる確率	1/3,500	
原発事故の確率	米国：1件/104基 日本：1件/54基，実験炉での事故が1回 ロシア：1件/27基 全体：4件/435基	1950年代から発生した重大な原発事故 　日本（2回）東海村JCOの実験炉での事故，福島第一原発の事故 　ロシア（1回）チェルノブイリ 　米国（1回）スリーマイル島
ふぐの中毒に当たり死亡する確率	年間1〜3人	ふぐ毒による事故では致死率が5.7% 日本のふぐの中毒による死者は年間1〜3人 （参考：焼肉店のユッケ食中毒事件で4人）
がんの発生確率	60歳未満：0.3%以下 65〜69歳：0.947% 70〜74歳：2.032% 75〜79歳：3.684% 80〜84歳：6.413% 85歳〜：12.627%	
大きな戦争の生起する確率	5年以内に戦争が発生する確率 1人当たりGDPが 　250ドルの国：15% 　600ドルの国：7.5%（半減） 　1,250ドルの国：4%以下（さらに半減） 　5,000ドルの国：1%以下 出典）ポール・ポースト著『戦争の経済学』，2007年	
テロ		2001年9月11日米国世界貿易センタービルの同時多発テロ
東北地方の巨大津波の再来間隔（東北地方太平洋沖地震等）	450年から800年に1回	近年の4大地震 　1960年チリ地震のM9.5 　1964年米国アラスカ地震のM9.2 　2004年インドネシア・スマトラ島沖大地震・大津波のM9.1 　2011東北地方太平洋沖地震M9.0，最大震度7

マン・ラスムッセン報告の信憑性が疑われた．

　日本は 1999 年 9 月 30 日に東海村 JCO 臨界事故，2011 年 3 月 11 日に福島第一原子力発電所事故を起こした．また，ロシアは 1986 年 4 月 26 日にチェルノブイリ原子力発電所事故を起こしている．日本とロシアは，"深刻な原発事故―最多発国"と英国の BBC 放送は 2011 年 4 月に報じた．

　ただし，原子力事故についての発生確率を算出するために必要となるデータについて，中国など多くの国では原子力潜水艦の事故のデータ公開がなく，人的被害のない場合や，レベル 4 以下の事故については，公表されないことも多い．このような事情から，即座に原子力事故の発生確率を求めることができない．

　事故となると大きく報道される飛行機事故の発生確率は，自動車事故の 1/33 で，自動車事故や列車の事故より小さいことがわかる．その前にがんや，ふぐを食べて死亡する確率のほうが高い．ふぐについては，自分で料理して食べる人間が多いので確率が高いが，資格のある料理人が料理すると，ふぐを食べても死亡する確率は小さくなる．

(2) リスクの受入れ

　物の製造にはリスクが付きものであり，小さな事柄まですべてを考慮していては物が作れない．また，飛行機の落ちるのが不安であれば，飛行機に乗らず他の移動手段を使うしかない．飛行機の利便性は短い時間で，遠くに移動する手段としてこれ以上のものがない．豪華客船で，日本から米国・カナダを移動するとすれば，10 日間で 60 万円のツアーがあるが，時間とお金が必要である．たしかに，飛行機は墜落して事故となる確率がゼロではないが，飛行機の**利益・恩恵（Benefit）**があり，墜落する可能性については，リスクとして受け入れている［**"リスクをとる"（take a risk）**］のである．

　他方，日本人の"安全だと言ってくれ，そうすれば安心する"ことがかなわない場合は，東京都足立区に住む主婦のように，リスクを嫌って，北九州産の野菜と北海道産のミルクとバターを購入するのである．また，飛行機の例

のように，飛行機に乗らないで，その他の移動手段を考える．このようにリスクに対する考え方には，リスクを嫌って，"**リスクを回避する行動**"（**risk averse**）もあるのである．

(3) ISO 規格によるリスクの定義

ここで，リスクの定義について，規格を引用して検討してみたい．

リスクに関するすべての ISO の規格を作成する場合の指針となる ISO/IEC guide 51 [11] では，安全とリスクを以下のように定義している．

安全性 [11]

  受容できないリスクがないこと

safety

  freedom from unacceptable risk

    出典）ISO/IEC Guide 51（JIS Z 8051）　3.1

リスク [11]

  危害の発生確率及び危害の程度の組合せ

risk

  combination of the probability of occurrence of harm and the severity of that harm

    出典）ISO/IEC Guide 51（JIS Z 8051）　3.2

リスクそのものは，危害（harm）で定義され，損害（damage）や損失（loss）を含んでいるが，身体的な危害を重視した概念となっている．リスクは経済的概念で捉えられる場合が多いが，健康や身体的な被害があると，安全とは見なされない．その上で，"危害の発生確率及び危害の程度（severity）の組合せ"となる．

この定義に従えば，安い電気を原子力発電が供給し，人類は恩恵を被っているのであるから，原子力の事故により被害に遭うのはリスクとして許容すべきという考えも成り立つ．

リスクの定義は，化学物質や薬物などの影響や，有害性を考えるには，リスクを対象とし客観的にリスクを捉える上で，有用性が高い．

しかし，津波や原発事故は，事故の発生確率は極めて低いといわれているが，ひとたび発生すると，人類に大きな被害をもたらす．このように，カタストロフィ（壊滅的打撃）的に変化するものについては，不確実性，科学的方法による予測能力の問題，科学に問うことができても答えることができない問題群の狭間が存在し，拙速に，"事故の発生確率"が小さいということのみで，安全性を評価することは困難である．

1.4 不確実性と科学の限界

(1) BSE 問題

1985年4月に英国の南東部ケント州の牧場で，搾乳場へ牛を入れようとすると急に暴れ出し，そうかと思えば両端の足を広げ，よろよろとへたり，倒れてしまうという出来事があった．日本でも"へたり牛"の呼称で呼ばれている．牛が急に暴れ出すのは狂牛病の末期的症状で，専門家がいなかったことから，ただの奇病として扱われた．その後，2年の間に英国全土に広がり，1987年末期には400頭が感染した[25]．

オックスフォード大学動物学教授のリチャード・サウスウッド（Richard Southwood）が招聘され，"サウスウッド委員会"が設けられた．そのほかに神経学，農水食糧省の役人，保健省からの役人が加わったが，後に原因を突き止めることになるプリオンの専門家は当初加わっていなかった[25]．

それまでは，BSE（牛海綿状脳症：Bovine Spongiform Encephalopathy）感染牛の原因として，有機リン系の殺虫剤説，飲料水への感染物質説といろいろな説が論じられた．殺虫剤説については，殺虫剤が使用される季節に関係

なく，狂牛病が発生していることにより打ち消された．飲料水説では，同時期に英国全土の水が汚染されていると考えるのは難しく，飲料水説も打ち消された．マイナーな病気に対して，専門家がいなかった状況で，学者の間で，原因をめぐって紛糾した．

1993年3月，農場の農夫2人がクロイツフェルト・ヤコブ病で死亡したことが，医学雑誌『ランセット』に報告されるが，英国政府は，"単なる偶然の一致"と一蹴した．英国政府も，人や動物への影響を懸念していたため，"サウスウッド委員会"をすでに立ち上げて，1989年2月に，"サウスウッド報告書"にまとめ，委員会報告がなされていたからである．

サウスウッド報告書[25]

・BSEの発生は毎月350～400頭．

・1993年まではこの傾向が続き，累計で17,000頭から20,000頭が発病

・1996年には非常に低いレベルに達し，それ以降発生を見なくなるだろう

---

(2) プリオン病（伝達性海綿状脳症）

ここで，クロイツフェルト・ヤコブ病について整理しておく．

クロイツフェルト・ヤコブ病（CJD：Creutzfeld-Jakob）は人口100万人に対して，年間1人の発生率（100万分の1）で，発生率は非常に低く，60歳以上の高齢者に多く，約9割が1年以内に死亡するといわれ，発病後の数年以内の死亡率は100％である．クロイツフェルト・ヤコブ病には羊のスクレイピー（scrapie）を代表として人と動物に共通する疾患で，感染病と遺伝病の両面をもち，2～8年の長期の潜伏期間を経て発病し，発病すると，炎症の兆候なしに神経細胞が脱落して脳が海綿状となり，急速に死に至る[34]．

口から伝染するものとして，ニューギニアの原住民の食人の儀式により感染するクールー（Kure）病や，BSE牛から感染する変異型CJD（vCJD）があ

る．チェコのオラーバー地区で，羊を世話した人の vCJD に感染例が見られ，羊のスクレイピーが疑われたが，現在でも，異常発生した原因は解明されていない．また，牛の内臓を猫用ペットフードとしたことから，猫が vCJD に感染した例が報告されている．vCJD に感染された体内から，病原菌やウイルスが発見されないことや，外部から異物が混入しても免疫反応がないことから，vCJD はプリオン学説が有力である[28]．

(3) サウスウッド報告の信憑性

1989年2月にサウスウッド報告が出されたが，報告書の予測は，完全に外れ，BSE の年間感染数は1989年に7,228頭，1990年に14,407頭にまで増え続けた．しかし，英国政府や農水食糧省は，"我が国の牛肉は安全だ"と言い続ける．"牛は行き止まりの宿主"として，人には感染しないとした．

"牛は行き止まりの宿主"とは，"同種の動物からだとかかりやすい（潜伏期が短い）現象"[25]を指し，"種の壁"と称し，牛から人間への感染はないとした．

しかし，サウスウッド報告書が政府に提出される前に，動物実験が行われたわけではなく，後日，動物実験がされたのだった．1990年2月に，BSE が牛からマウスに感染することが，『ヴェテナリー・レコード』に掲載された．それでも，英国政府はパニックなることを恐れ，マウスが牛の脳を食することは自然状態ではないと，サウスウッド報告の"種の壁"を根拠として安全と主張した．

英国の BSE 発症のピークは1992年の年間37,280頭で，発症が沈静化するとした1996年でも，年間8,149頭が発症し，サウスウッド報告の信憑性は完全に覆った．

(4) 牛から人への感染［変異型 CJD（vCJD）の発症］

1993年3月，農場の農夫2人がクロイツフェルト・ヤコブ病で死亡したときは，英国政府は"単なる偶然の一致"とした．しかし，単なるヤコブ病であ

れば発病年齢の平均は65歳のはずであるが，1994年1月，ウェールズで16歳の少女がヤコブ病を発病した．翌1995年には感染者が合計10人となる．1996年，牛から人に感染する変異型 CJD (vCJD) は，正常なプリオン蛋白質の立体構造が異常蛋白質の立体構造に変化することにより発病する説が有力となり，ようやく，英国政府は牛から人への感染（BSEとvCJDとの関係）を認めた．世界の国は英国産牛肉および関連製品の輸入を禁止し，EU諸国も禁輸措置を講じた．英国国内では，30か月を超える牛を食用にすることを禁止し，2001年までに450万頭の牛が殺処分された[25]．

2010年までの間に牛から人に感染し，死亡した人の数は172名となり，フランスが15名となった．

(5) 感染の経路（肉骨粉）

実は，サウスウッド報告書には，"調査したすべてのBSE発症例に共通の唯一の特徴は肉骨粉"[25]と明記されていた．

牛肉を解体すると，肉，皮，内臓，骨と分かれる．肉と皮の部分については商品価値があり，お金に換えることができるが，残りの部分は多量の廃棄物となるため英国政府は苦慮していた．しかし，1980年代半ばになり，内臓や骨を粉砕し，121℃の温度で殺菌し，肉骨粉（MBM：Meat and Bone Meals）として，零細な牧畜農家が廃棄処分としていた内臓と骨を，業者がお金を出して引き取り，牧畜農家に肉骨粉を販売する仕組みが出来上がった．

牛から牛への食物連鎖のみでなく，豊富な蛋白質源を与える餌として，羊から牛へ，牛からニワトリへ，ニワトリから豚へ，豚から牛へと肉骨粉のサイクルが拡大した．牛の感染源は，牛から牛ではなく，20以上の系統に分かれた羊のプリオン病であるスクレイピーが原因であると考えられている．元々は，英国の羊の間で広がった風土病であった[29]．

牛から人への感染は，英国では，牛の特定内容物（脳，脊髄，胸腺，十二指腸，脾臓，扁桃）をハンバーガーやミートパイに入れて食する習慣に起因している．脳や脊髄にはプリオンが蓄積しやすいが，挽肉に脳や脊髄を混ぜると，

コクが出ることから，多くの消費者の口に入った．しかし，プリオンは熱に強いことから，100℃以上に熱しても死滅することがなく，牛から人へと感染経路を広げたのである．

(6) BSE から提起された問題

　当初，サウスウッド報告は政治家や行政には歓迎され，権威あるオックスフォード大学動物学教授のリチャード・サウスウッドが委員会の委員長を務めたことから，人間への感染はなく，リスクはないと信じていた．当時の農水食糧大臣のジョン・ガマーは，末娘と一緒にハンバーガーを食して，テレビカメラに収まった．国民に不安を煽るようなことをしてはならないと考え，不安を煽らない方向に動き，科学者や政治家は，国民がパニックとなることを恐れた[25]．

　しかし，後になり，1996 年に牛が BSE に感染していることが明らかとなったことから，英国国民を安心させるキャンペーンを行った政府や科学者に裏切られたと感じた．それ以降，英国国民は政府を信じなくなった．

　サウスウッド委員会は，牧畜農家のことを考え，また，国民がパニックとなることを恐れ，BSE の危険性について，強い警告を発することを控えたのだった．

　一方で，行政や政治家は，サウスウッド委員会に専門家を集め，専門家を信用して，具体的な規制に躊躇した．行政や政治家の判断としては，科学者が安全だといっているのに，強い規制をかければ，牧畜農家から反発を受け，逆に消費者からは，安全性に問題があるのに，強い規制をなぜ，かけなかったと問われる．いずれにしても，科学者が行政に対して，それは"微妙なリスクを含んでいる"というだけでは，行政や政治家は具体的な行動がとれない．

　BSE から提起された問題点は，サウスウッド委員会が発足したが，その中にプリオン病の専門家がいないこと，科学者は行政や政治家の圧力に屈することなく，科学者としての中立性をいかに保てたかなどである．また，逆に科学的判断の信憑性が問われた．

1.5 トランス・サイエンス

科学の信憑性を考える際にはトランス・サイエンスという考えが参考になる．

トランス・サイエンスは米国のオークリッジ研究所の核物理学者・原子力工学者アルビン・ワインバーグ（Albin Weinberg）[35]が提唱したもので，"科学に問うことはできるが，科学が答えることができない問題"[19]を指す造語である．

トランス・サイエンスの領域には，水俣病，イタイイタイ病，もんじゅ訴訟，薬害エイズ問題，BSE問題，遺伝子組換え食品，医療廃棄物，地球温暖化，winny事件等が含まれ，近年，増加しているといわれている．

原子力発電所の事故を考えた場合に，深刻な事故が発生する確率は小さいが，一度，原子力発電所事故となると深刻な被害が予想される．リスクの概念は，"危害の発生確率及び危害の程度の組合せ"で定義される．

一般的には，原子力発電所事故が発生すると深刻な事故を引き起こすが，その恩恵として，価格の安い電気が安定供給でき，産業の発展に大きく寄与すると考えられている．しかし，そこには，価値観の違いがあって，一度，原子力発電所事故が発生すると，深刻な事態を引き起こすから，原子力発電は必要がないと主張する人もいる．科学で問題を解決しようとすると，価値に絡む部分が多く，先行して価値観の差の課題を解決する必要がある．

トランス・サイエンスの領域では，BSE問題のように，サウスウッド委員会の中にプリオン病の専門家がいないことから，適切な答えを出せなかった．一方，行政や政治家にとっては，"へたり牛"を眼前にし，また，英国のウェールズで16歳の少女がヤコブ病に感染しても，具体的な手は打てずに，適切な政策が実施できなかった．このように，科学には答えられない場合があり，迅速な意思決定を科学者に求めても，研究そのものが未成熟な場合や，元々，無理な場合がある．

アルビン・ワインバーグは，1972年に『Science and Trans-Science』とい

1.5 トランス・サイエンス

う著書[35)]の中で，原子力事故の事例を用いて，トランス・サイエンスの厄介な構造[35),40)]として，"科学に答えが出せない場合，意思決定が科学を待てないとき．科学の答えが収束しない場合"があることを主張した．

さらに，科学の不確実性が加わると，問題は複雑化する．例えば，サウスウッド委員会は"種の壁"を根拠として安全と主張した．しかし，有機リン系の殺虫剤説，飲料水への感染物質説，プリオン学説と，BSEの原因説が学者の間で分かれた．最終的にプリオン学説が多数派を占めるようになった2001年までに450万頭の牛が殺処分され，2010年には，vCJDで死亡した人の数が172名に達した．

同様の事例に，英国のデ・ハビランド社製の"コメット"という飛行機の連続墜落事故がある．1954年1月10日，BOACのシンガポール発ロンドン行781便と1954年4月8日，南アフリカ航空ロンドン発ヨハネスブルグ行201便が，巡航中に空中爆発した事故である．離陸と着陸による0.58気圧の差圧により，金属疲労を生じて，飛行機の筐体部分のアルミニウム合金に金属疲労が重なり，空中爆発を起こした．0.58気圧の差圧は1飛行機ごとに6トンの圧力がかかるが，54,000回の金属疲労までは耐えられるものと耐久試験で確証していた．

おそらく当時としては，金属工学や流体力学の粋を集めていたと思われるが，飛行機が上昇した場合の気圧差や温度差は実験室ではクリアしていた．しかし，欧州の上空を飛ぶようになると，必要な知識が膨大に広がり，耐久試験の実験空間と欧州の上空とでは，大きな乖離が生じ，その差を解消できないまま，飛行機は墜落事故を起こした．技術者の中には事故原因を金属疲労と直感したものがいたが，事故に遭った飛行機は航続回数が少ないことから，事故原因が種々に分かれ，原因不明のままであった．そこで，"コメット"と同型の飛行機を巨大な水槽に沈めて加圧試験が行われた．その結果，54,000回の金属疲労まで耐えられる設計値は大きく予測を離れ，同型の飛行機は飛行回数900回相当分でクラックが走ったのである．

同様に，福島第一原発事故の場合でも，地震や津波の知識，原子力やシステ

ムの工学的知識は十分に獲得していたと思われるが，日本の自然の中に，原子力発電所をおいた瞬間に，必要とする知識の量が膨大になり，実験室でコントロールされていたものが，実験室と自然環境との大きな乖離を生じ，すべての可能性について洗い出すことは難しい．

> **科学的な不確実性**[35),40)]
> ・科学者の間で複数の説が存在し，科学的見解が収束しない場合
> ・結論を導き出すのに必要な知見が得られない場合
> ・実験空間と現実空間の乖離が大きく，その差を解消できない場合

従来，科学者は客観的事実を根拠として再現性を実証すれば，科学者としての立場を保持でき，行政や政治家は，社会的価値観に基づいて政策を決定すれば，その役割と責務を果たしたことになる．このことを示したのが図 1.2 の古典的図式である．しかし，科学と政策の両方にまたがるトランス・サイエンス領域においては，例えば，特定の組織に付随した委員会では，本来は公平であるべき委員会が，招集した組織の意図を解して，呼ばれた人の立場で考えなけ

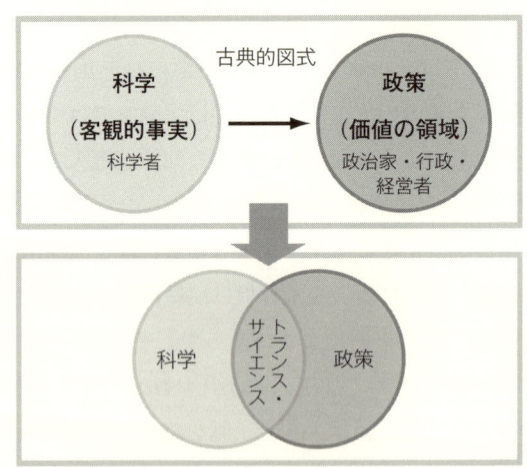

図 1.2　トランス・サイエンス
出典）小林傳司著『トランス・サイエンスの時代』，NTT 出版，2007，加筆修正

ればいけないと考え，偏った方向に結論を導き出す場合がある．

BSE 問題のリチャード・サウスウッドは，行政に配慮し畜産農家への影響を考えて，サウスウッド報告書を作成し図 1.2 の科学と政策の渦中にいて，科学者としての立場と，政策を決定する立場の両方の立場で，BSE 問題を扱うことになる．

このように，アルビン・ワインバーグ[35),40)] は，トランス・サイエンスの事例として，原子力発電の事故の例を引用し，発生確率は極めて低いが，一度，発生すると深刻な事故（カタストロフィ）に発展することを取り上げた．BSE の問題でも vCJD の当初の予想は，100 万人に 1 人であったように，予測がどの程度まで可能かの問題がある．また，科学者であっても，トランス・サイエンスの領域では政策的な意思決定の渦中に置かれるとした．

トランス・サイエンスの特徴 [35),40)]
- カタストロフィの可能性
- 科学的不確実性
- 予測能力の問題
- 科学者は政策的意思決定の渦中にある

1.6 ナイト流の不確実性

科学的不確実性について，1921 年，ナイト（Frank Hyneman Knight）[49)] は，セミナーテキストとして書き表した『危険，不確実性と利潤（Risk, Uncertainty and Profit）』[49)] で，生じうる事象の確率分布が特定できる場合とできない場合を区別し，前者をリスク，後者を不確実性"[47),49)] と称した．また，ウォーカー（W.E. Walker）[50)] らは不確実性を，"①位置（location）（不確実性がモデル全体のどこに現れるか），②水準（level）（完全なる知識から完全なる無知までの連続体において，どこから明らかでないか），③性質（nature）（不確実性が何に由来するものか）の三つの次元で捉え，②を統計学的不確実

性（statistical uncertainty，因果関係を十分に表現することができ，また影響発生の蓋然性を統計学的に表現することができる）"50) と称した．

本節では位置，水準，性質を，2011年3月11日14時46分に発生した津波や福島第一原発事故について適用して検討する．

1.6.1 『日本三代実録』第十六巻の貞観地震の記録

貞観地震の記録を，『日本三代実録』第十六巻に，清和天皇の治世の貞観11年5月26日（869年7月13日），"陸奥国に大震津波あり"の見出しで，大地震と大きな津波が東北地方一帯に襲来したことを記録として残している．

以下は貞観地震の記録部分の現代語訳である．

> 貞観11年5月26日（869年7月13日）13時ごろ，陸奥の国（東北地方）に，大きな地震が来て地面が揺れ動いた．人々は右往左往し叫び驚き，立つこともできずに地面に伏していた．家は倒れ圧死するもの，地割れに吸い込まれ死ぬものがいた．馬や牛は驚いて，狂ったように走り，互いにぶつかった．蔵や城郭，城門，多くの家屋の外壁は崩れ転倒した．海辺の港は，あたかも雷でも鳴ったかのように，轟々と音を立てて，波がわきあがり，すべてを飲み込んだ．すべてのものを押しのけて大勢の人が住む城下に迫った．どこまでも津波が果てしなく押し寄せ，海岸線から**約5 km（海を去ること数十百里）**ほど入った内陸部まで浸水した．野原や道路も海水で，あたり一面が埋め尽くされた．船に乗っている人は，逃げる時間もなく押し流され，高台に逃げようとしても遅れて津波に飲み込まれた．**約千人が溺死した（溺れ死ぬる者千許）**．大切にしていた家屋敷や財産，田畑の苗はすべて押し流された．
>
> 貞観11年6月11日（869年7月29日）新月の夜6時〜7時に，月次の夜（つきなみの夜：6月と12月の11日に開催する新月の夜）の神今食（じんごんじき）の神事に，天照大神（あまてらすおおみか

> み）を祭った神嘉殿に親王（天皇の男の子または孫），公家，神官を
> 参らせ，天皇が自ら火を改め，新たに飯を炊いて，神嘉殿に供え天皇
> が自ら食し，被災に遭った人の霊を弔った．

　古文書からの地震発生の研究は，東大地震研究所准教授の郡司嘉宣により，古文書から過去の地震の実態を科学的に解明することが試みられている．また，海洋型地震の研究については，高知大学理学部教授の岡村眞をはじめ多くの学者が，堆積地層の履歴から津波の大きさと，発生間隔の研究を行っている．地層履歴の研究から，津波堆積物を調査し，その地層に混ざった動植物から放射性炭素の量を測定することにより，地層の年代を推定することが可能である．大分県の龍神池の津波堆積物からは，紀元前1400年から現在までの2,400年間に，8回の津波の痕跡を確認した．発生サイクルは300年で，東海，東南海，南海トラフから生じる三連動地震の津波の痕跡を確認した．宝永地震から300年が経過することから，三連動地震の発生は予断を許さない状況にある．

　『日本三代実録』の"約千人が溺死した（溺れ死ぬる者千許）"は，江戸幕府初期の人口が1,000万人であることから，1万人に1人が溺死したことになる．東北地方太平洋沖地震では，15,844名の死者，3,451名の行方不明者を出したことから，これを，現在の日本の人口に当てはめれば，約1万人に相当する．同様に古文書中の"海を去ること数十百里"は，津波が海外線から，かなり離れた内陸部まで到達し侵入したことを示している．後の津波堆積物の調査研究から，内陸部5kmまで達していたことが明らかとなった．

　古文書の記述を解読すると，津波による被害の大きさの推定に示唆を与える．

　1回の巨大津波の発生から，確率分布を想定できないが，確率分布とは，発生する事象とそれぞれの事象が発生する確率をリスト化したものである．地層履歴の研究者は，何層にもわたった津波堆積物の地層履歴の標本を保有し，津波の発生間隔の示唆を得ている．

1.6.2 原子力発電所と不確実性

リスクとは"危害の発生確率及び危害の程度の組合せ"であるから，津波のリスク評価は可能となる．被害の大きさについては，『日本三代実録』の"約1,000人が溺死した"や"内陸部5 kmまで到達した"は"危害の程度"を表し，450年から800年に1回は，"危害の発生確率"を示す（確率分布が想定できる）．しかし，地震の種類（断層型地震と海溝型地震）や地震学者によっては，津波の被害の程度も，発生時期も明確でなく，津波発生の確率分布が特定できないと主張する．この場合は，**完全な不確実性（ignorance）**[47]となる．また，複数の学者によって，確率分布の中に，東北沖のみでなく根室沖の海溝型地震の確率分布も含まれることになれば，想定される確率分布が，学者によって分かれることになる．この場合は**曖昧（ambiguity）**[47]と称する．

(1) 水準 (level)
―完全な知識（理解）から完全な無知までの知識のどこから明らかでないか[50]

2011年3月14日に発生した福島第一原発事故では，3年前に10 mを超える津波の試算が提出されていたが，現状の5.7 mの堤防高さから，15.5 mの防潮堤にする工事には，数百億円の工事費用と，4年の歳月を必要とされることから，経営的意思決定の優先順位の観点により，提案内容は退けられた．この場合に，津波が，近い将来，襲ってくることがわかっていれば，防潮堤の工事を優先したものと思われるが，津波の発生周期を450年から800年に1回と予測できたとしても，原子力発電所の寿命が40年とすれば，原子力発電所の稼働中に津波が襲来するかどうかを，科学者が明確に答えることはできない．不確実性において，曖昧から完全な無知までのレベルが存在している．

(2) 位置 (location)
―複雑なシステムにおける，システムの境界の曖昧さと，システムの構造の曖昧さ（システムのどこに曖昧さが存在するか）[50]

津波や福島第一原発事故に関する不確実な事柄は，いつ発生するかというこ

と以外にも，北海道沖，東北沖，房総沖のどこで津波が発生するか，震源域は孤立しているか，他の震源域と連動しているかなどの問題がある．また，福島第一原発事故では，システムのどこで事故が発生するか，発生した事故は福島第一原発の固有の事柄か，福島第一原発の1号機の事故は他の号機に影響するかどうかの問題もある．原子力発電所の各システムを制御する回路基盤は水に濡れると機能しないことや，津波により外部電源を喪失すると，全電源喪失に伴う冷却装置が機能不全に陥ること，原子力発電所が水素爆発を起こすと，現場で指揮をとる予定のオフサイトセンターは放射性物質を被り必要な人を集められないことなどが，2011年3月11日の原子力発電所の事故前には想定できなかったことであり，これらの不確実性が存在していた．不確実性がモデル全体のどこに現れるかが明確でない．

BSE問題を扱ったサウスウッド委員会では，当初，メンバーにプリオンの専門家の参加がないことで，BSEの原因が病原菌やウイルスによる学説など，学者の間で，複数の原因説に意見が分かれた．

(3) 性質 (nature)
―不確実性が何に由来しているか[50]

単純に獲得した知識の量に由来する．あるいは，出現した現象そのものがもつ生来的な変化の不安定性に起因する．例として以下が挙げられる．

・事象を出現させるためにシステムを構成する要素間の組合せの爆発が起こる．
・事象を出現させるには，長い時間の経過を要する．
・流体力学の乱流理論，対流による沸騰現象，カタストロフィ（壊滅的打撃），無限大・無限小の問題．
・獲得した知識が違う境界面における層の変化．微分方程式の境界値問題での解の不安定性．その他．

津波の発生周期が450年から800年に1回であり，人間が実感できない時間感覚である．津波の発生時期は曖昧性をもち，明確な発生時期が地震学等の

科学的知見により得られない．また，巨大津波の発生周期も固定せず，短くなったり，長くなったりする．地震学は緒に付いたところで，今後の研究成果に期待する部分が多い．これらのことが，不確実性の要因となっている．

1.7 予防と未然防止

不確実性のある問題に対してナイト[49]はナイト流の不確実性を提唱した．ナイト流の不確実性に従えば，事象の確率分布が想定できる場合はリスクと称するが，事象の確率分布が想定できない場合は，不確実性として扱い，リスクの対象としないことを主張している．

この考えに保険原則（確率分布が想定できれば保険の対象となる）を適用すると，確率分布が想定できるとは，危害の発生確率が測定できることである．測定しえないものは不確実性と称し，測定できるものはリスクと称した．リスクと不確実性の境目に，明確な境目を設けている．また，不確実性とは真理の曖昧さをいい，リスクと不確実性の区別をせず，同じ範疇のものとして取り扱うことは誤った考え方である．

リスクは"危害の発生確率および危害の程度の組合せ"で定義されるように，発生確率が想定できない場合はリスクの対象ではなく，不確実な問題として扱うことを示唆している．

科学的知見に基づいて，危害の発生を防止することは可能であるが，いったん，原子力発電所事故のようにカタストロフィ（壊滅的な打撃）的な事象が発生すると，放出された放射性物質は回収することはできない．このように，元に戻すことができない不可逆的な事象が存在する．植物や動物の多様性の問題でも同様に，絶滅した種を元に戻すことはできない．不可逆性があるからといって，必ず"予防的原則"が適用されるとはいえないが，科学的な知見が得られないというのみで，何らかの対策をとらないことは，カタストロフィ的な事象の発生を助長し，自然破壊を助長することになる．

したがって，危害の不可逆的な蓋然性と，科学的知見に不確実性がある場合

は，"予防"を行い，明らかな科学的知見が得られる場合は，科学的知見に基づいて，"防止"を行う．

防止 (prevention):
　科学的知見に基づいて，事象の発生の確率分布が既知で，被害や危害がある程度，知りうる状態のときに適用する．

予防 (precaution):
　カタストロフィ（壊滅的な打撃）的な不可逆的な事象が発生する可能性があり，事象の発生の確率分布が曖昧もしくは，未知の場合に適用する．

1.7.1 防止原則 (Prevention Principle)

未然防止については，地球規模の汚染が問題となり，1972年，ストックホルム国連人間環境会議の宣言で，"かけがえのない地球，宇宙船地球号"という言葉が使用され，"環境リスクが明確な場合には，各国は未然防止の措置を行わなければならない"[47]と明記され，**"防止原則 (Prevention Principle)"** が謳われた．

ストックホルム国連人間環境会議の宣言　第21条原則
（環境に対する国の権利と責任）
(21)　各国は，国連憲章及び国際法の原則に従い，自国の資源をその環境政策に基づいて開発する主権を有する．各国はまた，自国の管轄権内又は支配下の活動が他国の環境又は国家の管轄権の範囲を越えた地域の環境に損害を与えないよう措置する責任を負う．

　　　　　　　　　　　　　　　　　　　（環境庁・外務省訳）

Declaration of the United Nations Conference on the Human Environment

States have, in accordance with the Charter of the United Nations

> and the principles of international law, the sovereign right to exploit their own resources pursuant to their own environmental policies, and the responsibility to ensure that activities within their jurisdiction or control do not cause damage to the environment of other States or of areas beyond the limits of national jurisdiction.

なお，品質マネジメントシステム規格 ISO 9001 の 2008 年版では，preventive action（JIS Q 9001 では予防処置と訳される）は，"action to eliminate the cause of potential non-conformity or other undesirable potential situation"と定義され，"起こり得る不適合又はその他の望ましくない起こり得る状況の原因を除去するための処置"[5] と訳されている．一般的に，**未然防止**は，クレームや不具合が発生しないようにあらかじめ処置することと考えられる．つまり，科学的な知見に基づいて，不具合やトラブルが発生しないように，あらかじめ原因を突き止めて処置することである．

1.7.2 予防原則（Precautionary Principle）

環境を保護するための予防原則は，1992 年，リオデジャネイロで開催され地球サミットで採択された気候変動枠組条約（UNFCCC：United Nations Framework Convention on Climate Change）のリオ宣言の第 15 原則（**予防原則**：Precautionary Principle）に示された．カタストロフィ（壊滅的な打撃）的な事象の発生が懸念される場合は，人間の健康に影響し，環境破壊を伴うことから，環境保護と同様に，予防原則の適用の対象となる．

リオ宣言の第 15 原則では，EU は"原則（principle）"の用語を用いて，国際慣習法上の原則として適用し，参加国を直接拘束する規範とすることを主張した．日本と米国は，拘束力がなくケースごとに内容が変化する指針を意味する"方策（approach）"の用語の使用を主張した．最終的に拘束力のある"原則（principle）"の用語の使用を避け，予防的方策（precautionary approach）の文言を使用することとなった．また，宣言文書中に，"費用対効果

の大きい対策を延期する理由として使われてはならない"の文言が追加され，結果的には予防原則の適用にあたっては，費用対効果の観点が含まれることになり，"弱い予防原則"と称された．

その後，米国は予防原則の定義に慎重な態度をとってきたが，1998年米国のウィスコン州ウィングスプレッド会議センターで開催された"予防原則に関するウィングスプレッド会議の宣言"では，予防原則の実行方法と実行への障壁について，危害への脅威，科学的不確実性，予防行動の三つの要素を取り上げ，強い予防原則を宣言した．この宣言書からは，"費用対効果の大きい対策を延期する理由として使われてはならない"の文言が取り除かれ，費用対効果にかかわらず，"科学的に十分立証されていなくても"予防的手段を講じることになり，"強い予防原則"と称される．

(1) 弱い予防原則

リオ宣言の第15原則（予防原則）[1,2]

環境を保護するため，予防的方策は，各国により，その能力に応じて広く適用されなければならない．深刻な，あるいは不可逆的な被害のおそれのある場合には，完全な科学的確実性の欠如が，環境悪化を防止するための<u>費用対効果の大きい対策を延期する理由として使われてはならない</u>．

（環境庁・外務省訳）

Rio Declaration on Environment and Development

Principle 15

In order to protect the environment, the precautionary approach shall be widely applied by States according to their capabilities. Where there are threats of serious or irreversible damage, lack of full scientific certainty shall not be used as a reason for postponing cost-effective measures to prevent environmental degradation.

(2) 強い予防原則

> **予防原則**[3]
>
> 活動が人の健康と環境に対して危害を及ぼすおそれがあるときには，たとえ，その因果関係が科学的に十分立証されていなくても，予防的手段が行われるべきである．
>
> （環境庁・外務省訳）
>
> **Precautionary Principle**
>
> When an activity raises threats of harm to human health or the environment, precautionary measures should be taken even if some cause-and-effect relationships are not fully established scientifically.

1.7.3 欧州の環境政策

1992年リオデジャネイロで開催され地球サミット，1998年ウィスコン州ウィングスプレッド会議センターで開催された"予防原則に関するウィングスプレッド会議の宣言"を経て，EC条約174条第2項に，予防原則と防止原則は組み入れられ，EU加盟各国の法的拘束力のある環境施策となった．EC条約とは欧州経済共同体設立条約のことで，2009年12月のリスボン条約では，"欧州連合の機能に関する条約"と改称された．

EC条約174条第2項が，EC加盟国の環境施策の基本となっている．予防原則，防止原則を含め，汚染物質の発生源での対応や，汚染者負担の原則が明確に打ち出されている．

> **EC条約174条第2項**
>
> EC加盟各国の施策は，加盟各国の様々な地域の状況の多様性を鑑みて，高い水準での環境保護を目的とする．
>
> 施策は以下の四原則に基づく．

1.7 予防と未然防止

- ・予防原則（Precautionary Principle）
- ・防止原則（Prevention Principle）
- ・発生源での対応原則（Ratification at Source Principle）
- ・汚染者負担原則（Polluter Pays Principle）

2. Community policy on the environment shall aim at a high level of protection taking into account the diversity of situations in the various regions of the Community. It shall be based on the precautionary principle and on the principles that preventive action should be taken, that environmental damage should as a priority be rectified at source and that the polluter should pay.

出典）Eurostep EEPA, "Consolidated version of the Treaty Establishing the European Community, 2002".
日本語訳の四原則については筆者が加筆修正

1.7.4 予防と未然防止の使い分け

一般的には，危害の不可逆的な蓋然性と，科学的知見に不確実性がある場合は，"予防"の対象であり，明らかな科学的知見が得られる場合は，"防止"の対象であるといわれている．

環境制約の予防の観点では，科学的知見によらず，深刻なあるいは不可逆的な被害の恐れのある場合には，何らかの対策を講じることを必要としている．

カタストロフィ（catastrophe）とは，通常，"悲劇的結末"とか"破局"を意味するが，フランスのトポロジスト ルネ・トム（René Thom）が，1972年に著書『構造安定性と形態形成』の中で提唱したもので，例えば，水を温めていくと，100℃の液体が，突如，100℃の気体となって蒸発する．水だけではなく，地殻にエネルギーを徐々に蓄え，突如として蓄えたエネルギーを放出する地震もこの例である．それとは逆に，外部から熱を加え，水の熱容量が増大し，温度が徐々に上昇するのは定常的な変化である．

図1.3は，予防と未然防止の使い分けを示したもので，不確実性がなく科学

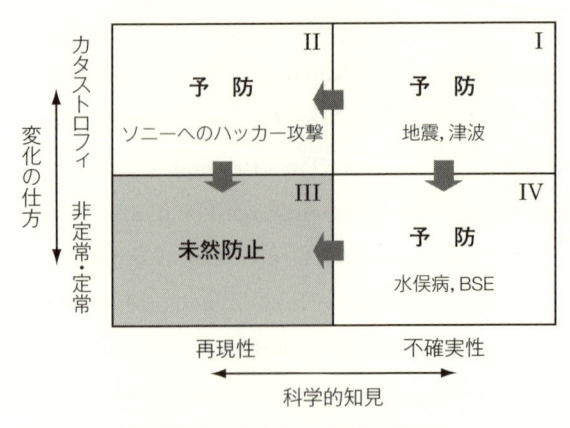

図 1.3　予防と防止の使い分け

的知見が得られているかどうかを示し，科学的知見が得られない場合や，科学的知見が複数の科学者により対立している場合は，不確実性があると考え，横軸に科学的知見の度合いを示す．危害の発生確率が測定できる場合がリスクで，真理の曖昧さを不確実性とすると，リスクと不確実性の概念の境界は明確で同一の範疇ではない．しかし，100％の再現性が保証されるものから，一部真理の曖昧さを伴った事象が混在する可能性があり，再現性についても，不確実性と同様に再現性の水準が存在する．

　また，縦軸は，現象や対象物の構造の安定性や形態形成が，破局的に変化するか，非定常・定常で変化するかを示す．

> **非定常（unsteady state）**：ある着目している現象や対象物の状態が，ある安定な状態に到達するまでの過渡的な状態を指す．例：小川の表面が波立ち，流量が変化する．
> **定常（steady state）**：ある着目している現象や対象物の状態が，時間とともに変化しない状態を指す（安定した状態）．例：小川に毎時，一定の水量が流れる．

1.7 予防と未然防止

なお，情報セキュリティなどの分野では，リスクに対処する方法として，抑止と予防の考え方がある．抑止とは脅威に働きかけることにより，脅威の発生する可能性が低減することを示す．予防そのものは脅威が現実化した場合の危害や財産上の損害や損失を小さくすることである．仮に地震や津波が発生することが脅威としてわかっていても，現在の科学と技術力では，地震や津波に働きかけて，地震や津波をなくすことはできない．できるのは，発生することがわかっていれば，建物を耐震構造にすることや，高い防潮堤を建設することのほか，津波が来襲するときには高台に逃げて難を逃れるなどの予防策を考えて，脅威が現実化した場合の護りの弱さ（脆弱性）を補強するなどの対処である．

また，JIS Q 13335-1:2006（ISO/IEC 13335-1:2004）（情報通信技術セキュリティマネジメント—第1部：情報通信技術セキュリティマネジメントの概念及びモデル）の 2.25, 2.26 では，脅威と脆弱性を次のように定義している．

> **脅威（threat）**：システム又は組織に損害を与える可能性があるインシデントの潜在的な原因
> **脆弱性（vulnerability）**：一つ以上の脅威がつけ込むことのできる，資産又は資産グループがもつ弱点

以上をふまえて，図 1.3 に予防と防止の使い分けについて解説する．

第Ⅰ象限

現象や対象物の構造の安定性や形態形成が，破局的に変化し，リスクを軽減するための科学的知見が得られていないことを示す．また，脅威が明らかになっても，脅威に働きかけることができない場合や，脅威の発生する可能性を軽減することができない象限を示す．

第Ⅱ象限

現象や対象物の構造の安定性や形態形成が，破局的に変化しているが，科学的な知見が得られている場合で，脅威への働きかけが難しいが，予防的方策が可能な領域を示す．例えば，"企業情報システムへのハッカーの攻撃"などの

例である．ハッカー集団の"アノニマス"が，予告を行って，1億件の個人情報が流出した事件である．

　ハッカー集団の"アノニマス"側の発表によれば，メーカーがメンテナンスを打ち切った古いバージョンの OpenSSH 4.4 のソフトをソニーが使用していて，この版のセキュリティホールをねらって攻撃した．なお，ソニー側の発表はない．

　ハッカーの攻撃は分散型サービス停止攻撃（DDoS：Distributed Denial of Service）による一斉攻撃で，"アノニマス"は自然発生的な集団であることから，ハッカー一人ひとりへ働きかけるような対処は難しい．また，"アノニマス"に明確なリーダが存在するわけでもなく，集団のリーダーに橋渡しをして攻撃の停止を求めることができない解決の難しい問題である．しかし，脆弱性に対する補強などの対処は可能であり，脆弱性の除去により，対処すべき事象は第Ⅱ象限から第Ⅲ象限に移動する．

第Ⅲ象限

　現象や対象物の構造の安定性や形態形成が，非定常あるいは定常な状態で，十分な科学的知見が得られる場合で，何らかの防護の適用が可能な象限を示す．

第Ⅳ象限

　現象や対象物の構造の安定性や形態形成が，非定常あるいは定常な状態であるが，十分な科学的知見がなく不確実な状況で，十分な科学的知見が得られていると，リスクの現実化が防げる領域を示す．

　これには，カドミウム公害のイタイイタイ病や，メチル水銀が原因の水俣病が該当例である．イタイイタイ病については 1955 年に発見されて，公害と認定されるのが 1960 年で，5 年の歳月を要している．また，水俣病については，1956 年に発見されて，1969〜1970 年に裁判で認定されるまでに，13 年から 17 年の歳月を要している．

　この象限では，科学的知見が得られていないため，公害を引き起こしたが，科学的知見が得られたあとは，カドミウムやメチル水銀への自然界への放出が

公害防止法により禁止され，1970年に公害対策関係15法が成立し，1971年に環境庁が発足する契機となる．

科学的知見を獲得し不確実性を解消することにより，対処すべき事象は第Ⅳ象限から第Ⅲ象限に象限が移動する．

> "予防"の対象：第Ⅰ象限，第Ⅱ象限，第Ⅳ象限
> 　　危害（財産上の損害や損失を含む）の不可逆的な蓋然性と科学的知見の不確実性がある場合．
> 　　あるいは，カタストロフィ的な危害が懸念される場合．
> "防止"の対象：第Ⅲ象限
> 　　明らかな科学的な知見が得られ，現象や対象物の構造の安定性や形態形成が，非定常あるいは定常な状態である場合．

1.7.5　科学的リスク評価

科学的知見が得られない場合に，予防原則を用いることに対して，EU（欧州委員会）は，科学的不確実性の有無にかかわらずに，科学的リスク評価は，卓越性，独立性，透明性を満たした権限ある公的機関が評価するものとしている．また，植田等は"利用可能な最善の科学的データおよび国際的な調査研究の成果に基づき，問題となる状況が，社会にとって受容不可能とされるリスクの水準を越えているか否かを確定することを可能とするものでなければならない"[47]としている．

例えば，環境保護のために予防原則を用いる場合は，政府間パネルIPCCの見解やアドバイスを参考するなどである．

> **（1）　卓越性の原則**
> 　　科学的助言は，可能な限り高い質を有するものでなければならず，そのために，潜在的ハザードの評価は優れた科学者によりおこなわれなければならない．

(2) 独立性

　欧州委員会は，科学組織に属する科学者が，消費者の健康の高水準の保護に寄与するのに必要な，独立した助言を行うといった要請と衝突するような利害を有しないことを，確保しなければならない．

(3) 透明性

　利害関係者（消費者・消費者団体を含む）にとっては，科学委員会の作業手続に係る情報およびその助言に，容易にアクセスすることが不可欠である．加えて，欧州委員会は，かかる助言の位置づけ（establishment）に関するさまざまな方法に関して，消費者を含む利害関係者に対し十分に情報を提供しうる．これらの目標の達成には意思疎通が重要である．

出典）植田和弘，大塚直監修『環境リスク管理と予防原則』，有斐閣，2010．

参考文献

1) 環境庁・外務省監訳："アジェンダ 21 実施計画'97"，エネルギージャーナル，1997．
2) The United Nations Conference on Environment and Development, *"Rio Declaration On Environment And Development"*, June 1992.
3) The Science and Environmental Health Network, "THE PRECAUTIONARY PRINCIPLE IN ACTION A HANDBOOK", 1998.
4) 環境省訳"国連環境会議(ストックホルム会議：1972 年)人間環境宣言"，環境省，1972．
5) 品質マネジメントシステム規格国内委員会監修：『ISO 9001:2008』，日本規格協会，2009．
6) 青山義充他：『小六法』，有斐閣，2004．
7) 市川芳明編著：『EuP 指令入門』，社団法人産業環境管理協会，2006．
8) ウィズダム教育研究所："「原発」今こそ考えよう　3 人の賢人によるパネルディスカッション講演記録"，ウィズダム教育研究所主催，メロンディアあざみ野，

参考文献

2011年9月18日開催.
9) U.S. Nuclear Regulatory Commission, NRC NEWS "Provides Protective Action Recommendations Based on U.S. Guidelines", No.11-050, March 16, 2011.
10) U.S. Nuclear Regulatory Commission, "Expanded NRC Questions and Answers related to the March 11, 2011 Japanese Earthquake and Tsunami (August 12, 2011).
11) 日本規格協会:『安全面―規格に安全に関する面を導入するためのガイドライン』, 1999.
(ISO/IEC Guide 51:1999 "Safety aspects―Guidelines for their inclusion in standards")
12) 小笠原泰:『日本型イノベーションのすすめ』, 日本経済新聞出版社, 2009.
13) 小笠原泰:『なんとなく, 日本人―世界に通用する強さの秘密』, PHP新書, 2006.
14) 小笠原泰:『日本的改革の探究―グローバル化への処方箋』, 日本経済新聞出版社, 2003.
15) 都司嘉宣:『千年震災』, ダイヤモンド社, 2011.
16) 河田惠昭:『津波災害』, 岩波新書, 2010.
17) IAEA, "IAEA SAFETY STANDARDS SERIES Site Evaluation for Nuclear Installations", International Atomic Energy Agency, No.NS-R-3., 2003.
原子力安全委員会:『原子力施設の立地評価 IAEA NS-R-3(仮訳)』.
18) 石戸四郎:『津波とたたかった人』, 新日本出版社, 2004.
19) 小林傳司:『トランス・サイエンスの時代―科学技術と社会をつなぐ―』, NTT出版ライブラリーレゾナント, 2007.
20) 柴谷篤弘:『反科学論』, 筑摩書房, 1998.
21) ジェームズ・リーズン著, 塩見弘監訳:『組織事故』, 日科技連出版社, 1999.
James Reason: "Managing The Risks of Organizational Accidents", Ashgate Publishing Limited, 1997.
22) 大前研一:"人間力の時代", SAPIO, 小学館, 2011年12月7日号.
23) Jens Rasmussen: "Learning from experience? How? Some research issues in industrial risk management", in B. Wilpert &. T. Qvale, T.(eds.), *Reliability and Safety in Hazardous Work Systems*, Lawrence Erlbaum Associates Ltd., 1993.
24) 佐藤謙三, 武田祐吉訳:『日本三代実録 上巻復刻版』, 戎光祥出版, 2009.
25) 響堂新:『BSE禍はこれから本番だ』, 洋泉社, 2006.
26) 神山恒夫:『人獣共通感染症』, 地人書館, 2004.
27) サイバーX編集部:『狂牛病』, 工学社, 2005.

28) 小野寺節：『狂牛病とプリオン生物学』，医学出版，2002．
29) エリックローラン著，門脇仁訳：『終わりなき狂牛病』，緑風出版，2002．
30) 内田誠：『狂牛病は終わらない』，旬報社，2003．
31) マクシム・シュワルツ著，山内一也監修：『なぜ牛は狂ったのか』，紀伊国屋書店，2002．
32) スティーブ・フラー著，小林傳司他訳：『科学が問われている』，産業図書，2000．
33) 小林傳司：『誰が科学技術について考えるのか』，名古屋大学出版会，2004．
34) 小野寺節，"プリオン病と遅発性ウイルス感染症"，金原出版，2010
35) Alvin M.Weinberg, "Science and Trans-Science (Masters of Modern Physics)", Amer Inst of Physics, 1993.
36) 中谷内一也：『安全．でも，安心できない…―信頼をめぐる心理学』，ちくま新書，2008．
37) 中谷内一也：『リスクのモノサシ安全・安心生活はありうるか』，NHKブックス，2006．
38) 小林傳司：『科学とは何だろうか―科学観の転換』，木鐸社，1991．
39) 村上陽一郎：『安全と安心の科学』，集英社新書，2001．
40) 小林傳司：『トランス・サイエンスの時代―科学技術と社会をつなぐ』，NTT出版，2007．
41) 津波研究小委員会：『津波から生き残る』，土木学会，2009．
42) 市村武美：『BSE凶悪ウイルスに勝つ～新技術バイオ―ITとは』，小学館スクウェア，2006．
43) 唐木英明：『牛肉安全宣言―BSE問題は終わった』，PHP研究所，2010．
44) 藤原邦達：『食の安全システムをつくる事典―BSE問題以降の課題』，健康双書，農山漁村文化協会，2003．
45) Edited by Mohammed Adellaoui, R. Duncan Luce, Mark J. Machina and Bertrand Munier: *"Uncertainty and Risk: Mental"*, Springer, 2010.
46) Michael Power: "Organized Uncertainty: Designing a World of Risk Management", Oxford, 2007.
47) 植田和弘，大塚直監修：『環境リスク管理と予防原則』，有斐閣，2010．
48) Charles Perrow, "Normal Accidents", Basic Books, 1984.
49) F.H. Knight: "Risk,Uncertainty and Profit.Houghton Milfflin", 1921.
（奥隈栄喜訳：『危険，不確実性および利潤』，文雅堂銀行研究社，1959）
50) Walker, W.E., P. Harremoës, J. Rotmans, J.P. van der Sluijs, M.B.A. van Asselt, P. Janssen, and M.P. Krayer von Krauss "Defining Uncertainty: A Conceptual Basis for Uncertainty Management in Model-Based Decision Support," *Integrated Assessment*, Vol.4, No.1, pp.5–17, 2003.

組織事故と事故原因の潜在化

第2章　ORGANIZATION

・・・・・・・・・・・・・・・・・・・・・・・・・・・・

　化学プラントなどの社会技術システムでは，事件・事故を防止するために設計された防護システムが，ある環境と条件が揃うと，潜んでいた誤謬（誤り）が顕在化し重大な事件・事件を発生させる．これらの事件や事故は，ただ単なる誤謬のみでなく，組織の風土や価値観の観点からも事件・事故の原因を明確にする．

　本章では，まず，防護システムがねらいとする機能要件を述べ，同時に，防護システムを破壊する工学的な原因についても解説する．次に，組織の風土や価値観の欠陥から生じる事件・事故を，ネット犯罪の進化と企業責任を例に解説する．

2.1　組織の構成要素

　組織へのアプローチの仕方には，組織形態による組織の外面（組織のハード的な捉え方：形態，仕組み，その他）へのアプローチと，組織の内面（組織のソフト的な捉え方：風土，価値観，その他）へのアプローチの方法がある[10]．そのアプローチの一つは人間や組織で構成されたシステムに主眼を置き，アクセルロッド（Robert Axelrod）[6]の主張する複雑適応系のアプローチを企業組織に適用し，企業風土の醸成や企業価値形成のプロセスを明確にすることである．複雑適応系の組織論では，**個**（agent）[6]を，"自らが判断し適応的に変化するもの"とし，人間を個の一つとしている．この個と個が相互に関係をもち，ネットワーク状に関係していることを，**複雑性**（complexity）[6]と定義する．

　組織は，個，組織の目的，個と個の関係性（相互作用），マネジメント（経

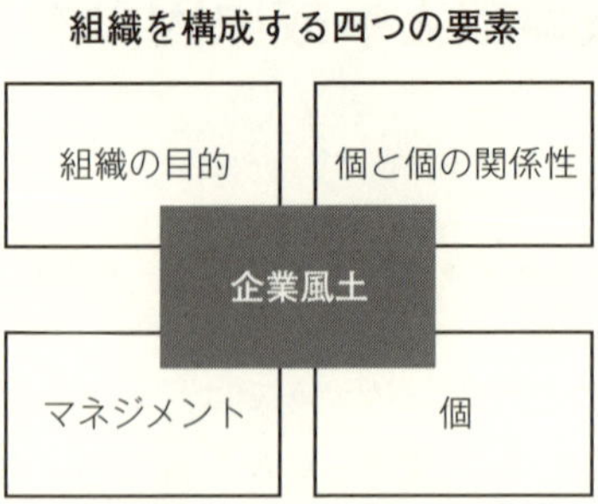

組織を構成する四つの要素

```
┌─────────────┬─────────────┐
│  組織の目的  │ 個と個の関係性│
│       ┌─────────┐        │
│       │ 企業風土 │        │
│       └─────────┘        │
│ マネジメント │      個     │
└─────────────┴─────────────┘
```

図 2.1 組織の構成要素

営）の四つの要素で構成される（図 2.1）．この考え方は，経営者も個にすぎず，経営者を個という関係で従業員と同列で論じ，経営者の方針や目標が適切でないと，是正のフィードバックがかかり，方針や目標が修正される．適正でない方針や目標に対して，従業員がそのまま受け入れる場合がある．その場合は従業員，経営者を含めた価値感で，経営者や従業員が適正でない方針や目標に対して，いかに反応したかの問題がある．組織の内面へのアプローチは，たとえ経営者といえども，経営者と従業員との間には相互関係のみが存在する．

また，経営者は通常，権限や権威が保有しているとしているが，仮の姿にすぎず，現場の場面情報や，人，お金，設備は，従業員である個がコントロールし，経営者という個は，従業員である個との相互作用なくしては，経営者が掲げた目標を達成することができない．逆に，明確な経営目標や，社会的コンプライアンスの重要性を，経営者自らが発することにより，個と個の相互関係性を通して，企業風土が醸成され，従業員が企業価値の重要性に反応する．

経営者を含めた個と組織目標をつなぎ合わせるものがマネジメントで，一般的には組織の階層を通して，経営者の上位下達が行われる．しかし，管理指向が強いと，組織の中で手続きが重視され，個である従業員が現場の場面情報に反応しなくなり，階層の下位から，重要な情報が上申されなくなる．企業風土の劣化が顕著に現れた例として，オリンパスや大王製紙の社会的な不祥事が挙げられる．

2.2 事故原因の潜在化

1985年8月12日に発生したJAL 123便,羽田発伊丹行のボーイング747 SR-46の御巣鷹山の尾根(群馬県多野上野村高天原山の尾根)の飛行機事故では,胎児1名を含む521名が死亡した.修理ミスが飛行機事故に結び付いた.

1978年6月2日,羽田発伊丹行き115便として使用され,伊丹空港に着陸しようとして,尻もち事故を起こした.機体全体にゆがみを生じ客室後部の化粧室ドアに不具合28か所が発生し,生じた不具合をボーイング社に依頼した.修理計画書では,1枚のプレートでつなぎ合わせて,両端の接合部分は2列のボルト打ちで,接合部分のプレートをつなぎ合わせることが示されていたが,2枚のプレートで接合し,1列のボルト打ちのみで修理を済ませた.

修理の検査担当者や専門家が目視すれば修理ミスを容易に検出しうるが,修理した箇所は表面材や柱の陰に隠れ,修理ミスが発見されることはなかった.この修理ミスにより,圧力隔壁の脆性強度が,通常の70%以下に低下した.その後の保守点検でも発見されることなく潜在化し,修理の欠陥部分に繰り返し応力を生じ,弾性応力の限界に達すると,飛行機の筐体が破壊された[50].

航空機,列車,輸送システム,化学プラント,原子力発電所等の社会技術システムは,どんなに自動化が進んでも,システムを設計し,管理,運用,維持するパイロット,運転手,オペレーター,コントローラーの人間が,必ず介在する.人間が病原体により病むように,組織にも病原体に相当するものがあり,設計不良,残存する製造不良,保守ミス,修理ミス,欠陥のある手順書,教育訓練不足,自動化の不備の欠陥が潜在化し,ある環境と条件が揃うと,事件や事故が誘発される.

2.2.1 顕在欠陥 (active failures)

修理担当者が犯したミスや規則違反の影響は瞬発的であり,原因が発生してから,影響が現れるまでの時間が短いとされる.事故原因が単一で事故事象が

独立している場合は，事故原因が潜在化することなく，早期に事故現象が出現する[44]．

2005年4月25日に発生した西日本旅客鉄道（JR西日本）福知山線の塚口駅尼崎駅間の列車事故では，107名の死者，562人の負傷者が出た．事故原因は，事故の現場の制限速度は70 km/hであるが，"脱線した列車がブレーキをかける操作の遅れにより，半径304 mのカーブに時速116 km/hで進入し脱線"[51]したとされる．

ジェームズ・リーズン（James Reason）は事故の種類を発生した事故の影響が個人レベルで終わるものとそうでないものに分け，組織全体に及ぶ事故を組織事故と称した[44]．JR福知山線脱線事故の事故現場は，事故後も2005年6月から2010年10月までに，速度超過で列車の緊急停止が発生し速度の出やすい魔のカーブと呼ばれ，11件の緊急停止が発生していた[8]．

ブレーキを踏んで列車が停止しなければ，運転手の操作ミスとされ，個人レベルの事故原因として処理される．発生件数からは個人事故のほうが圧倒的に多い．組織事故は発生件数が小さいが，発生すると大事故に発展する可能性が大きい[44]．

組織原因は，組織の風土や価値観に起因する場合が多く，本書では，組織風土や組織の価値観の劣化に起因して発生する事故を組織事故（organizational accidents）と定義する．

2.2.2　事故原因の潜在化（latent conditions）

近年は，個人的事故であっても，組織的な事故原因が調査されることが多い．JR福知山線脱線事故では，ダイヤ面での事故原因が指摘された．JRの民営化により，阪急電鉄の宝塚線，神戸本線，伊丹線と競合し，停車駅を追加することになった．停車駅を追加した分，所要時間を増大させる必要があるが，余裕時間を削って過密ダイヤで走行した．事故現場にATS（自動列車停止装置）が設置されていなかったことも指摘されている[51]．

事故が発生した現場は運転手仲間で魔のカーブと呼ばれ，事故の発生の懸念

2.2 事故原因の潜在化

があったが，ATS の設置を遅らせるなど，株主への利益配当を優先させ，検出した事故原因が潜在化した．

原子力，航空機，石油プラント，化学プラント，巨大な物流システム，金融システムの社会技術システムは，機能が相互に絡み，原因を特定するだけでも，多くの時間を要する[44]．これらのシステムは，機器，装置，設備，オペレータ，管理者，経営者が構成要素となり相互に関係し，適応的に変化する複雑系システムである．

このような複雑系システムにおいて，図 2.2 に示すように潜在的な事故の発生確率の高い事業では，事故の発生を抑えるために投資を行って安全性を高める．しかし，投資が過剰となると，経営が破綻する．一方，事故の発生確率は小さいことから，生産性のみを重視し安全への投資を怠ると，重大事故を発生させる場合がある．安全性と生産性は常にトレードオフの関係にあり，経営者は常に相矛盾する経営課題の解決が強いられる．常に安全性と生産性がバランスのとれた平衡領域では，経営者の意識から，事件・事故の意識が薄れるが，常に"平穏無事に潜む危険"が潜んでいる．

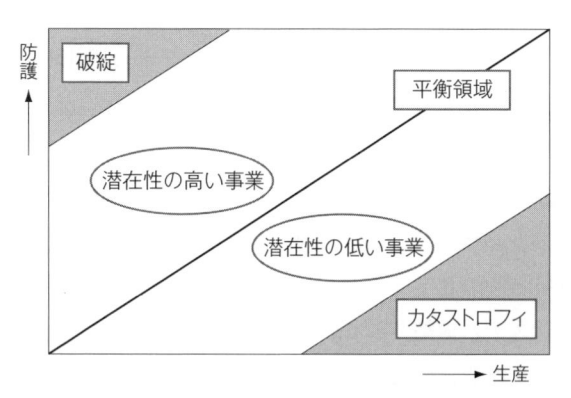

図 2.2　防護と生産の関係

出典）ジェームズ・リーズン著，塩見弘監訳：『組織事故』，日科技連，1999
James Reason: "Managing The Risks of Organizational Accidents", Ashgate Publishing Limited, 1997，筆者加筆修正

2.2.3 深層防護（defense in depth）

通常の防護システムは，次の七つの機能要件を満たすように設計される．

> ① 局所的に存在する危険の明確化
> ② 安全性確保の手順
> ③ 緊急事態の発生の発報と警告の発生
> ④ 異常事態から，システムの安全な状態への復帰
> ⑤ 潜在的な危険と，危害や損傷との間に安全バリアを設ける
> ⑥ 安全バリアから，すり抜ける潜在的な危険を封じ込め，取り除く
> ⑦ 潜在的な危険の封じ込めに失敗した場合の避難と救助を明確にする
>
> 出典）ジェームズ・リーズン著，塩見弘監訳：『組織事故』，日科技連，1999
> James Reason: "Managing The Risks of Organizational Accidents", Ashgate Publishing Limited, 1997，筆者加筆修正

1984年12月，インドのユニオン・カーバイド社のボパールインディアの化学プラントで，市民4,000人が死亡し，20万人が負傷した化学事故が発生した（ボパールの悲劇と呼ばれる）．工場内に蓄えられた殺虫剤の製造原料のメチルイソシアネート（MIC）が貯蔵用のタンクから噴出して，大惨事となった．貯蔵用タンクと配管で接続された設備の洗浄を行ったときに，タンク内に洗浄水と鉄錆が混入し，メチルイソシアネートが噴出した[49]．

多重性（保護の多階層化）と**多様性**（タイプの異なる保護）をもつように構築された防護のシステムを"**深層防護**"（defences in depth）[44]と称し，事故を起こしたボパールの化学プラントは，図2.3に示す深層防護の安全設計の概念のもとに，システム構築されていた．

深層防護の安全性設計の概念では，防護の機能要件を満たすように，定常状態では，安全を護るための工学的防護システムや物理的バリアは待機させる．また，安定状態から非定常の状態に変化したときに，動作して人間を護るべき防護システムが機能し，幾重にも講じられた防護階層が設けられ，事故が発生

2.2 事故原因の潜在化

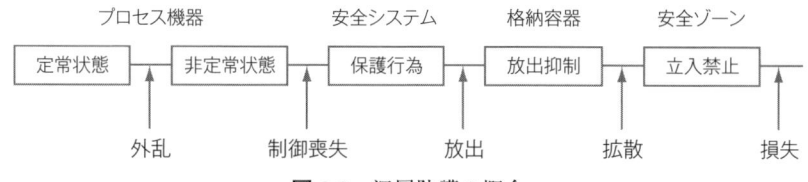

```
プロセス機器      安全システム      格納容器       安全ゾーン
┌──────┐  ┌──────┐  ┌──────┐  ┌──────┐  ┌──────┐
│定常状態│→│非定常状態│→│保護行為│→│放出抑制│→│立入禁止│→
└──────┘  └──────┘  └──────┘  └──────┘  └──────┘
    ↑        ↑        ↑        ↑        ↑
   外乱     制御喪失    放出      拡散      損失
```

図 2.3　深層防護の概念

出典）ジェームズ・リーズン著，塩見弘監訳：『組織事故』，日科技連，1999
James Reason, "Managing The Risks of Organizational Accidents", Ashgate Publishing Limited, 1997

した場合の化学プラントと，ボパールに居住する住民との間に安全バリアを設け，メチルイソシアネートが噴出した場合には，住民避難や救助を行うものとしていた[49]．

2.2.4 誤謬 (fallacy)

安定状態から非定常の状態に変化したときに，当然，動作して人間を護るべき防護システムに，エラーや不具合が生じ，幾重にも講じられた防護階層が破られ，巨大事故が発生した．

ボパールの化学プラントの事故では，互いに独立して機能するはずの三つの防護システムが，同時に機能しなくなった[44]．

・毒性の高いシアン化メタンを燃焼させるための燃焼塔
・排出ガスを浄化するための浄化塔
・残留蒸気を中和するウォータースプリンクラー

このことに対して，イェンス・ラスムセン (Jens Rasmussen)[47] は，**"深層防護の誤謬"** (the fallacy of defences in depth) と呼び，"深層防護は，多重性（保護の多階層化）と多様性（タイプの異なる保護）をもつように構築されているが，その一方で，複雑な社会技術システムの中でさまざまな問題を生み出している"と指摘し，深層防護の仕組みに誤謬が生じやすいことを指摘した[47]．

誤謬は，論証において形式上や論理的な瑕疵が存在し，論証全体に妥当性が欠けることをいう．

> 誤謬（ごびゅう）：まちがい，あやまり，錯誤，舛誤（せんご），過誤
> ［呉志，韋耀傳］上渥レ有_誤謬_，数数省レ読
> 出典）諸橋轍次著，『大漢和辞典第十巻』，大修館書店．

ボパールの悲劇では，保守が行われずに，長い年月が経過する間に，配管や設備が錆びていることに気づかず，タンクに洗浄水と鉄錆が流入しメチルイソシアネートが噴出した．このように，長い年月が経過してやっと現れる影響や，犯したエラーを見逃したり，隠してしまうことがある．深層防護は，化学プラントのシステムが複雑になる分，不具合の一つひとつに必ずしも反応しない場合がある．発生した不具合を深層防護により防げることもあり，あるいは隠される場合がある．事故の原因は保守の不備とされている．

不具合の存在は，当事者が気づかない場合があり，局所的な条件や，最前線で働く人間のエラーが組み合わさって，防護の階層を壊す場合がある．

2.2.5 深層防護の破壊のパターン

図 2.4 に示すように深層防護のパターンには次の四つがある．

（1）欠陥の放置

JR 福知山脱線事故では，経営者が事故原因の重要性に気付き，列車ダイヤに余裕をもたせ事故現場の魔のカーブに ATS を設置していれば，事故を回避できた可能性がある．

また，ボパールの悲劇と呼ばれる事故では，幾重にも講じられた安全上の設備は，適切な保守や修理が行われずに，設備上の欠陥が放置されたままとなり，安全上の機能が働かなかった[49]．

（2）潜在原因

ボパールの悲劇と呼ばれる事故のように長い年月が経過してやっと現れる影響がある．日本航空 123 便墜落事故のように，修理ミスが隠れ誰にも発見されない場合がある．また，経営者の経営活動の中で重大事故に結び付くことを

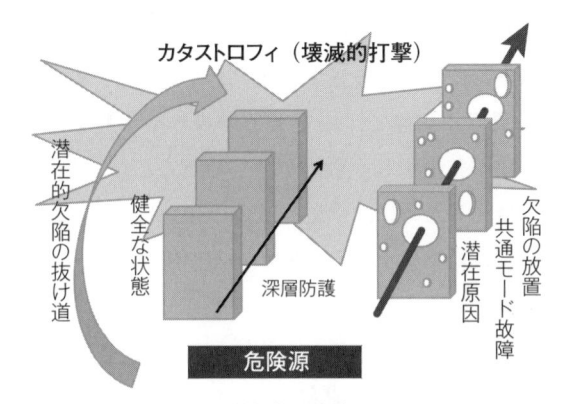

図 2.4 深層防護の破壊のパターン

出典）ジェームズ・リーズン著，塩見弘監訳：『組織事故』，日科技連，1999
James Reason: "Managing The Risks of Organizational Accidents", Ashgate Publishing Limited, 1997，筆者加筆修正

認識しながら，対策の優先順位を変更することがある．

その他の例として，福島第一原発事故で明らかとなったオフサイトセンターの機能不全は，事故が発生するまで明らかとならなかった．

(3) 潜在的原因の抜け道

2011年3月14日に発生した福島第一原発事故では，3年前に10 mを超える津波の試算が提出されていたが，現状の5.7 mの堤防高さから，15.5 mの防潮堤に増強する工事には，数百億円の工事費用と，4年の歳月を必要とされることから，提案内容は退けられた．

福島第一原発の安全システムは，インドのユニオン・カーバイド社のボパールインディアの化学プラントと同様に，深層防護の安全システムが構築されていたが，15.5 mの津波が原子力発電所を襲うことは，"想定外" として処理し，潜在的欠陥の抜け道が生じていた．

(4) 共通モード故障

ボパールの悲劇では，保守が行われずに，長い年月が経過する間に，配管や設備が錆びた．設備や機器は，購入時は新品でも，時間の経過とともに，劣化損傷し，事故が発生した場合に安全機能を発揮することができない．機器や装

置の劣化損傷は，共通モードの故障として挙げることができる．

また，工場の操業時に優秀な技術者を確保していても，時間が経過すると，優秀な技術者は，異動や退職で，安全機器の操作や手順を知る者がいなくなり，技術者の空洞化が発生する．事故が発生しなくとも，安全システム上，機能すべき事柄を保持するために，機器や装置の扱いについて，常に新人を教育し次世代の従業員に技術を継承する必要がある．優秀な技術者の空洞化は，共通モード故障の組織上の原因となる．

2.2.6 事故原因の連鎖モデルと連動

日本航空123便墜落事故の事故原因は，尻もち事故で生じた機体全体に生じたゆがみの修理ミスで，事故原因は"圧力隔壁の脆性強度不足"と"修理ミス"の対の形で関連している．事故原因間が**対（coupling）**で関係付けられ，構造的には階層関係で示される．事故原因の究明にFTA（Fault Tree Analysis）などの適用が有効な領域である（図2.5）．

一方，福島第一原発は，冷却装置，自家発電とバッテリー，ディーゼル・バッテリーなどの外部電源系，監視システム，加圧水型原子炉の複数のシステムから構成され，それぞれのシステムは適用系で，適用系のシステムが集まっ

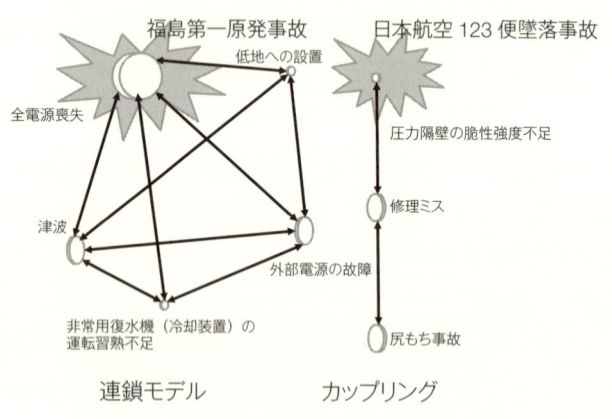

図 2.5 事故原因の連鎖モデルとカップリング

2.2 事故原因の潜在化

て，**複雑系**（**complexity**）となる．事故原因は連鎖的に関係し，ネットワーク状に関係する．階層関係を前提とするFTAの適用は適切でなく，事故原因間の関係は連鎖モデルで考える．福島第一原発事故では，"津波"，"外部電源の喪失"，"冷却装置の操作ミス"など，その関係は対ではなく事故原因が相互に関係し，その関係はネットワーク状となる．

なお，モデルに関係なく，FMEA（Failure Mode Error Analysis）は事故解析に有効な手法である．

2.2.7 福島第一原発事故の誤謬

福島第一原発は，地震が発生した3月11日の午後6時46分ごろにはすでに，メルトダウンが始まっていて，翌12日の午後3時36分に水素爆発が発生した．それから2か月後に，ようやくメルトダウンを政府が認める．

深層防護の観点で，電源として，東北電力からの外部交流電源，非常用発電機，直流電源，電源車による保護の多様性が講じられ，福島第一原発の1号機から4号機で，全6回線の外部交流電源が設けられた．それぞれの号機に2台ずつの割合で直流電源を設け，防護の多階層化が図られていた．

しかし，福島第一原発に最大高さ15.5 mの津波が押し寄せ，同様な津波が福島第二原発，女川原発，東海第二原発にも押し寄せた．

地震で変電所が壊れて交流電源を喪失したが，6号機の非常用ディーゼル発電機が動いた福島第一原発の6号機は，冷温停止が可能となった．6号機の非常用ディーゼル発電機の電気を分配して5号機も冷温停止が可能である[22]．福島第二原発は，4回線の外部交流電源のうち，1回線が地震に耐えて生き残り，その1回線のみで，福島第二原発の1号機〜4号機の健全な状態に保つことができた．東海第二原発は8機すべてが健全であった．また，女川原発は外部交流電源が5回線のうち，1回線のみが健全であったために，女川原発の6機すべてが健全であった[46]．

このように，原発事故の明暗を分けたのは，電源の喪失の有無である．福島第一原発の5・6号機が水素爆発から免れたのは，6号機の発電機に，"空冷

式"の発電機を設け，津波の被害を受けない高所に設置していたためである．数年前に，保安院から非常用発電機の増設を命じられ，たまたまコストが安い空冷式を選択していた[22)]．それに比べ，福島第一原発の1号機～4号機の非常用ディーゼル発電機がすべてタービン建屋の地下1階に設置され，冷却用の海水をくみ上げるポンプも常用電源のポンプと同じく海側に置いていたため，津波により壊滅した[22)]．

ところで，原発の設置段階までさかのぼると，女川原発では，東北地方は過去に地震や津波が襲来したことがあり，高台に原発を設置することを強く主張する役員がいた．一方，福島第一原発の場合は，32mあった高台を，冷却用の海水をくみ上げる，地盤が固い層まで掘り下げると称して，海抜10m近くまで削り取った"誤謬"が存在している．イェンス・ラスムセンが指摘するように，複雑な社会技術システムの一つである福島第一原発は，長い年月の間に，誰に指摘されることもなく，あるいは，指摘があっても"誤謬"が隠れ，巨大事故へと発展した可能性がある．

2.3 進化するネット犯罪と企業責任

本節では，サイバーテロなどのネット犯罪による事件・事故を検討する．まず，その背景として，インターネットに参加したものを，犯罪へと駆り立てるインターネット心理学上の特質について解説する．表2.1に示すようにソニーはじめ三菱重工業等多くの組織がサイバーテロのターゲットとなっている．三菱重工では，防衛や原子力部門を中心に，11拠点とパソコン80台がウイルスに感染した[52)]．エストニアが2007年に受けた攻撃では，電気や水道の一部が停止した[17)]．こうしたテロに対しては，日本の国の官民を挙げた取組みが必要である．

表 2.1 サイバー攻撃の例（2011 年）[9), 17), 52)]

月	対象	内容
4月	ソニー	"アノニマス"のハッカー集団により，ソニーの PS 3 のネットサービスサイトに攻撃を受け，合計 1 億件の個人情報が流出．
5月	米ロッキード・マーチン	防衛機器の大手企業の米ロッキード・マーチンの情報システムが攻撃された．中国の個人あるいは企業が関与していると思われている．情報漏れは回避．
5月	米シティグループ	ネットバンキングシステムから，カード利用者の情報（氏名，口座番号，メールアドレス）が 20 万人流出．
6月	米グーグル	米国や韓国など数か国の政府高官らの"G メール"利用者数百人のメール内容が盗み見られる．中国を発信源とするサイバー攻撃と発表．
6月	米 CIA	ハッカーに攻撃され，公式サイトが利用不能．
6月	国際通貨基金（IMF）	数か月にわたり大規模な攻撃を受ける．
7月	韓国 SK テレコム	3,500 万人分の個人情報が，子会社の SNS のサイトから流出．
8月	オランダ・デジノター（電子証明書管理）	500 を超える偽証明書が発行され，米グーグルの利用者に被害．電子証明書の発行システムにハッカーが侵入．
9月	三菱重工	防衛や原子力部門を中心に，11 拠点とパソコン 80 台がウイルスに感染．

2.3.1 真実と虚実が混ざった世界

アノニマスとは，匿名という意味で，インターネットの掲示板などで使用され，アンケートや掲示板に書き込むときに，自分の名前や年齢，住所を明かすことはない．匿名性を利用して，投稿者と波長が合うと，同じ考えをもつ人間が距離や時間の壁を乗り越えて，掲示板や特定の SNS（ソーシャル・ネットワーキング・サービス）のサイトに集まることがある．インターネットでは，掲示板などへの書き込みは匿名性が許され，時として，瞬時に大勢の人間が集

まり，特定の人間を攻撃し，炎上（フレーミング）する場合がある．炎上とは，攻撃的で敵意をもったメッセージが殺到することをいう．

インターネット心理学の著書である『真偽と信義（Truth, Lies and Trust）』[22]の中で，仮面舞踏会のシーンがある．インターネットは，このシーンのように，本人は他者に知覚されることはないし，本人がインターネットに参加した他者を知覚することができない．相手の見えない世界で，社会的文脈が知覚できない世界である．

（1） 知覚されない世界

対面：相手が見える―文脈が存在する

インターネット：相手が見えない―真実と虚実が混ざった世界

これが，毎日，通学や通勤で使用する電車の中であれば，相手の顔が見え，お年寄りの人が近づいてくると，席を譲ることは何回も経験することである．

しかし，インターネットの世界では，まさしく，チャットやメールで交信している相手の顔が見えずに，男女の区別や，年齢も判別することができない．ある程度の従業員を抱え，組織が出来上がった企業では，役職者，管理者，平社員の区別は，部屋の中に入ると一目瞭然である．役職者は独立した部屋が与えられ，管理者は机の向きが平社員と異なっている．

ベンチャー企業の場合は，平社員の中に交わって，一緒にいる場合がある．このように，視覚を通して，場所や相手の職階を理解し，年齢や性別を理解することができる．これを社会的文脈の知覚と称し，地理的要因，組織的要因，状況的要因を知覚することができる．

（2） 社会的文脈の喪失

社会的文脈の知覚 [12]

　・地理的要因（場所，距離，時間）

　・組織的要因（職階，身分，肩書き）

　・状況的要因（年齢，性別，社会的規範）

2011年10月現在，米国の失業率が8.9％となり，失業率が改善され，80万人の雇用が上乗せされてといわれているが，就職できなくて諦めた人間も

30万人近くいる．若者の中には，大学は出たが就職できないものが多く，その一部は，ウォールストリートのホーリィスクエアやニューヨークの公園に集まり，"格差の是正"を求めて，抗議運動を繰り広げている[27]．

その一方では，インターネット上の自由を求めて，"他人のコンピュータシステムを訪問する"ことが，自分たちの権利だと主張するハッカー集団がいる．その有名なハッカー集団が"アノニマス"である．

"アノニマス"の集団のシンボルマークである仮面をインターネットのWeb画面上に表示し，インターネット上の巨大掲示板やIRCチャットを利用して，仲間と会話を交わす．ソニー側の発表によれば，侵入したサーバには，"アノニマス"が侵入した証として，Anonymousのファイル名を作成したり，声明文等に"We are Legion"を記載する．Legionとは"軍団・多数"の意味合いで，悪魔に取りつかれた男にキリストが名前を尋ねると，私の仲間（悪魔）はたくさんいると答えたことに由来する[26),31]．

(3) 匿名性

このアノニマスの本来の意味であるが，**匿名性**（anonymity）とは，追跡容易性によって定義され，容易に追跡できない状態をいう[11]．日本でインターネットを介して，犯罪行為を行うと100%近く，警察によって逮捕されると考えてよい．日本の場合は，インターネットを経由する接続ポイントに，ハードディスクが置かれていて，ログが蓄積されている．逆順にさかのぼって，犯人が特定できる．また，プロバイダー責任法により，警察からの依頼があると，プロバイダーが保有する会員名簿や，当日のアクセスログを求めに応じて開示が強制される．

しかし，日本や米国を経由した場合は，追跡が可能であるが，日本や米国以外の第三国，例えば中国やロシアを経由した場合には容易に追跡できない．

"アノニマス"の集団によるソニーへの攻撃の発端となったのは，家庭用ゲーム機をめぐるトラブルであり，ユーザの一部には違法な海賊版のソフトを，自分のPS 3（プレイステーション3）に取り込んで，使用するようになっていた．ソニーはこれを防ぐために，PS 3の機能の一部に制限を加えた．これ

がユーザの権利を侵害していると，ソニーに抗議を行った[40]．

　このように，アノニマス（匿名性）とは，追跡容易性によって定義され，容易に追跡できない状態を意味することから，ハッカー集団の"アノニマス"は容易に追跡されないと自負している．ハッカー集団の実態は定かではないが，ソニーを攻撃した手法は，"アノニマス"だけの特殊なツールを用いて，大量のデータを送り込む一斉攻撃を仕掛ける〔分散型サービス停止攻撃（DDoS攻撃：Distributed Denial of Service）〕ものであった[31]．

　2001年9月に流行したコンピュータウイルス"Nimda（ニムダ）"は電子メール，ファイルのダウンロードなどいろいろな感染方法で感染する．電子メールをプレビューしただけで，添付ファイルの"readme.exe"の感染力が強く，多くのPCが感染した．新種のNimdaに感染すると，Windowsのhelpの画面に，実行ファイルが隠れ，ヘルプキーを押すと，実行プログラムが動作し，Windowsのプログラムの更新サイトを一斉攻撃するようになってしまう．ウイルスは不特定多数に感染し，特定のサイトをねらった踏み台攻撃に協力させているのである．

(4) 自己開示性

　その一方で，インターネット上では自己開示性が求められる場合がある．**自己開示**（Self-disclosure）は他者に自己を知らしめるプロセスで，自己と他者が互いに知識を共有するために，あらかじめ，未知の部分について語りあうともいえる．インターネットなどでコミュニケーションをとる際に，互いをよく知り合うために，自らの情報を開示することと定義される．この言葉の反意語は，**機密**（secret）[22]である．

　匿名性と自己開示性は，情報技術の観点で重要な特性である．例えば，将来，電子投票が行われることになると，誰が投票したかはわからないように自分自身を匿名にする必要がある（送信者に関する秘匿性）．逆に，本人であることの情報を提供し，選挙権のある本人であることを証明する本人性の確認という問題がある．また，インターネットバンキングなどで，銀行振込を行うときに，自分以外の人間が取引金額を知りえないようにすることも必要となる

(交信内容に関する秘匿性).

　一方，インターネットの広告（バナー広告）を受信しても，受信者の情報を広告主に開示することなく，受信者の個人情報が保護される（受信者に関する秘匿性）．このように，匿名性には次の三つの秘匿性が存在する．

匿名性[11]
- ・送信者に関する秘匿性
- ・受信者に関する秘匿性
- ・交信内容に関する秘匿性

（5）集団成極化

　Nimda のウイルスの場合は，作者は不詳で不特定多数をねらったことから，サイバーテロの性格が強い．これに対して，"アノニマス"によるソニーの攻撃は，同じ考えをもつ人間が，"インターネット上の自由"を求めて，距離や時間の壁を乗り越えて，自然発生的に集まった集団であるが，時として極端な結論を導き出す場合がある．これを集団成極化という[11]．

　アノニマスの集団は，"仮面を被って匿名でインターネット上のサイトに訪問することは権利である"と考える集団である．通常のハッカーであれば，自己のもつ技術力を誇示することが目的である．しかし，政府や企業のコンピュータ・システムが脆弱であることがわかると，厄介な集団となり，集まった集団の議論が反社会的な結論を導き出し，行動に移す場合もある．

　こうして，エジプトの革命支援，MasterCard，VISA への攻撃，ジンバブエ政府サイトのダウン，アリゾナ警察署のデータの漏えい，新興宗教団体のサイエントロジーへの DDoS 攻撃など，"アノニマス"の活動の範囲は多岐にわたり，先鋭化しているのである[34),35),39)]．

　2011年6月12日にスペインで，ソニーの PSN を攻撃した"アノニマス"のメンバーの3人が遂に逮捕された．"アノニマス"の活動に参加し協力を得るため，DDoS のツールを他のメンバーに配布していたことによる[26)]．スペイン政府は高レベルの警戒を発した．

(6) ネット犯罪者の特定

ウイルスによる攻撃は，攻撃対象が不特定多数をねらった，無差別攻撃であるのに対して，"アノニマス"はソニーを攻撃する旨の通告を行ってソニーのウェブサイトに攻撃した．現在の法律では，犯人が特定できないと，民事あるいは刑事で訴追できない．

そこで，ソニーはプロバイダーに，ソニーを攻撃したハッカーの名前と住所の開示を求めた．すると，アクセスログの開示まで求めるのは，プライバシーの侵害として，"アノニマス"は抗争をエスカレートした．

ソニーは米国下院議会の"米国の消費者へのデータ窃盗脅威（The Threat of Data Theft to American Consumers）"の公聴会に喚問されたが，当初，"現在捜査中"として証言を拒否した[23]．

喚問予定の内容
- ・なぜ顧客にすぐに告知しなかったか
- ・カード情報が漏えいしていないのか
- ・顧客への対応をどうするか

ことの発端は，Geohot（George Hotz）を含む複数のハッカーが，自作ソフトを動作させるために，PS 3のプロテクト情報を公開した．ソニー側は海賊版の流通に道を開くことになるので，ハッカーの身元を調査するために，プロバイダーのアクセスログを要求した．

ここで，問題となるのは，"アノニマス"のハッカー集団といっても，明確な組織が存在するわけでもなく，攻撃に参加した"アノニマス"のメンバーが共犯して攻撃したことを特定することが難しいことである．被害者がソニーであることはいえても，ソニーが，ハッキング方法のネットからの削除と損害賠償を求めても，何をもって"アノニマスの活動"とするかの特定が容易ではない．逆に，"アノニマス"の投稿サイトでは，"ソニーのPS 3の攻撃に参加していない"と声明を出しているグループもある[26]．日本の"アノニマス"のハッカー集団の中には弁護士や警察官も存在し，顔をインターネット上に見せることはないが，穏健なグループも存在するという．

インターネットへの呼びかけは，距離と時間の壁を越えて，呼びかけに同意するものを集め，集まった集団で自然発生的にルールが出来上がり，いつのまにか，集団としての結論が導き出される．あるときは，反社会的な行為に発展することもあれば，Linux の OS を開発したグループのように，専門家が集まり，重要な機能を追加しバグをなくした良いインターネット集団の例もある．

悪質な集団からネットワークやシステムを護る人のことをホワイトハット（white hat）といい，その反意語がブラックハット（black hat）である．

Google では，自社の力だけでは，ソフト開発はできないものとして，新たなサイトを立ち上げ，ホワイトハットにソフト開発の協力を呼びかけ，募集をかけたところ，300 件以上の応募があった．脆弱性をハッカーに発見される前に，ホワイトハットにより，脆弱性を検出し，すばやく対処する方法が試みられた[32]．

ソニーも，"海賊版対策および商標保護プログラム"の開発に当たる専門家をインターネットで募集を始めた．

2.3.2 没個性化

他者を知覚できずに自己の中に埋没する状態を**没個性化**（de-individuation）[11]といい，フレーミングを発する原因となる．ジンバルドーは没個性化を，他者を知覚できずに自己の中に埋没する状態，あるいは，自己と他者が複雑な状態で自己の中に埋没する状態と定義している．そして，ある種の先行条件下で，他者と自己の知覚が喪失すると自己統制力を失い，反社会的な行動に陥りやすいと指摘した．例えば，インターネットの掲示板などに参加する場合に，匿名性が許されると，自分自身がインターネットの中では誰であるかわからないから，多少無礼な発言をしたり間違ったことを発言したりしたとしても，攻撃の刃が自分に向けられることはないと考える．このようなことから，無礼な発言，悪態・悪口，からかい，わめき，個人的な感情の表現，誇張表現の利用などが，何ら統制されることなく発せられる．

その先行条件としては，匿名性，責任性の欠如，時間的展望の変化，感覚入力の過多，新規で非構造的な環境，意識異常などが挙げられる．

インターネットに参加する人間は，年齢や社会的地位に関係せずに同じ立場で参加でき，インターネットの世界に存在するのは，自己と他者の関係性のみであるといわれている．

他者と自己が知覚できないことは，インターネットの匿名性がなせるわざであるが，複雑性が存在すると，そこには，**他者と自己の相互作用**(interaction)[6]と，相互作用から生み出される多様性が存在する．同じタイプの個の集まりを**個体群**（population of agents）[6]と称し，タイプの多さを**多様性**（variation）[6]と称する．タイプは，生物学でいう"種"に相当する．相互作用は互いに関係し合うことをいい，相互作用しやすい個の組合せと，相互作用しにくい個の組合せがある．

つまり，インターネットに参加する人間は，同じような性格やグループで，自然発生的に一かたまりとなり，波長の合う者同士が集まって個体群を形成し，そこから，異種の個体群が新たに生成され，多様性が生み出される．従来の組織論では，組織の形態のみに議論が集中し，インターネットで形成される組織の動的な側面についての解明が十分になされていない．

2.4　組織風土と"ゆらぎ"への反応

組織の形態は職務の安定性による．それは，職務が安定しており職制の階層化を図り，その階層を通して命令および指示が伝達される機械的組織と，職務が安定せず，それが将来変化する有機的組織の二つに分かれる．

機械的組織は経営者の設定したビジネスモデルを機能に展開し，人を一つの機能単位に働かせるには優れた方法である．つまり余分な"ゆらぎ"が存在する場合はカットすることができる．同様に社会情勢および市場の変化，競合他社の動き，新技術の出現などにより，現場で発生した変化の場面情報などの"ゆらぎ"が小さい場合は，経営者と労働者を分離し，人間の主体性を一つの機能単位に閉じ込め，生産性を向上させることができる．

有機的組織では，構成員の一人が全体の組織を作ることはできず，ビジネス

2.4 組織風土と"ゆらぎ"への反応

モデルの形成は調整の結果により生まれる．つまり事件・事故の多様性や，既存の価値基準が変化するような場合は，組織を構成する要員相互の主体者としての相互作用を通して，放置された設備の欠陥，設備機器の劣化や損傷，共通モード故障，潜在的欠陥の抜け道に反応し，事件・事故の誤謬を顕在化させる．組織内で，"ゆらぎ"を感じ，自己組織化を生起させることができる[10]．

一方，機械的組織の組織形態でも，経営者の方針や目標が適切であり，経営者のもとに経営者と従業員が価値観を共有している場合には，現場で生じた"ゆらぎ"に反応することができる．トヨタの社員はトヨタイズムにより，強い自信をもち，経営者のビジョンに共鳴する．また経営者は生産などの現場で起こった場面情報を組織内の"ゆらぎ"として感じ，経営者と従業員が一体となった方針管理を展開している．従業員の意識改革を行い組織階層間の輪を広げ，問題となる要因と解決策を洗い出し，ツーウェイ・コミュニケーションが重視され，階層を下った方針が，適切でない場合は，現場の場面情報に照らし合わせて，方針の是正が行われ，階層を上り経営者に上申される．

同様に，経営者の方針や目標が適切でなくても，組織構成員がその欠陥部分を補足し，方針を実施する際に是正のループが働く場合，事件・事故の予防や防止につながる．例えば，バンダイやシスコシステムのように，上位から下達された方針は，そのまま下位組織に伝達されるが，方針が妥当でない場合は，組織の自律作用により実施面において最適化が図られ，階層を上り方針の是正が上申される．

経営者が方針や目標を策定しても，策定された方針や目標が階層を下って，正しく理解されなかったり，現場での問題が階層を上って経営者にもたらされないため，適切な処置ができないなどの問題が発生する場合もある．例えば，1992年の松下電器産業の"冷えない冷蔵庫の販売"は，この例である．冷却するためのフロンガスの量が冷蔵庫の大型化により足りないために生じた問題だった．販売を行う営業マン，代理店の担当者は，この事実を知っているが，経営トップのみが知らされていなかった．売上の激減により，その事実を知ったが，処置が後手に回った．

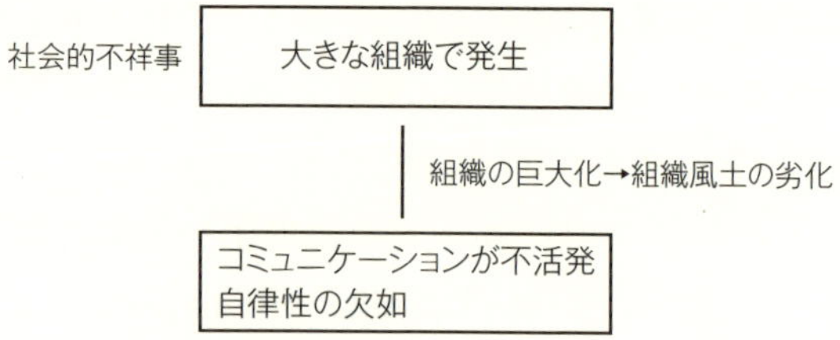

```
社会的不祥事  ┌──────────────┐
             │ 大きな組織で発生 │
             └──────┬───────┘
                    │ 組織の巨大化→組織風土の劣化
             ┌──────┴────────────┐
             │ コミュニケーションが不活発 │
             │ 自律性の欠如          │
             └───────────────────┘
```

図 2.6 事件・事故発生の組織上の欠陥

近年の企業不祥事や事件・事故の事例は，雪印乳業に始まり，三菱自動車，JR西日本，ソニー，オリンパスと続くが，いずれの企業も日本を代表する企業で，大きな組織であることが共通している．

雪印乳業に関しては，2000年6月26日に和歌山県の主婦が，"うちの子どもが二人とも下痢を起こしている"という，食中毒の第一報がコールセンターに寄せられた．担当者は"何千人かに一人は下痢を起こすのですよ"と，一笑に伏す．その1週間後の7月5日には，大腸菌による食中毒患者が約1万5000名に達する．組織全体が市場での"ゆらぎ"に反応しなくなっている．

企業が巨大化し歴史をもつと，手続きが重視され組織そのものが官僚化する．例えば組織の階層は，事業本部，事業部，センター，部，課，区と深くなり，現場で発生した変化の場面情報は組織の階層を上りにくくなる（図 2.6）．

組織の三菱といわれた三菱自動車については，2000年12月の四輪駆動車パジェロのブレーキ故障に端を発して，組織および従業員が一丸となって事故やクレーム隠しに奔走した．

いずれの場合も，現場で発生した変化の場面情報（ゆらぎ）をすべて棄却し，組織の中から，適切でない方針に対して，方針の是正が起こっていない．

組織事故回避のための組織上の課題
 (1) 経営者および組織が"ゆらぎ"にいかに反応するか
 (2) 適切でない方針に対して，どう方針が是正されるか

参考文献

1) 畠中伸敏・長田洋:"戦略的方針管理におけるコア・コンピタンスの獲得を最大にする組織形態",品質,Vol.30, No 2, pp.72–82, 2000.
2) N. Hatanaka, H. Osada: "Optimized Organization Types To Provide Technology Innovation By SMBP", ICQ-05 Tokyo, [II-20], pp.1–10, 2005.
3) 日科技連 MC 用語検討小委員会:"管理項目・方針管理・日常管理・機能別管理・部門別管理の定義",品質管理, pp.47–50, Vol.39, No.3, 1988.
4) J. ガルブレィス,梅津祐良:『横断組織の設計』,ダイヤモンド社,1980.
5) 平野正雄編著 監訳:『マッキンゼー 組織の進化』,ダイヤモンド社,2003.
6) Robert Axelrod, Michael D.Cohen: "Harnessing Comlexity", BASIC BOOKS, 2000.
7) 今井賢一・金子郁容:『ネットワーク組織論』,岩波書店,1988.
8) Wikipedia,"JR 福知山脱線事故",2012 年 2 月 11 日.
http://ja.wikipedia.org/wiki/JR%E7%A6%8F%E7%9F%A5%E5%B1%B1%E7%B7%9A%E8%84%B1%E7%B7%9A%E4%BA%8B%E6%95%85
9) 日本経済新聞:"三菱重にサイバー攻撃",2011 年 9 月 20 日号朝刊.
10) 畠中伸敏・長田洋:"戦略的方針管理による企業遺伝子の改善",日本経営システム学会,Vol.22, No 2, pp.41–63, 2006.
11) A.N. ジョインソン著,三浦麻子他訳:『インターネットにおける行動と心理』,北大路書房,2004
Adam N. Joinson: "Understanding the Psychology of Internet Behaviour", Palgrave Macmillan, 2003.
12) 小泉宣夫監修,畠中伸敏,布広永示編著:『情報心理』,日本文教出版,2009.
13) 飯田哲也,佐藤栄佐久,河野太郎:『原子ムラを超えて』,NHK ブックス,2011.
14) 長田洋編著:『TQM 時代の戦略的方針管理』,日科技連盟出版社,1996.
15) 原子力安全委員会:第 40 回 "原子力安全基準・指針専門部会耐振指針検討分科会 速記録",原子力安全委員会.
16) 原子力委員会:"原子炉立地審査指針及びその適用に関する判断の目安について",昭和 39 年 3 月 27 日,原子力委員会決定,原子力委員会.
17) 日本経済新聞:"サイバー攻撃 官民演習",2011 年 2 月 10 日号朝刊.
18) 藤原邦達:『雪印の落日』,緑風出版,2002.
19) 國廣正:『それでも企業不祥事が起こる理由』,日本経済新聞社,2010.
20) 郷原信郎:『組織の思考が止まるとき―"法令遵守"から"ルールの創造"』,毎日新聞社,2011.
21) 稲垣重雄:『法律より怖い"会社の掟"―不祥事が続く 5 つの理由』,講談社現

代新書, 1939.
22) Monica T. Whitty, Adam N. Joinson: "Truth, Lies and Trust on the Internet", Psychology Press, 2009.
23) Subcommittee on Commerce, Manufacturing, and Trade: "The Threat of Data Theft to American Consumers", ENERGY&COMMERCE, May 4, 2011.
24) SANS Institute: "Detecting and Preventing Anonymous Proxy Usage", SANS Institute InfoSec Reading Room, SANS Institute, SEP 13, 2008.
25) New York Times: "Programmer Raises Concerns About Phone-Monitoring Software", New York Times, Dec 1, 2011.
26) engadget: "Three suspected members of Anonymous arrested in Spain", engadget news, JUN 10, 2011.
http://www.engadget.com/2011/06/10/three-suspected-members-of-anonymous-arrested-in-spain/
27) New York Times: "Messaging App Grows With Wall Street Protests", New York Times, Oct 12, 2011.
28) New York Times: "Stanford Researcher Finds Lots of Leaky Web Sites", New York Times, Oct 11, 2011.
29) New York Times: "Tech Talk Podcast:: Browsing by Texting", New York Times, Sep 21, 2011.
30) New York Times: "One on One: Cole Stryker,Author of 'Epic Win for Anonymous'", New York Times, Sep 2, 2011.
31) New York Times: "Sony Explains PlayStation Attack to Congress", New York Times, May 4, 2011.
32) New York Times: "Google Reaches $500 Million Settlement With Government", New York Times, Aug 24, 2011.
33) New York Times: "Anonymous Protest Turns Tumultuous", New York Times, Aug 15, 2011.
34) New York Times: "Hackers Hit Arizona Police Again", New York Times, July 1, 2011.
35) New York Times: "Hacker Group Releases Government Files", New York Times, Jun 28, 2011.
36) New York Times: "Hacking Group Lulz Security Says It Is Ending Spree", New York Times, Jun 25, 2011.
37) New York Times: "LulzSec Hackers Make Enemies Online", New York Times, Jun 24, 2011.
38) New York Times: "Security Professionals Say Network Breaches Are Rampant", New York Times, Jun 22, 2011.

参考文献 69

39) New York Times: "Hacker Declare War on Government Agencies", New York Times, Jun 20, 2011.
40) New York Times: "Hacker Group Claims Responsibility for New Sony Break-In", New York Times, Jun 2, 2011.
41) New York Times: "Who Could Became the Data Sheriff", New York Times, May 12, 2011.
42) New York Times: "Wall Street Journal Leak Site Works on Security Fixes", New York Times, May 6, 2011.
43) 日本経済新聞:"おもちゃの企画開発", 2011年12月10日朝刊.
44) ジェームズ・リーズン著, 塩見弘監訳:『組織事故』, 日科技連出版社, 1999.
   James Reason: "Managing The Risks of Organizational Accidents", Ashgate Publishing Limited, 1997.
45) 飯田哲也, 佐藤栄佐久, 河野太郎:『原子力ムラを超えて』, NHK出版, 2011.
46) 大前研一:"人間力の時代", SAPIO, 2011年12月7日号, 小学館.
47) Jens Rasmussen: "Learning from experience? How? Some research issues in industrial risk management", in B. Wilpert &. T. Qvale, T.(eds.), Reliability and Safety in Hazardous Work Systems, Lawrence Erlbaum Associates Ltd., 1993.
48) James Reason: "Human Error", New York: Cambridge University Press, 1997.
49) Charles Perrow: "Normal Accidents", Basic Books, 1984.
50) 国土交通省運輸安全委員会:"日本航空株式会社所属ボーイング式747SR-100型 JA 8119 群馬県多野郡上野村山中昭和60年8月12日航空事故調査報告, 1975.
   http://jtsb.mlit.go.jp/jtsb/aircraft/download/pdf/62-2-JA8119.pdf
51) 航空・鉄道事故調査委員会発表資料:"西日本旅客鉄道(株)福知山線における列車脱線事故について", 2005.
   http://www.mlit.go.jp/fukuchiyama/index.html
52) 日本経済新聞:"サイバー攻撃一段と巧妙に", 2011年10月2日号朝刊.

食品における予防と未然防止

第3章　field: FOOD

・・・・・・・・・・・・・・・・・・・・・・・・・・・・・

　本章では人類の生活基盤として重要な"衣食住"，わけても"人"の生存に欠かせない"食"を題材とし"食品における事故発生の予防と未然防止"について述べる．

3.1　食品危害の重要性

3.1.1　衣・食・住

　人類の発展の歴史で，地球上の各地に住む人々は，その生活環境に合わせ，社会的動物として群れ（社会）を形成して生きてきた．人間の生存・発展にとって"飢え"と"寒さ"，"外敵"は大きな障害であった．人類は地球上の各地でそれぞれに"住まい"を作り，"衣類"をまとって暖をとり，外敵の侵入を防ぎ，それぞれの土地で入手可能な食糧を得て，それを食して歴史を刻んできた．

　衣食住それぞれを，ヒトとの生活密着度を基準とし，ヒトの日々の生活への必要度合い＝利用度合い，と見て評価すると次のようになる．

　(a)　**衣類**については，季節に合わせて着替えが必要である．常夏の国であっても衣類の傷み具合に応じて都度調達と廃棄を繰り返すものである．生活に彩りを添える要素もあり，便利な道具でもあり，調度品として楽しく身にまとうものでもある．上述の基準で見ると，生活への必要度合いは，衣食住のなかでは中位である．

　(b)　**住居**については，人の一生を通じて，転居が多いか少ないかの個体差が大きく，かなり昔から（平安時代あたりでも）転居を重ねる人生を送る人はいた．一方生まれた家を離れないで一生を終える人もいた．この点は現代もそ

れほど変わらない．いずれにしても上記の基準では最も低位である．

 (c) **食品**については，食べ物が直接的な"生命維持に必須"なものとして重要であるとともに，それが不足すること自体が一つの"食品危害"である．また量的に足りていても，栄養源として肉体に吸収できない場合もまた"食品危害"であるといえる．"飢餓"は第二次世界大戦直後の日本でも発生しており，現在の地球上でも，かなり多くの人々が"餓死の恐怖"にさらされている．

 "食"で最も際立つのは，人が生ある限り，毎日の健康体を維持するため，一日数回の摂食が必須であることである．"人が生存していけるか？"という見地から，やはり健康維持上，毎日"食"を摂らなければならず，衣食住の中で"食"の重要性が最も高い．

 "食品危害" は人の生存基礎を揺るがす健康被害発生を意味している．ゆえに"食品危害"発生の影響度は大きく，企業であれば信用失墜，イメージ悪化による食品市場からの退出もありうる．

 なおここで，"心の病"といえる拒食症による摂食不良，または過食による健康被害（肥満）は，医学分野での"病気"の範疇と見なし対象外とする．

3.1.2 食品の定義

 食品（食べ物）は民族によって異なる．日本人のようにフグやタコを食べる民族は少ない．またクジラを食べる民族も少ない．一方日本人は，犬，猫，ネズミ，カエルは通常食べないが，これらを好む民族もある．それぞれの民族がたどってきた歴史の中で培ってきた文化といえる．

 しかし，たいていの方は驚かれるであろうが"食品はそもそも危険なもの"なのである．栄養学や医学の立場から見れば，ヒトは健康維持上体外から"異物"である食品を食べなければならない．たしかにそれらは分解（消化）され，栄養分として摂取されているが，一方その"異物性"のため消化活動の反復とアレルギー反応などへの対応により，ヒトは寿命を縮めているのである．

コーデックス委員会*の"food"(食品)の定義

"食品とは、加工・半加工・生を問わず、食用に供せられるあらゆる物質を意味し、飲料、チューインガム、及び'食品'の製造、調理、処理に使用されるあらゆる物質を含むが、化粧品、たばこ、または薬剤としてのみ使用される物質は含まない"(コーデックスの定義:厚生労働省ホームページより)

つまり、医薬品、化粧品、たばこ以外の、口に入れても死につながらないものは、すべて食品であるといってもよいのである.

最近では**健康食品**ないし**サプリメント(栄養補助食品)**が普及してきて、先の定義での"食品"なのか"医薬品"なのかの区別が難しくなっているものもある.医薬品でもむしゃむしゃ食べる時代になり、特に米国が力を入れている分野である.

食品添加物もまた、それが多様に使われていることから、"食品添加物は食品か否か?"という問いかけに、単純に答えることが難しくなっている.添加物とは"単独で使用されないもの"、"食品の主要な材料ではない"、また、"食品の加工時に添加し、加工後には除去する'加工助剤'(こんにゃくを作る際の'石灰'など)"とされ、単独で食することはないであろうが、経口で摂取されているものも多い.

近年、経済のグローバル化が進み、食品流通が国際的になり"危険な食べ物の流通禁止"が国際的な関心事となってきた.例えば、普通に考えれば"腐ったものは食べ物ではない"といえる.しかるに"腐った危険な食べ物"を普通に食べている"民族"がいる.腐ったような強い臭気を放っている"発酵食品"には、北欧スウェーデンのニシンを発酵させた"シュールストレミング"、韓国のエイを発酵させた"ホンオフェ"、グリーンランドやカナダの先住民の海鳥をアザラシの中に詰め込む"キビヤック"など数多く存在し、これらは臭

---

* コーデックス委員会:国連食糧農業機関(FAO)と世界保健機構(WHO)によって1962年に設立された国際政府機関組織.主な設立目的は、消費者健康の保護と公正な食糧取引の保証である.世界中で取引されている食品の国際規格・製造規範などの作成を行う.

気が強いことで有名である．類似の食品は，日本にも数多く存在する．"ぬか漬け"，"麹漬け"などの"香の物"や，強い臭気の"くさや"や"鮒のなれ寿司"などである．

また，フグは日本以外の国では"毒物"扱いである．日本でもここ数十年，食品事故で毎年死者を出しているのは"フグ毒"である．"フグは毒である"，"魚を生で食べてはいけない"は世界の常識であった．しかし，日本では新鮮な生魚（刺身）や，調理資格者により調理されたフグは，日本料理の代表的な"食品"である．かように"食品"は，世界各地・各民族により，長年にわたる経口飲食による"安全確認検証"を経て，多くのものが利用されている．このような安全確認検証の経緯から"食品危害"は一般的には食品を摂食することに起因する"健康被害"と同義である．具体的には，"食中毒"，"化学的被害"および"口腔や消化器官などの外的損傷"などを指す．

3.1.3 急性毒性と慢性毒性

食中毒の発生については，原因物を摂取してから発症までの期間の長短により，急性毒性と慢性毒性に区分される．ここで，

急性毒性：短期間（通常は数時間から2週間程度以内）の1回から数回程度の摂取で生じる毒性を急性毒性という．

慢性毒性：長期間（通常は6か月以上）にわたり，連続してまたは反復して摂取して生じる毒性を指す．

急性毒性は，因果関係がわかりやすく，経験不足や知識不足によりキノコやフグなどの喫食による自然毒が原因の事故死をはじめとし，食中毒菌などによる多くの健康被害をこうむる事故が発生している．そのため"未然防止策"もかなり知れわたり，一般に広く防止策が展開実施されており，まさに"未然防止の対象"である．

これに対し，慢性毒性については，例えばGM（遺伝子組換え）作物による新種の食品の提供があり，果たして"危害発生"の有無をどのように検証し判定するか，かなり息の長い検証活動が求められている．現在は，GM作物の安

全性を"実質同等性"という考えで評価するルールとなっており，遺伝子組換えによる変化がもたらすリスク増加が，元の作物の交配による変化でのリスク変化と同程度であるかを，たくさんの項目（約500項目）でチェックし，"同等である"と評価されている．

遺伝子を組み換えたことで，生まれた新成分に"危険性があるのか？"を検査する検査技術も進歩してきているが，あまりに専門的に進みすぎ，一般人は専門家を信じるしかない．そこに不信や不安感が残ってしまう余地が残る．

ここで，アレルギーについて触れておく．アレルギーを生じさせるアレルゲンは，人の体内に各種の"抗体"を作り，該当の食品を再度口にするとアレルギー反応を起こす．これも"抗体"の生成や，発症時期，潜伏期間などの要因から慢性毒性の範疇であるが，いったんできた抗体に対する反応としては，急性毒性的な反応をする．

茶のしずく石鹸事件

"茶のしずく石鹸"という女性向けの洗顔石鹸の愛用者から，小麦アレルギー症状の発症が報告され，2009年以降に騒がれるようになり，ついに2011年5月にこの製品（石鹸）の自主回収が決定された．小麦は成人の食物アレルギー原因の中では最も発症頻度の高いものの一つである．

問題は，通常の経口摂取による小麦成分から生じたアレルギーではなく，"茶のしずく石鹸"に含まれるコムギ・グルテンの加水分解物により，アレルギーが発症したことである．この石鹸を使用していた女性らが，まぶたの発赤・腫脹と顔面の皮膚のかゆみの発赤・蕁麻疹を発症し，加水分解コムギに対する固有の過敏性を獲得した人では，結果的に全身性アレルギーの発症に至ることもあるということで大変注目された．

これは，化粧品の継続使用により"小麦アレルギー抗体"が体内に生成され，そのことで経口摂取（小麦成分が含まれる食品）によるアレルギー症状発症に至る事例であり，まさに医学分野の研究によって"予防策"を検討すべき事案ともいえよう．

"**医食同源**"という言葉がある．食品を"栄養源"と見るか"医薬"と見る

かで見方が違う場合もある．洋の東西を問わず，医師と料理人がそれぞれの立場で"処方やレシピ"を作成してきた．慢性的な病気（糖尿病など）や肥満対策には食事療法が大変有効であるといわれているが，そのような食事はやはり，"医薬"ではなく食事であろう．しかし，医食同源的に見れば，結論はすぐには出ない状況でもある．

以上のような事例などから，慢性毒性にかかわる"食品危害"は"予防"対象と見るのが妥当である．

3.1.4 食品分野における"予防"と"未然防止"

予防の対象としてはGM作物（遺伝子組換え作物）の利用が進み，その安全性評価をどのように行うか，という問題がある（表3.1）．

米国ではすでに人間のため，また家畜飼料用にGM作物利用による改良が進められている．欧州諸国では幾分"心配しつつ"この改良作業の影響を注視している．米国は"栽培する前に安全性を証明する"という"予防原則"の考

表3.1 理論上可能な既実用化している食品バイオテクノロジー応用例[5]

食用作物 （人間のため）	・味，食感，鮮度を改善する． ・ビタミンやタンパク質などの栄養素の含有量を増やす． ・糖類やワックス，栄養成分の含有量を増やす． ・カフェインなど望ましくない成分の含有量を減らす． ・植物種子油に含まれる飽和脂肪酸を減らす． ・抗生物質，ワクチン，避妊薬などの医薬成分を生産する．
飼料用作物 （主に家畜飼料用）	・雑草対策のために除草剤耐性をもたせる． ・最小限の肥料，殺虫剤，水で生育できるようにする． ・害虫，真菌，ウイルス，有害細菌などへの耐性を強める． ・霜，高温，塩害，重金属汚染などの影響への耐性を強める． ・空中窒素の固定を可能にする． ・穀粒の希少アミノ酸含有量を増やす．
食用家畜 （人間のため）	・成長と繁殖効率を高める． ・病気耐性を強める． ・家畜用ワクチンと診断テストを開発する． ・乳量を増やす． ・薬剤成分を含む乳を生産する．

えとは異なり，まず栽培してみて問題が起きたら対処するという方針である．

RCA（根本原因分析）による未然防止活動のレベルアップ

食品事故が毎年発生し続けている現状から，現場・トップ（経営層）・管理部門を含め"食品事故防止"に対するマネジメントの弱さが考えられる．

食品業界では技術的に未知な内容のトラブル・事故の繰返しを防ぐ活動を強化するための"未然防止策"として，一般製造物を加工・製造する業種で用いられている FMEA（故障モード影響解析）に類似した"危害分析（ハザード分析）"を基礎とする HACCP の手法を導入し，ソフトの仕組みによる対応をしている（3.3 項で説明する）．また一方で大手食品企業・研究機関（薬学，栄養学，医学，農業ほか）においては，トラブル・事故の技術的なメカニズムの解明に引き続き取り組み，個別の食品事故への"予防"強化をも目指している．

3.2 食品分野における危害の予防と未然防止対策

本節では，既往の知識から展開されている食品分野におけるハード面，ソフト面での食品危害への対策実施について説明する．

3.2.1 食品危害の要因

"健康被害"としての状態には，食中毒，化学的被害および外的損傷などがあることは先に示した．ここでは，食品危害の要因を七つ挙げる．

① 微生物学的要因：細菌（微生物）およびそれらの産生する毒素による食中毒，腐敗による摂食不能

② 化学的要因：食品の有害成分，アレルギー成分，トランス脂肪酸，食品添加物(添加剤)，食品成分の変化と成分間反応，食品残留物と汚染物

③ 遺伝子組換え食品（GMF）：遺伝子組換え作物の利用の利益と不利益，安全性確保と社会的容認

④ 牛海綿状脳症（BSE）と牛肉

⑤　体細胞クローン家畜由来の食品
⑥　放射線照射食品，放射性物質に汚染された食品
⑦　食品中の異物：口腔，食道，胃腸壁などの外的物理的損傷

以上の要因については安全性確認の試験などを行い，リスク評価を進め"許容限界"の設定により，安全確保のための基準を定める必要があり，日本においては食品安全委員会がそれを担当している．また，その報告に従い農林水産省や厚生労働省が，具体的な対策を講じることになっている．

次に最も大きな"食品危害"である"食中毒"事故発生の概要を表3.2に示す．また，関係する主要な食中毒菌（病原菌）について表3.3に示す．

食中毒の原因菌については，2003年から"ノロウイルス"が統計資料上に表記されるようになった．これは，各地の保健所における検査体制が整ってきたことによる．"ノロウイルス"は，当初は冬場の"生ガキ"による中毒多発が焦点になり防御策を講じられていたが，今では"ノロウイルス"の健康保菌者を感染源とする（食中毒）発生の防止が問題とされている．

表3.2　近年の食中毒発生状況

年次	事件数(件)	患者数(人)	死者数	食中毒原因物質別に患者数1,000人以上を上位から表示		
2010	1,254	25,972	0	①ノロウイルス 13,902	②サルモネラ菌 2,476	③カンピロバクター菌 2,092
				④ウエルシュ菌 1,151	⑤病原性大腸菌 1,048	
2009	1,048	20,249	0	①ノロウイルス 10,874	②カンピロバクター菌 2,206	③ウエルシュ菌 1,566
				④サルモネラ菌 1,518		
2008	1,369	24,303	4 [フグ毒 3, セレウス菌 1]	①ノロウイルス 11,618	②カンピロバクター菌 3,071	④サルモネラ菌 2,551
				④ウエルシュ菌 2,088	⑤ぶどう球菌 1,424	
2003	1,585	29,355	6 [フグ毒 3, キノコ毒 2, O-157 1]	①ノロウイルス 10,603	②サルモネラ菌 6,517	③ウエルシュ菌 2,824
				④カンピロバクター菌 2,642	⑤ぶどう球菌 1,438	⑥病原性大腸菌 1,375
				⑦腸炎ビブリオ菌 1,342		

厚生労働省ホームページのデータを基に加工
①ノロウイルスは2003（平成15）年から初めて資料統計上に表記された．

3.2 食品分野における危害の予防と未然防止対策

表 3.3 食中毒を引き起こす細菌（病原菌）一覧

菌名	特徴	症状	予防法	原因例
サルモネラ菌	自然界に広く分布し，家畜・ペットも菌を保有している．卵の殻に付着．	感染から半日～2日後に吐き気や腹痛．	食肉や卵は十分加熱する．	食肉
	幼児や高齢者は二次感染することもある．	38℃前後の発熱と下痢を繰り返す．	調理器具をよく洗い，殺菌する．	卵
	低温や乾燥に強い．	症状は1～4日で回復．	ペットに触れた後は手洗をする．	ペット
腸炎ビブリオ菌	海水・海中の泥に潜み，夏に集中発生する．	感染から8～24時間以内に発症．	調理の際は真水でよく洗う．	魚介類
	熱に弱く100℃では数分で死滅．5℃以下では増殖しない．	激しい腹痛と下痢が続き，脱水症状を起こす．	調理器具をよく洗い，殺菌する．	二次感染
	塩水を好むが真水には弱い．	抗生物質の投与で2～3日で回復．	魚介類はできるだけ加熱して食べる．	
出血性大腸菌 O-157	ベロ毒素という強力な毒素をつくる．	感染から2～10日で発症．	食肉を扱った調理器具は熱湯殺菌する．	食肉
	大腸をただれさせ，血管壁を破壊し，出血を起こす．	激しい腹痛・下痢が続き血便が出る．	食材はよく洗い，十分加熱する．	井戸水
	脳や神経にも作用し，短期間で死亡することもある．	尿毒症になりケイレンや意識障害を引き起こす．	手洗を十分に行う．	
黄色ブドウ球菌	自然界に広く分布し，人の皮膚やのどなどにも生息．	感染から3時間以内に発症．	手に傷や荒れがある人は調理をしない．	調理された食品
	汚染された食品の中で毒素をつくるとき食中毒が発生．	吐き気や下痢をもよおす．	調理器具をよく洗い，殺菌する．	
	熱や乾燥に強い．	ほぼ24時間以内に回復．	室温で長期保存をしない．	
カンピロバクター菌	牛や鶏などの腸にいて，食品や飲料水を通して感染する．	感染から発症まで2～7日かかる．	食肉は十分加熱する．	食肉
	少量で感染し，ペットとの接触感染や人との直接感染でも発症．	発熱・めまい・筋肉痛が起こり，次に吐き気・下痢になる．	調理器具をよく洗い，殺菌する．	飲料水
	空気にさらされると死滅するが，10℃以下では生き続ける．	数時間～2日で回復．	手洗を十分に行う．	ペット

表 3.3 （続き）

菌名	特徴	症状	予防法	原因例
ボツリヌス菌	缶詰・真空パックなどの酸素が含まれない食品中で増殖．	感染から8～36時間後に発症．	pHや食塩などを添加し菌の増殖を抑える．	魚の燻製
	熱や消毒薬にも強く，致死率も高い．	発熱はなく，吐き気・便秘・脱力感・めまいが起こる．	できる限り十分な加熱処理をする．	缶詰
	食品だけでなく，8か月以下の乳児の腸でも増殖．	呼吸困難などを引き起こし死に至る場合もある．	保存中にバター臭のするものは廃棄する．	
ウエルシュ菌	熱に非常に強く1時間煮沸しても菌が死なない．	感染から約12時間で発症．	調理済み食品を室温で放置しない．	加熱調理食品
	酸素がないところで増殖する．	下痢を起こすが腹痛はあまり重くない．	冷凍肉は完全に解凍してから調理する．	
	集団食中毒の原因になりやすい．	1～2日で回復．	調理済み食品は冷蔵庫で保存する．	
セレウス菌	症状に応じ，嘔吐型と下痢型の2種類がある．	嘔吐型は1～5時間で激しい吐き気をもよおす．	調理した食品はできる限り保存しない．	嘔吐型米飯
	熱に強く，調理過程ではなかなか死滅しない．	下痢型は8～16時間で吐き気をもよおし，下痢が続く．	大量に作った焼飯などを翌日再調理しない．	下痢型スープ等
ナグビブリオ菌	河川や海水に生息し，下水等の汚染がひどいところに多い．	感染から5～12時間で発症．	魚介類の流通は4～8℃の低温に保つ．	魚介類
	コレラ菌と同じく，人の腸内で増殖する．	下痢と急激な胃腸炎を引き起こす．	魚介類はできるだけ加熱調理をする．	輸入エビ等
	魚介類の中でもエビ・カニ・カキからの感染が多い．	嘔吐を伴い38℃前後の発熱を伴う場合もある．	輸入魚介類は完全に解凍してから加熱する．	
エルシニア菌	家畜が保菌し，汚染された食肉を通じて感染．	虫垂炎のような激しい腹痛を引き起こす．	食肉は十分加熱して食べる．	食肉
	熱に弱いが，寒さに強く冷蔵庫の中でも増殖する．	2歳以下の場合下痢とともに発熱が見られる．	食肉を保存する場合は冷凍保存する．	井戸水
	井戸水からの感染もある．	発疹性の食中毒は，これの可能性が高い．	調理器具をよく洗い，殺菌する．	
ノロウイルス	少量で感染し，発症率が非常に高い．	感染から1～2日で発症．	手洗を十分に行う．	貝類
	感染力が非常に強く，人の手指などを介して人から人へ感染する．	吐き気・下痢・腹痛を引き起こす．	調理器具をよく洗い，殺菌する．	二次感染
	空気が乾燥していると空気感染することがある．	38℃前後の発熱と脱水症状を起こす場合もある．	二枚貝の生食を避ける．	

食中毒の原因となる主な微生物については大きく毒素型と感染型に二分される．それぞれの特徴を簡単に説明する．

毒素型：微生物が食品中で増殖する際に作る毒素により食中毒が発症するタイプ．すでにある程度増えた毒素が体内に入るため，食べてからあまり時間をおかずに症状が出てくるのが特徴である．代表的には黄色ブドウ球菌とボツリヌス菌が挙げられる．

感染型：体内に入った細菌が増殖すること，またその際に毒素を作ることにより発症するタイプ．体内で増殖するまでに時間がかかるので潜伏期が存在する．代表的なサルモネラ菌では12時間から3日，腸炎ビブリオ菌では10時間から18時間くらいとなる．

3.2.2 衛生管理・食材管理から環境・工程管理へ

食品危害の発生を防止するためには，食品危害（ハザード）を持ち込まない，清潔でドライで明るい作業環境を作り出し，維持することが必要である．このためには，衛生管理・原料資材（食材）管理，製造環境管理が前提として必要であり，さらに危害の要因を抑え込む工程管理を行うことで，食品の安全が確保される．

食品危害の要因は多様であるが，微生物による食中毒発症という健康被害が圧倒的な数・シェアを占めていることから，家庭・事業所を問わず衛生管理がまずもって食品由来の危害対策の一番手となる．

(1) 食中毒予防の3原則

食中毒予防の大原則は，病原菌やウイルスを"**つけない，増やさない，殺す**"であり，これを"**食中毒予防3原則**"という．

日常的には食事前に手を洗う，外から帰ったらうがいをする．料理は出来上がったらすぐ食べる，などを習慣化することが大事である．細菌類は日常的に人と一緒に生きており，どこにでもいる．一般的な環境では"無菌だ"というような状態はないと理解すべきである．しかし，多くの場合細菌類を怖がることはなく，菌数が少なければ人と十分に共生していける．

衛生管理の基本は，悪い菌を増やさない，危険レベルにしないことといわれている．細菌類は食品に付着して，口から体内に入る．ゆえに食品はよく洗い，食品に触れるもの（手，調理用具など）も，よく洗う必要がある．

次に，細菌を"増やさない"ためには，調理後の放置が最も危険である．早く食べるか，10℃以下の低温で保存することが大切である．

細菌を"殺す"とは，熱をかけることと考えるとよい．焼く・煮る・炒めるなど加熱することで大半の細菌は死滅する．

(2) 事業所（食品工場）での食中毒予防のポイント

食品工場や料理店などの大量の食材を取り扱う調理場を想定して解説する．

(a) **食品取扱いの3原則（事業者向け）**

　　要は"清潔"，"迅速"，"**冷却または加熱**"の3点である．

　　清潔は，微生物を食品に付けないようにするため．

　　迅速は，微生物が増えないうちに調理を済ませるため．

　　冷却または加熱は，微生物を殺す，あるいは増やさないため，である．

(b) **健康保菌者や体調の悪い人は，直接食品に触れる仕事に従事させない**

　　健康保菌者は自覚なく，その菌などをばらまいている．

(c) **調理場に入る心構えをもて！**

　　食品を扱う専門家としての自覚をもち，清潔さを保つこと．具体的には体調管理，髪の手入れ，手洗い，衣服や履物の清潔さの保持などを確実に行う．

(d) **清潔度合いは家庭よりも徹底した水準が求められる**

　　業務としての食品取扱いであるから，職場の整理，整頓，清掃，洗浄，殺菌，さらにドライ化なども徹底することが求められる．

(e) **納品受入れ時のチェック励行**

　　外部から悪い食材を入れないように目配りする．

(f) **作業は迅速に行う**

　　病原菌を増やさないために20分単位の作業管理．

3.2 食品分野における危害の予防と未然防止対策

（g）冷蔵庫庫内温度，冷凍と解凍，倉庫保管に作業場などの温度管理

病原菌を増やさないための温度管理を実施．温度と時間はセットで管理する．

（h）ネズミや害虫駆除の徹底

特にハエ，ゴキブリ，ネズミなどの衛生動物に注意．

ここで，厚生労働省が提唱している"**食中毒予防の六つのポイント**"等に沿い食品衛生向上の"標語"とその注意点を表3.4に示す．

表3.4 食品衛生向上の"標語"

標　語	注意点，付帯説明
食材は新鮮なものを購入しよう	加工の手立てが多い，清潔を保ちやすい
表示を確認しよう	賞味期限や消費期限の期限切れ確認
食材により，分けて包もう	肉や魚などの"汁"をほかの食材に付けない
持ち帰ったら，すぐに冷やす	10℃以下であれば細菌の増殖は遅い
冷蔵庫の詰めすぎに注意しよう	冷蔵庫の能力を過信してはいけない
直接床に置かない	どこであれ，床が一番汚れている
食材は使う前にはよく洗う	減菌になり，安全度は高まる
台所は整理・整頓に努めましょう	手早く調理するために2Sは重要
手を洗いましょう	床の次に汚れているのは"手"
包丁やまな板を，洗いましょう	食材に接する台所用具はよく洗うこと
使う分だけ，解凍する	一度解凍したらすぐ食べないと危ない
冷凍食品は常温で解凍しない	解凍は電子レンジか冷蔵庫内で
十分加熱する，電子レンジはうまく使う	食材が加熱対象であり，ムラなく加熱する工夫や注意が必要
料理はそのまま放置しない	加熱しても，ゆっくり冷ませば菌が増える
卵を扱うときは注意する	卵の殻には"サルモネラ菌"が付着
小分けして保存する	よく冷やしておくため
再び食べるときは十分加熱する	殺菌を確実に行う
思い切って捨てることも必要	リスク管理の基本
ネズミや害虫駆除の徹底	特にハエ，ゴキブリなどの衛生動物に注意

(3) システム化：SOP（標準作業書）とマニュアル

衛生管理から食材管理など，食品取扱い作業の現場での作業者の行動管理が十分できなければ，食品安全を目指す"予防"や"未然防止"の対策も機能しない．そこで作業者およびそのリーダーに対し，活動の指針や具体的な行動手順を示す体系化されたルールが必要となってくる．SOP（標準作業書）やマニュアルである．それらを，組織全体のシステムとしてまとめたモノに，ISO 9001やHACCP，食品衛生7Sなどがあるが，それらについては次節で紹介する．

SOPや各種のマニュアル類は，作業者にとっての手引き，教科書，確認書類である．これらの目的を理解し，その手順に基づく活動を実施することで，食品危害発生の防止に資することができる．

調理場では，先輩から"見て学ぶ"，"盗む"などといわれる修行道が真っ当な方法と思われているかもしれないが，"理屈・理論"で理解させることが，納得感を伴い効果的である．調理場では企業体ほどの細やかな手順書・マニュアルは不要かもしれないが，保健所配布の手引きなどを使用することは必要である．

(4) 既知のハザード対策と未知な（発生確率の低い）ハザード対策

食品のリスクとリスクコミュニケーションについて検討する．食品分野でのリスクが既知か未知（発生確率が低い）かは，食品危害のリスク分析で区分され，それぞれの対策が検討可能となる．

食することによる"リスク"についての理解が進まないと，正確に"安心，安全"を受け入れられない（表3.5）．食品危害とは大部分が健康被害の発生である．つまり次項で説明するHACCPでの"危害"（ハザード）によるリスクの発生である．

リスク用語の説明には2009年11月発行の汎用的なリスクマネジメント規格であるISO 31000を参照し，リスクに係る用語を含む（表3.5）．

(a) 食品のリスク

食品安全基本法では食品の安全を確保するための各種施策を実施する基本的

表 3.5 食品のリスク検討で使う用語

用語	日本語	用語の説明
Hazard ハザード	危険源 (危害)	危害の潜在的根源・危害性をもっていること．または，危害の状態，食品安全確保への危害分析対象．
Risk リスク	危険	危害の発生確率および危害の程度の組合せ．なお，ISO 31000 では"目的に対する不確かさの影響"と定義づける．
Risk identification リスク特定	危害特定 (同定)	リスクの源，影響を受ける領域，発生事象，ならびにこれらの原因と起こりうる結果を特定する．
Risk analysis リスク分析	危害分析	リスクの特質を理解し，リスクレベルを決定する． 危害のレベルを推定し，リスク因子を特定するなど，リスク評価やリスク対応への意思決定の基礎を提供する．
Risk evaluation リスク評価	危害評価	人，動物植物への危害の程度をランク付けをする． できる限り定量化（数値化）して，リスク対応の優先順位をつける．
Risk assessment リスクアセスメント	リスク分析・評価	リスク特定，リスク分析，およびリスク評価などを行うプロセス全体を指す．言い換えれば"リスクを客観的に見る作業全体"といえる．
Risk treatment リスク対応	危害対応	リスクを修正するプロセス．リスクを発生させる活動の回避や，発生源の除去，発生の起こりやすさを小さくし，発生結果を変えるなどの活動を行う．
Risk management リスク管理 (リスクマネジメント)	危害管理	リスクについて，組織を指揮統制するための調整された活動
Risk communication リスクコミュニケーション	リスクコミュニケーション	リスクの同定，分析，評価，管理について，フードチェーンのすべての関係者が意見交換を行い，共通認識を確かめ合い，合意の形成をはかること．

方針としてリスク分析・評価法を採用している（図3.1）．発生する（した）事象の科学的な危害の同定，リスク分析・評価，モニタリングと再評価などの影響度評価の実施である．リスク管理は，リスクの分析・評価結果に基づいたリスク対応処置，リスク政策，施策の決定・実施である．

```
┌─────────────────┐      ┌─────────────────┐
│ リスク分析・評価 │ ⇄  │   リスク管理     │
│ 科学ベースで危害 │      │ リスク分析・評価 │
│ の同定，曝露評価，│      │ に基づき，リスクの│
│ リスク判定，    │      │ 低減対策・政策等 │
│ モニタリングと再評価│      │ を検討し措置を実施│
└─────────────────┘      └─────────────────┘
         ⇅                        ⇅
        ┌──────────────────────────┐
        │  リスクコミュニケーション  │
        │ 消費者を含む関係者間での， │
        │ リスクに関する情報・意見を │
        │ 相互に交換する            │
        └──────────────────────────┘
```

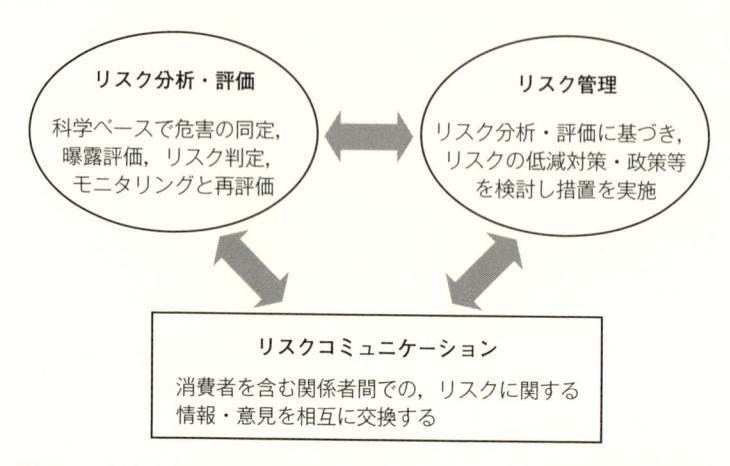

図 3.1 食品の安全性を高める（強化する）リスク分析・評価の枠組み
［文献 6)を一部変更］

　リスクコミュニケーションによりリスクに関する情報・意見交換が消費者をも含めて関係者間で相互に交換される．そのことで，安全と安心のギャップを埋める必要が満たされていく．安全性の部分は，科学的な事実を積み上げた結果として保証されていくもので，最終的には"合理的な確率"への信頼を共有することにより裏打ちされる．

　近年多発した食品業界の偽表示や虚偽広告は，リスク管理体制の中で科学的ではない"属人的，人間的"な管理面の問題であり，経営管理や労務管理システムの改善が必要になっている．安心は，安全に対する個々人の理解度にも左右されるが，個々人の感情による心情的なもので，多様である．安全性についての理解を深め，納得した結果として安心が醸成される．

　リスクはハザードとハザードの起こる可能性との組合せ，言葉を換えれば"危険性"といえる．

リスク(危険性)＝ハザード×(ハザードの)発生確率

ハザードの大きさと，リスクの大きさは別個のものであるが，しばしば勘違いされている．リスク評価は科学的にモニタリングして行い，その評価に基づきリスク管理として対応措置を実施する．その間で関係者相互にリスクコミュニケーションを図ることになる．

(b) 一般市民と専門家とのリスク認知の違いについて

ここで我々がリスクをどのように評価するかといえば，大きく2種類ある．一つは客観的評価で"リスクアセスメント"と呼ばれる．もう一つは主観的評価で"リスク認知"である．上記(a)では主に客観的評価を導く"リスクアセスメント"について述べている．科学的で理性的な分析に基づく客観的評価ができれば十分だと思われるかもしれない．しかしながら人々が同じように考えるとはいえない．つまり個々人の"リスク事象"に対する知識や感情により，リスク認知と客観的評価が乖離することがある（図3.2）．

食品危害のように誰もが影響を受けると思われる場合は，しばしばこのこと

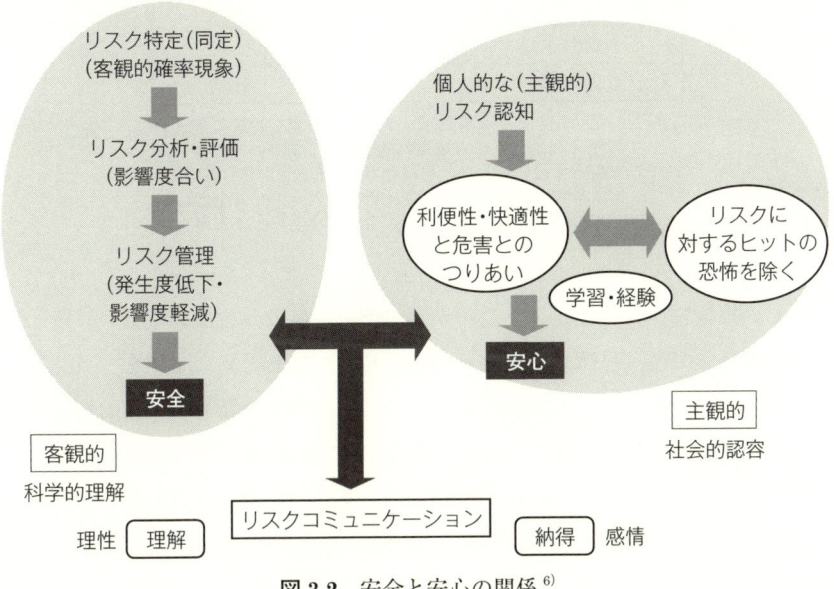

図3.2 安全と安心の関係[6]

が発生する．それは，例えば"発生率が不確実"であるとか，リスク事象が人によって大きなショックを受ける場合など，リスク認知が意思決定や行動に対して，大きな影響を与える．リスク認知は個人の主観的な知覚であるから，人により，また状況変化やタイミングによっても異なる．

"食品の安全性"を検討する場合に，"安全性に関する知識と予知能力"がばらつくことから，安全に関して問題解決から遠ざかってしまう可能性が高まる．しかし，リスク認知の特性を把握することにより，その認知の歪みを理解し，誤った判断を少なくすることはできると思われる．やはりリスクコミュニケーションの充実が望まれる．

やや古い調査結果であるが（東日本大地震発生前），一般市民と専門家でのリスク評価の違いを示したものを表3.6に記載する[8]．

表3.6　一般市民と専門家とのリスク評価の違い

回答者 \ リスク事象	遺伝子組換え	原子力発電
一般市民	2.51	2.17
バイオ専門家	3.74	2.58
原子力専門家	3.19	4.04

(注)　一般市民とバイオ専門家，原子力専門家を対象に遺伝子組換え食品と原子力発電の危険性（リスク）を1から5までの5段階評価での平均点で示した．1が非常に危険，5は非常に安全としており，数値が大きいと安全と認知していることになる（逆に，数値が小さいと不安が大きい）．

新しい技術についてのリスク認識が，専門家のほうが少ない（低い）としている原因としては，専門知識をより多く所持しているため，事態を"コントロールできる"と考えていることがある．さらに専門家は新しい技術の経済効果などの社会的ベネフィットを重視し，自身の携わる仕事に誇りをもつことも一因である．一方で一般の人は新技術が十分コントロール可能であるのか判断する知識が不足しており，また部分的には客観的なデータに依存しつつも，リスク事象への恐怖や感情的な側面にとらわれた判断に傾きがちである．

3.2 食品分野における危害の予防と未然防止対策

専門家と一般人との間には，リスク評価での主観的認識とそれに基づく判断に違いがあるが，"リスク認知"の心理学的プロセスそのものは同じだと考えられる．そこでより歪みの少ないリスク評価を受け入れること，受け入れやすくすること（リスクコミュニケーション）が大切である．様々な安全の確保を図る場面で，適切な判断による"行動"や"行動の中止"を行えるかが，人の主観的なリスク認知に影響されているからである．

ここで留意すべきリスク認知のバイアス効果として，
① すでに利用できる情報に引っ張られてしまう
② ある事象が起きたすぐあとは，再発の可能性を過大に見てしまう
③ 典型的な事象（理解しやすい）を発生可能性大と見てしまう
④ 期待や希望が大きい対象は発生が望ましいものとしてしまう
⑤ 望ましい方向で期待してしまう（怖いものは見ない，ないことにする）

などがある．

(c) リスクコミュニケーションの不足とゴースト効果

主観的リスク認知（評価）が客観的リスク評価よりはるかに大きく膨れ上がってしまう現象（心理状態）を，ゴースト効果と呼んでいる．

"飛行機はどのほかの交通機関より安全だ"と言われたが，本当か，"GM作物（遺伝子組換え）は安全なのか"とか"BSEは怖いから米国の牛肉はやめておこう"，"中国産の野菜は怖い"といった反応は正しいのか．

最近の食品業界の経済活動面での"事件（偽装や表示ミス）"への世間の反応を見ると，健康危害としての"食品中毒事故"は起こっていないのにマスコミのバッシングは大変なものである．その中には，主観的な"けしからん"という怒りが大きく作用している．本来の科学的かつ客観的な評価をベースにして，個々人の判断を行うように努めたいが，感情面，心理面で納得感を得るのは大変難しい．そこにゴースト効果が現れる．

(d) 食品安全にかかる日本の行政体制

食品の安全確保に関する日本の行政体制を図3.3に示す．

従来型の縦割り行政での組織体系では"情報の共有"までカバーしきれない

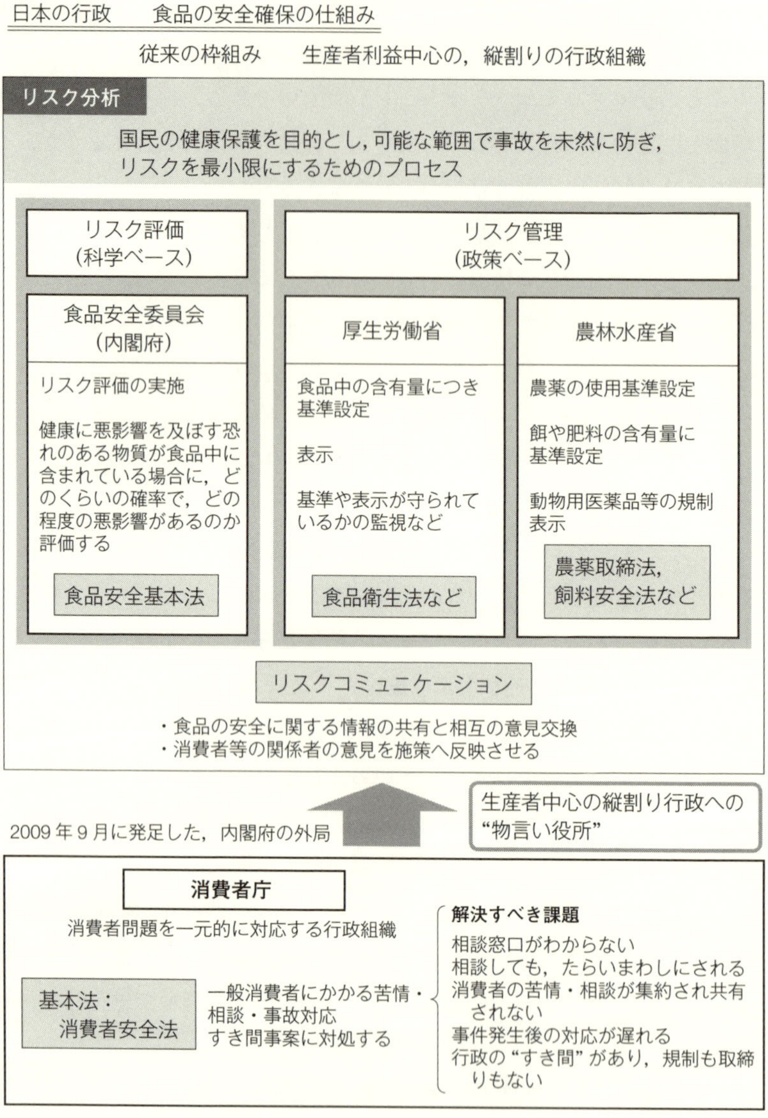

日本の行政　食品の安全確保の仕組み

従来の枠組み　生産者利益中心の，縦割りの行政組織

リスク分析

国民の健康保護を目的とし，可能な範囲で事故を未然に防ぎ，リスクを最小限にするためのプロセス

リスク評価（科学ベース）

食品安全委員会（内閣府）

リスク評価の実施

健康に悪影響を及ぼす恐れのある物質が食品中に含まれている場合に，どのくらいの確率で，どの程度の悪影響があるのか評価する

食品安全基本法

リスク管理（政策ベース）

厚生労働省

食品中の含有量につき基準設定

表示

基準や表示が守られているかの監視など

食品衛生法など

農林水産省

農薬の使用基準設定

餌や肥料の含有量に基準設定

動物用医薬品等の規制表示

農薬取締法，飼料安全法など

リスクコミュニケーション

・食品の安全に関する情報の共有と相互の意見交換
・消費者等の関係者の意見を施策へ反映させる

2009年9月に発足した，内閣府の外局

生産者中心の縦割り行政への"物言い役所"

消費者庁

消費者問題を一元的に対応する行政組織

基本法：消費者安全法

一般消費者にかかる苦情・相談・事故対応
すき間事案に対処する

解決すべき課題
相談窓口がわからない
相談しても，たらいまわしにされる
消費者の苦情・相談が集約され共有されない
事件発生後の対応が遅れる
行政の"すき間"があり，規制も取締りもない

図 3.3　食品安全にかかる行政体制[9]

とし，2009年9月に消費者庁が発足した．今後は"食品安全委員会"の独立性保持や，苦情・事件発生を受けての消費者庁の対応が，"合理的なリスク認識，リスク評価"に基づいて，その立場から発せられているか，また"リスクコミュニケーションの活性化"状況を注視していく必要がある．

3.3 食品危害の予防策

食材を取り扱う現場での，人（作業者），物（食材・原料資材），機材（設備機器）の管理システムについて食品危害予防の基本である HACCP から説明する．

(1) HACCP

HACCP は，**Hazard Analysis and Critical Control Point** の略号であり，当初は"危害分析・重要管理点"管理方式と訳されていたが，最近は"危害要因分析による必須管理点"管理方式と訳されることが多くなっている．

1960年代，米国のアポロ計画における安全な携行食品製造のための管理システムとして構築されたシステムで，危害（ハザード）のない食品を，食品製造・加工の工程管理で実現しようとしたものである．従来システムのように最終製品を検査して，安全性を確保するのではなく，未然防止策を十分検討した後に，食品を製造・加工する過程（工程）を強力な工程管理下に置くことで，製品（食品）安全基準を達成しようとする手法である．

HACCP システムの構築は，12の手順とそれに含まれる七つの原則により行われる（表3.7）．

手順6・原則1の"危害分析を実施する"という手順が，HACCP の最も大切な"骨格"である．

手順1〜手順5は，手順6の"危害分析"を実施するため前段階であり，システム推進体制作りと作業現場の実態確認および資料データ整備作業である．

表 3.7 HACCP の手順と原則

| HACCP システムの 12 の手順と 7 原則 |

手順 1	HACCP チームを編成する.	
手順 2	製品の特性を記述する.	
手順 3	製品の使用方法を明確化する.	
手順 4	製造工程一覧図(フローダイヤグラム),施設図面および標準作業手順書(SOP)を作成する.	
手順 5	製造工程一覧図(フローダイヤグラム)を現場で確認する.	
手順 6	危害分析を実施する. 　すべての潜在的危害をリストアップする. 　特定された危害の管理方法を考察する.	原則 1
手順 7	重要管理点(CCP)を決定する.	原則 2
手順 8	各 CCP の管理基準(許容限界)を設定する.	原則 3
手順 9	CCP の管理をモニタリングする方法を設定する.	原則 4
手順 10	モニタリングで CCP が管理状態でないことが示されたときに,とられるべき改善方法を定める.	原則 5
手順 11	HACCP システムが効果的に運用されていることを確認する,"検証"の手続きを定める.	原則 6
手順 12	これらの原則およびその適用に関する,すべての手法および記録について,文書の作成・記録方法を定める.	原則 7

　危害分析とは,対象食品の製造工程で"潜在的に予想される健康危害発生の可能性がある状態(ハザード)とそのリスク"を特定して示し,そのように特定した根拠を明らかにした上で,防止策を検討して見える化する作業である.その過程で既往の知識・技術が適用されていく.事例の危害分析ワークシート(表 3.8)は食材受入時での分析で,危害を生物的(病原菌),化学的(有害物質),物理的(異物)に大別し検討している.この分析を製造工程順に,一工程ごとに検討していく(表 3.9).そして必須管理点(CCP：Critical Control Point)を決定する.CCP 工程は,必ず条件どおりに作業しないと対象食品に"危害要因"を残してしまうと判断した工程である.
　必須管理点(CCP)では,何を管理するのか,誰が責任者であるかなどを

3.3 食品危害の予防策

表 3.8 HACCP 危害分析 ワークシート事例
危害分析ワークシート(受入工程事例)

(1) 工程番号 原料／工程	(2) この工程で進入, 増大する潜在的危害の特定	(3) 重要な潜在的危害か (Yes, No)	(4) (3)欄の決定 の根拠	(5) 防止措置：管理の程度： 管理手段手順や実施記録
1. 液糖受入 (常温)	資材等受入での危害要因発生	Yes	外部から不用意に危害リスクを導入してしまう	購買品受入手順にて検収する
	生物学的危害～以降 B と表示			
	病原菌の汚染	Yes	生産者が管理不良で汚染している可能性あり	後工程で殺菌する．殺菌工程 No.32
	化学的危害～以降 C と表示	Yes	生産者の管理不良で混入の可能性がある	廃棄または返品する．購買品受入手順で管理
	有害物質の混入			生産者へ管理依頼・保証書入手
	アレルギー物質の混入	Yes	生産者の管理不良で濃度が基準値を超える	容器にアレルゲンの表示成分検査の実施
	物理的危害～以降 P と表示		可能性がある	生産者へ管理依頼・保証書入手
	固形異物の混入	Yes	害虫・異物の混入	防虫対策・目視検査
	固形異物の混入	Yes	生産者の製造工程での混入可能性あり	後工程でろ過する．ろ過工程 No.27, 33〜36
2. 上水道受入	資材等受入での危害要因発生	Yes	外部から不用意に危害リスクを導入してしまう	使用水管理手順で管理する
	B. 病原菌が生残している	Yes	上水道の塩素濃度の不足で病原菌が生残していたり汚染される恐れがある	・水道局の水質成分表を入手し，取水口で塩素濃度や水質を検査し確認する
	B. 病原菌にて汚染される	Yes		
	C. 有害科学物質の混入	Yes	上水道に混入する恐れがある	・同上 ・当社は"純水装置"で加工した水だけを使用
	P. 固形異物の混入	Yes	上水道に混入する恐れがある	・当社は"純水装置"で加工した水だけを使用
				後工程でろ過する．ろ過工程 No.27, 33〜36

表3.9 危害分析ワークシート

危害分析ワークシート（CCPとO-PRPを含む事例）

(1) 工程番号 原料／工程	(2) この工程で進入，増大する潜在的危害の特定	(3) 重要な潜在的危害か (Yes, No)	(4) (3)欄の決定の根拠	(5) 防止措置：管理の程度：管理手段手順や実施記録	(6) 管理レベルの区分 CCP	O-PRP	PRP
32. 加熱殺菌 チューブ式加熱殺菌	B 病原菌の生残	Yes	加熱温度と加熱時間の不足（95℃；30秒以上）	CCP管理表（HACCP計画）にて管理する	○		
	C 洗剤の残存	Yes	洗浄不良による	洗浄・消毒手順で管理する			○
	P 固形異物の混入	Yes	劣化による部材など切れ端の混入	後工程にろ過があるNo.33			○
33. ろ過	B 病原菌が生残している	No	加熱殺菌工程の直後であり考えにくい				
	B 病原菌にて汚染される	No	加熱殺菌工程の直後であり考えにくい				
	C 有害化学物質の混入	No	密閉容器にて保管されている状態である				
	P 固形異物の混入	Yes	メッシュ損傷，ろ過キット設置不良の発生	CCP管理表（HACCP計画）にて管理する	○		
41. 打栓	B 病原菌による汚染	Yes	機器からの汚染	洗浄・消毒手順で管理する			○
	C 有害物質の混入	Yes	殺菌剤の濃度が高い	洗浄・消毒手順で管理する			○
	P 固形異物の混入	Yes	設備からの異物混入	設備の保守点検実施			○
42. 転倒殺菌 80℃以上30秒以上	B 病原菌による汚染	Yes	シール不良での冷却水吸い込みによる汚染	O-PRP管理表（作業管理手順）にて管理		○	
	C なし（打栓・キャップ締め直後）		充填液温にて瓶・シール内面空間部を滅菌する	機材の取扱いは作業管理手順に従う			
	P なし（打栓・キャップ締め直後）						
43. 液中検査機 光学的に液中の混入異物検出	B 病原菌による汚染	Yes	作業者の手指からの汚染	手指洗浄手順で管理			○
	C 洗剤の残存	Yes	検査機の洗浄不良により付着する	洗浄・消毒手順で管理する			○
	P 固形異物の残留	Yes	設備から，また本工程前の作業での異物混入	O-PRP管理表（作業管理手順）にて管理		○	
				機材の取扱いは機器管理手順に従う			
44. 金属探知機	B 病原菌による汚染	No.	容器中に密封している				
	C なし						
	P 金属固形異物の混入	Yes	金属探知機を活用し，その正常稼働を維持する	CCP管理表（HACCP計画）にて管理する	○		

明確にする必要がある．万一管理が不十分な場合にどう対処するかも決めておく．さらに，それらの（日々の業務推進）経過を記録に残し，検証することが求められている．

　HACCPシステムは，現在でも，食品安全を保証する最良のシステムとして世界的に認められているが，欠点もある．HACCPシステムの発祥地である米国において，7原則が決定された時期は，全米的にTQM（全社的品質管理）活動が行われていた．そのため，HACCPシステムは，TQMの上に構築されたものなのに，日本に導入された際には製造現場のみのシステムに矮小化されるという大きな欠陥を持ち込んでしまった．その結果，日本では2000年に起こった某乳業メーカーによる大規模食中毒事件が，国際的には飼料としての肉骨粉に起因するBSE（牛海綿状脳症，いわゆる狂牛病）が起こってしまった．

　ここで，危害分析ワークシートの例を表3.8，表3.9に示しておく

(2) ISO 22000

　HACCPの欠点であるマネジメントシステムの不在をISO 9001で補う目的で規格化され，2005年9月に発行された認証規格がISO 22000（食品安全マネジメントシステム）である．HACCPで検証された衛生管理手法を，的確にかつ確実に食品製造・加工の現場で実施・運用するための，ISO 9001というマネジメントシステムの中で，危害発生に対する防止策をCCP，O-PRP，PRPの3区分で対応する食品安全の管理システムである．それぞれの管理手順を明確に定めて運用される．

　欠点としては購買管理面（資材等受入）と新製品開発の規定が不足していることと，ハザードに対する管理水準の決定が，運営事業体の判断に任されているため自由度は高いが，フードチェーン全体での管理水準の統一性保持に不安が残る点である．

管理レベルの定義

　PRP（前提条件プログラム）：安全な最終製品，および安全な食品の生産，取扱い，提供に適したフードチェーン全体の衛生環境の維持に必要な基本的条件および活動である．HACCPシステムでは，一般衛生管理プログラムといわ

れていた．食品工場にふさわしい清潔さを保つための，主として，環境や人を対象にした衛生管理活動である．後述する食品衛生7Sの目的である"病原菌レベルの清潔"の実現手順と同水準である．

O-PRP（オペレーションPRP）：ハザード分析において，製品や加工環境に食品安全ハザードを持ち込むことや，汚染増加，発生しやすさを"管理"するため必須なものとされたPRPをO-PRPという．食中毒予防3原則における"（菌を）増やさない"ための操作といえる．

CCP（必須管理点）：食品安全管理が可能で，かつ，食品安全ハザードを予防もしくは除去，またはそれを許容水準まで低減するために必須な段階である．食中毒予防3原則では，"（菌を）殺す"ための操作である．

(3) 食品衛生7SとPAS 220

(a) 食品衛生7S

食品衛生7Sは，内容としては，日本版のPRPともいえる．"整理・整頓・清掃・洗浄・殺菌・しつけ・清潔"の7項目で構成され，微生物レベルでの清潔を達成し，維持する目的で生まれた．上記のISO 22000でのPRP（前提条件プログラム）と同程度の内容を含んでおり，これを活用すれば，食品の安全・安心を品質面から確立する土台作りができる．

運用面での活用には"しつけ"項目があることが大きな特色である．現場ではSOPなどの管理手順を順守した実施が重要であり，そのためには"ヒト"の管理面での"動機付け"（モチベーション）が肝要である．工業分野で用いられている"5S"と同様に，日本生まれの衛生管理手法であり，日本における管理手法の導入という点では，最初に行うことが推奨されている（図3.4）．

(b) PAS 220

2008年10月にBSI（英国規格協会）が食品製造業向けの技術仕様書として発行した規格である．ISOはこれを，ISO 22000の7.2.3項を補強する技術仕様書として取り込み，ISO/TS 22002-1を2009年に発行した．

ISO 22000では7.2.3項でPRPとして検討しなければならない項目を，具体的に考慮・検討すべき食品業者の現場整備事項として示したが，項目のみで

3.3 食品危害の予防策

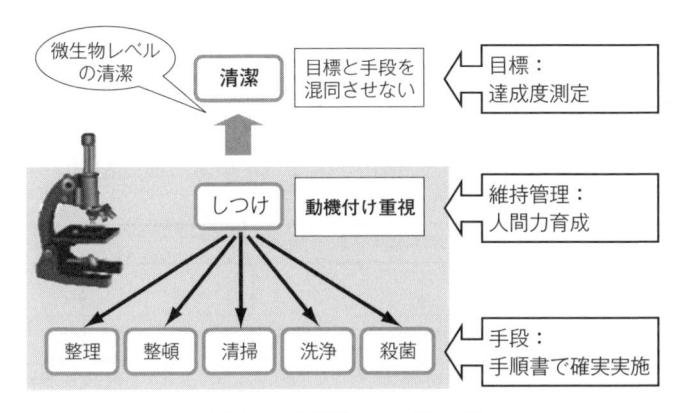

図 3.4 食品衛生 7S 概念図

具体化が不足していた．PAS 220 では，ISO 22000 の 7.2.3 項の各項目について詳細な要求事項を規定するとともに，再加工や回収などとともに食品テロへの防御に至るまでの項目を加え，具体的に対応することが必要な要求事項が示されている．

(4) **FSSC 22000**

流通業者の国際組織である CIES [*] からの要望により，GFSI [**] が内容としては HACCP をベースにした ISO 22000 システムに，PAS 220 の要求事項などを加味したものとして発表されたシステムが FSSC 22000（Food Safety System Certification 22000）である．内容的には，現場での管理面をより具体的にかつ技術面から補充したマネジメントシステムである．規格の内容は

ISO 22000 + PAS 220（= ISO/TS 22002-1）+（若干の要求事項）

で構成される．

- [*] CIES（International Committee of Food Retail Chains）：50 か国以上の食品小売業界の国際ネットワークであり，国際的な食品流通において大きな影響力をもつ枠組み．
- [**] GFSI（Global Food Safety Initiative）：世界で唯一の独立した食品のネットワークである CIES フード・ビジネス・フォーラムが運営する非営利団体．国際的な食品安全の確保にかかわる費用効率を向上させるための仕組みとして FSSC 22000 は GFSI により承認された．

FSSC 22000 は，食品製造業界ではなくフードチェーンを形成する有力な流通業者から，より消費者に近い位置へということで，"食品安全を確保するシステム"が提示されたことに意義がある．日本でも大手流通業者や大手の食品メーカーから，認証取得に向けた活用が始まっている（図 3.5）．

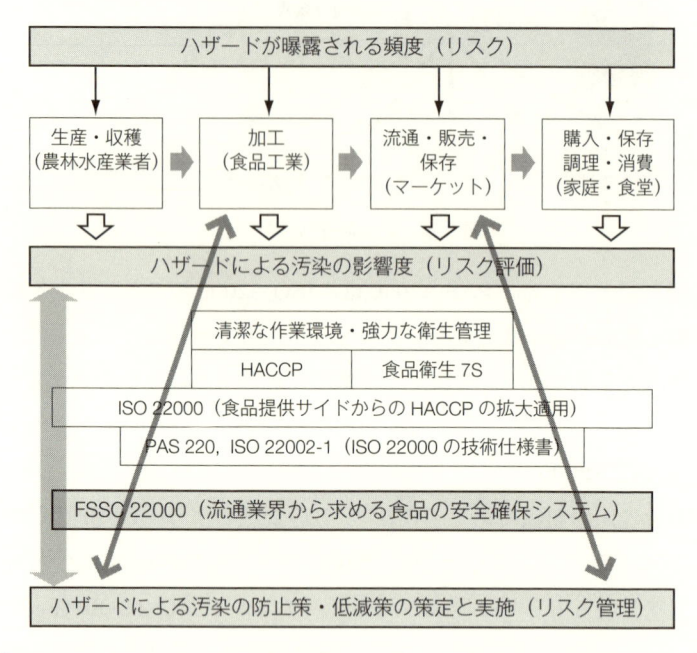

```
                    ハザードが曝露される頻度（リスク）

    生産・収穫          加工           流通・販売・      購入・保存
  (農林水産業者)      (食品工業)          保存          調理・消費
                                     (マーケット)     (家庭・食堂)

              ハザードによる汚染の影響度（リスク評価）

              清潔な作業環境・強力な衛生管理
                HACCP        食品衛生 7S
            ISO 22000（食品提供サイドからの HACCP の拡大適用）
              PAS 220, ISO 22002-1（ISO 22000 の技術仕様書）
           FSSC 22000（流通業界から求める食品の安全確保システム）

      ハザードによる汚染の防止策・低減策の策定と実施（リスク管理）
```

図 3.5 フードチェーンにおける食品リスクとその制御・管理システム[6]

3.4 衛生管理から労務管理まで

近年，食に関する不祥事が多発したことから，人々の"食品への不安"と"安全な食品"を求める声が高まっている．なかでも 2007 年から 2008 年にかけて起こった"中国製冷凍ギョーザ事件"では，有機リン系農薬成分のメタミドホスが多量に検出され，大きな事件となった．うっかり残留してしまったレベル以上の濃度で，故意に混入されたものであり，中国において犯人が逮捕されている．2001 年の米国 9.11 テロ事件後の世界では，各国にテロ組織が分散

3.4 衛生管理から労務管理まで　　　　　　　　　　　99

し存在する可能性が消えない．そこで従来からの"食品安全"確保の活動に加えて，意図的な食品汚染に対する"食品防御"を確保する活動を本格的に開始する必要が生じてきた．

3.4.1 衛生管理の内容の変化から労務管理の必要性へ

（1）フードチェーンアプローチとトレーサビリティ

フードチェーンアプローチとは，食材などの原材料生産者から加工・製造業者，流通業者を経て消費者までのフードチェーンの各段階で安全を確保することが重要であるとの考え方である．それぞれの段階と前後の段階における基準調整や情報流通の経路確保など課題は多いが，すでに前進を始めている．回収に備えて，いつでも自社の製品が，現在，どのような経路を経て，どこに存在するかを把握しておくことが必要である．

逆に製品から見て，履歴をさかのぼる能力・仕組みを"トレーサビリティ"というが，こちらも近年整備が進んでいる．コストはかかるが，リスク認識を共有するためのリスクコミュニケーションを強化し広げていくためには有効である．

（2）信頼性を損なう表示事件

食品危害としての"健康被害，食中毒患者"は発生しないものの，食品への信頼と安心感を大きく損なう事件が頻発している．単純な表示のミスや産地偽装（アンフェア）はもちろんのこと，食品材料の使い回しや，回収商品をリユースして次の新製品（加工製品）に原料として使うことなども，"事件"として報道されクローズアップされた．食品業者の世界では問題ではなく，日常的に行われていても，リスクコミュニケーションの不足から，いかがわしい処理方法をとっていると認識されて社会から指弾された事例も多い．

（3）内部告発の一般化

近年の食品関連企業での事件（食品事故ではない）を反省すると，企業としての経営方針や企業理念というものが，希薄であるケースが多い．経済主体として"儲かればよい"とのみ考えて，社会的な存在として企業の立ち位置をし

っかり定めていなかったように見える．これらに対して，内部告発が多発した．民心は腐敗していなかった証左であろう．今後は真の一体経営といえる全社的経営管理のもと，人事・労務管理面でも雇用者に不満や不安を抱かせない努力が必要である．まさに，企業の社会的責任 CSR の必要性が叫ばれている．

3.4.2　未然防止とバイオテロ対策

最近，食品の安全性についての三つの概念が区別されている．

(a)　フードセキュリティ（食品安全保障）

食べ物の量的確保というイメージが強い．食品原料を"燃料"へ転用したほうが高価値を得られる場合（バイオエタノールとしての活用重視）や，海上輸送の安全が損なわれる場合などで輸送ができないケース，食料輸出国が日本へ輸出してくれない状況などでは，食料自給率が40％程度の日本では国民の多くが飢えてしまう．"飢餓"発生防止には食料の自給率向上が必要である．地球全体の人口増加から食料の不足時代到来も十分考えられる．どのように食料の安定供給を確保するのかという"食料供給"に関する政策はすべて"食品の安全保障"に分類される．

(b)　フードセーフティ（食品安全）

従来の食品安全の議論において取り上げられてきた課題であり，主に"未然防止"対応の展開として論じられてきた．今後は中国製ギョーザ事件のような意図的（悪意をもった）食品事故発生をねらう犯罪をも想定しなければならないが，それは，フードディフェンスとして，別項で検討されている．

(c)　フードディフェンス（食品防御）

食品を攻撃目標とする"悪意の人"が存在するという前提に立ち，どのような攻撃が想定されるか，どうやって防ぐかを検討することである．事前の検討としては"事件発生の防止"と"事件発生後の対応・対策"に大別される．次に"事件発生"を対象とすれば，意図的か非意図的か，また症状が出る（ある）か，出ない（ない）で区分する．

意図的な犯罪行為に，従来のような検査で対応はできないので"情報セキュ

リティ"を強化するケースを参考に，食品工場を物理的に隔離された"部外者不在の場"とするなど，物理的な設備面と人的監視面強化の管理体制構築が必要となるが，日本ではまだまだ十分な対応がなされているとは言いがたい状況である．

おわりに

今後は，正しいリスク把握とリスク評価，リスク対応が重要になる．さらに消費者から流通業者，そして製造者（メーカー）から生産者へのフードチェーン全体での客観的かつ科学的な情報収集が必要となろう．

最近の"食の安全・安心"を揺るがした事件等の対応不足もあって行政体制が2009年の"消費者庁"の発足で，少し変化した．それら行政の新体制をどのように活用していくのかも課題である．特に"食品安全委員会"の独立性確保には留意しなくてはならない．安全な食品生産を管轄する農林水産省と人の健康を守る立場の厚生労働省とが，開かれたリスク・コミュニケーションを重ねることにより，食品安全を確保し消費者の"安心"が高まるよう行政の役割を果たすとともに，情報提供を担うマスコミを含めたフードチェーンの各持ち場が機能することを期待したい．

参考文献

1) 今村智明：『食品の安全とは何か―食品安全の基礎知識と食品防御』，日本生活協同組合連合会，コープ出版，2009．
2) 日本規格協会編：『対訳 ISO 22000:2005 食品安全マネジメントシステム―フードチェーンのあらゆる組織に対する要求事項』，日本規格協会，2007．
3) 米虫節夫編：『どうすれば食の安全は守られるのか』，日科技連出版社，2008．
4) 日本品質管理学会監修，中條武志：『JSQC選書11 人に起因するトラブル・事故の未然防止とRCA―未然防止の視点からマネジメントを見直す』，日本規格協会，2010．
5) マリオン・ネッスル著，久保田裕子訳：『食の安全―政治が操るアメリカの食卓』，岩波書店，p.150, 2009．

6) 中村好志, 西島基弘編著:『食品安全学 第二版』, 同文書院, 2010, 特に"CHAPTER 1. P 1〜17 食品安全学とは?"参照.
7) 日本規格協会編:『ISO 31000:2009 リスクマネジメント 解説と適用ガイド』, 日本規格協会, 2010.
8) 小杉素子, 土屋智子:"科学技術のリスク認知に及ぼす情報環境の影響—専門家による情報提供の課題", 電力中央研究所報告 経営 Y 00009, 2000.
9) 厚生労働省ホームページ:"リスクコミュニケーション説明 PDF 資料 p.9"
   http://www.mhlw.go.jp/topics/bukyoku/iyaku/syoku-anzen/riskcom/01.html
   および 消費者庁の開設経緯説明資料 PDF p.5, http://www.epa.or.jp/esp/09a/09a06.pdf

第4章 食品被害と事件・事故事例

field: FOOD

・・・・・・・・・・・・・・・・・・・・・・・・・・・

　国際的に認められる食品事故の予防と未然防止の仕組みとして"HACCPシステム"が最もよく採用されている．これを組織内で運用していく仕組みとしてISO 22000やFSSC 22000などの規格基準があることは前章に記したとおりである．しかし，実際の食品事故事例を検証していくと，これら規格基準を採用していないことが理由ではなく，その前提条件であるPRPや食品衛生7S，PAS 220等"食品安全のために，事前に必ずするべきこと"を怠ってしまったがために"起こるべくして起こった"ものが多く見られる．

　本章では，さまざまな事例を検証し食品における予防と未然防止について述べる．

4.1 食品の安全性を揺るがした事例

　食品安全に大きな波紋を与えた事故として，2000年に発生した乳業メーカーの黄色ブドウ球菌由来の毒素による食中毒がまず挙げられる．それは，当該工場が"総合衛生管理製造過程"いわゆる日本版HACCPの認証を受け，安全性については国のお墨付きを得ていたはずの中で発生したからである．この事故の根本原因はHACCPを語る前の段階"トップの食品安全に対する考え方"が完全にずれていたことである．当時の社長の"俺は寝ていないんだ"発言はその象徴でもあった．

　さらに半世紀以上さかのぼると，ヒ素ミルク事件やカネミ油症事件など製造優先で食品安全などまったく考慮されていない事故もあり，今の感覚ではとても想像できないものである．そこで本節では1950年代以降の代表的な事故事例をまとめ，歴史を振り返るために表4.1を準備した．

表 4.1　主な食品事故事例(1)

	森永乳業	カネミ	大阪府堺市 O-157 事件	雪印乳業
発生・発覚年月	1955 年 6 月	1968 年	1996 年 6〜7 月	2000 年 6 月
カテゴリー	毒物混入	毒物混入	食中毒菌の混入	食中毒菌の混入
発生時の状況	徳島工場の缶入り粉ミルク（森永ドライミルク）に使用されていた pH 調整剤（工業用第二リン酸ソーダ）に不純物としてヒ素が混入．これによりヒ素中毒が発生した．	カネミ倉庫で食用油（こめ油）を製造中に，熱媒体として使用されていた PCB（ポリ塩化ビフェニル）がパイプの劣化で生じたピンホールから混入	小学校の学校給食が原因で集団発生カイワレ大根が汚染されていた（行政判断）	低脂肪乳の原料である脱脂粉乳に黄色ブドウ球菌の産生毒素が混入
有症患者数	約 13,000 名（130 名以上の死亡）	1,906 名が認定	発症者 6,900 名・死者 3 名	13,420 名
その発端は	ヒ素中毒の発症	油症の発症	学校給食からの中毒症状発生	中毒患者の発症
問題発生後の余波	工業用を食用に使用していたことで，非難される．また，当時の国鉄仙台鉄道管理局が自主検査でヒ素を検出したため，返品をしていたことも明らかになった．	認定被害者を求める裁判が長期化．	カイワレ業者の営業不振．	原料（脱脂粉乳）を製造していた大樹工場で停電があったにもかかわらず，通常どおりに生産を継続し，出荷していたことが判明　社内基準を逸脱していたが，水で薄めて再利用
行政などの処分	販売停止		堺市（準政令指定都市）	総合衛生管理製造過程一時取消し　食品衛生法違反により保健所の立入
教訓	食品に使用する原材料の受入検査を行い，安全性を確認すること．購買先の評価と製品仕様に適合しているのか？	製造装置の保守管理の必要性　食品衛生 7S でいうところの，整理・整頓・清掃の管理不足	大量調理施設マニュアル・学校給食などへの衛生管理の改善が急速に進む．HACCP 支援法と畜場法施工規則の改定．	社長の"私は寝ていないんだ"発言がさらに消費者感情を悪化させたことからも，緊急時の経営者の対応方法は十分に事前に考えておく必要がある．
販売や工場稼働までの期間				大阪工場閉鎖　雪印として牛乳部門を分離

4.1 食品の安全性を揺るがした事例

表 4.1 主な食品事故事例(2)

	不二家	ミートホープ	石屋製菓	比内鶏
発生・発覚年月	2007年1月	2007年6月	2007年8月	2007年10月
カテゴリー	期限切れ原料使用	内容物偽装	賞味期限改ざん	原料原産地偽装
発生時の状況	埼玉工場で消費期限切れの牛乳を使用したシュークリームを製造・販売した.	元幹部からの内部告発を受けて,朝日新聞社のスクープ取材から"COOP牛肉コロッケ"より豚肉が検出された.	キャンペーンで売れ残った"白い恋人"の賞味期限を1か月延ばして販売.	廃鶏を含め原材料と異なる鶏を使用していながら比内地鶏使用と表示.
有症患者数	なし	なし	なし	なし
その発端は	食品を知らないコンサルタントの情報漏えい	労務管理の不平から内部告発	内部告発	内部告発
問題発生後の余波	繁忙期のクリスマス商戦前の発覚を恐れ,穏便に済ませようとしたことが発覚した.消費期限切れのリンゴを使ったアップルパイや菌数逸脱などそれ以前のことが報道される.	牛ひき肉に豚肉,色の悪い肉に血液投入,ブラジル産鶏肉を国内産と,これまでの偽装が発覚.	アイスクリームからの大腸菌群検出やバームクーヘンから黄色ブドウ球菌が検出.	販売当初から比内地鶏をまったく使用していないことが判明.
行政などの処分	ISO 9001/ISO 14001の認証登録一時取消し.食品衛生法違反により保健所の立入りと厳重注意.	警察による不正競争防止法での家宅捜索.	自主回収.食品衛生法違反により保健所の立入り.	不正競争防止法違反により家宅捜索(公安委員会).
教訓	トップのマネジメントの不在と事件発覚時対応のまずさ.的確な生産計画に基づく原料調達と,倉庫の整理整頓を前提とした先入れ先出しの徹底が必要である.	ワンマン経営に経営者の顧客要求把握能力のなさが加わったケースといえる.経営者は,常に顧客要求を把握し,社内コミュニケーションに努めるべきである.	賞味期限の科学的根拠(データ分析)の正確な意味を把握し,適切な期限設定をするべきである.内部告発の情報に対する行政対応が迅速化された.企業内で内部告発に対する仕組みを求める.	社長のワンマン経営ではなく,責任と権限の割当てが必要である.
販売や工場稼働までの期間	AIBによる改善終了後に,再開その後経営回復		自主回収から122日後に販売開始	

表 4.1　主な食品事故事例(3)

	赤福	船場吉兆	天洋食品（中国）	フーズフォーラス（焼肉酒屋えびす）
発生・発覚年月	2007年10月	2007年10月	2008年1月	2011年4月
カテゴリー	消費期限改ざん 原料表示違反	消費期限改ざん 内容物偽装	農薬（毒物）混入	食中毒菌の混入
発生時の状況	まき直し：未出荷品と返品の再包装．製造日偽装：出荷時に余ったものを冷凍保存し，解凍日を製造日とした．表示偽装：原料表示が"砂糖，小豆，もち米"のはずが，"小豆，もち米，砂糖"となっていた．原料再利用：むき餡とむき餅を転用	ラベル張替えにより消費期限を延長させた．本店で，牛や鶏の産地を偽装していた．従業員が正当性を認めさせるために，弁護士を立てた．	冷凍ギョーザを食べて体調不良の訴えがでた．有機リンの毒物による急性中毒の発生．	富山県，福井県，神奈川県の店舗でO-111による食中毒が相次ぐ．東京の肉卸売業者大和屋商店が通常肉を"生食用"として販売．また焼肉店舗での衛生管理にも不備があった．
有症患者数	なし	なし	10名	5名
その発端は	内部告発	内部告発	中毒患者の発症	中毒患者の発症
問題発生後の余波	伊勢の土産物屋全体に疑惑の目が向けられた．菓子業者への表示確認が始まった．伊勢ブランドをどこまでとするのか？観光資源への影響？	吉兆グループ全体に疑いがかけられた．	11社で自主回収を発表した．中国製品を扱わない．日生協から検査実施の要求があった．	畜肉の生食によるリスクについて議論されるきっかけとなり，2011年10月生食用牛肉の規格基準が設定された．
行政などの処分	JAS法違反により農林水産省の立入り 無期限の営業停止	JAS法違反により農林水産省の立入り 不当競争防止法違反により家宅捜索	国際問題に発展．その後中国はCIQマーク制度を導入し輸出食品の安全性を強調．	無期限営業禁止．その後2011年7月廃業．
教訓	法令順守の大切さを認識するとともに，安全と安心との違いを経営層が認識すべきである．経営者としての仕事ができていない．	ネームバリューにあぐらをかいていられるほど消費者は甘くない．顧客第一の運営をすべき．	労使紛争の問題がなかったか？与信管理ができているのか？中国を抜きにして，日本の台所は成り立たない．	実質国内には生食可能な牛肉は存在しないのに行政も黙認状態で起こった事故であった．また，リスクの高い食品を提供するには危害分析とそれに基づく仕組みづくりが重要である．
販売や工場稼働までの期間	2008年2月6日再開	2008年1月16日本店の営業再開，その後別件の理由で廃業	2008年より営業停止	

4.2 予防と未然防止の事例

4.2.1 食中毒事故の事例

食品における最大の敵は微生物である．石や金属などが混入してしまったとしても，その被害程度は生命の危険まではいかず数名程度の怪我で収まるであろう．ところが，微生物による食中毒となると数百，数千名の被害者が発生し，生命の危険にまで及ぶケースも起こっており，食品危害の中心課題である．

食品企業はこれらを予防し未然防止するため衛生管理体制のステップアップに日夜努力しているが，残念ながら事故は跡を絶たない．これらの事例を検証していくと決められたルールが守られていなかったり，効率優先の製造がされていたりすることが原因で起こった事象が多い．本章では最近起こった食中毒事故・事件の幾つかを事例に挙げ，その予防と未然防止について述べる．なお，以下に示す事例内容において固有名詞等は伏せて表現する．

(1) ルールを守らなかったことが原因での事例

> **ケース**
>
> 学校給食において**サルモネラ菌**による食中毒が発生．児童・生徒ら約 1,600 名が被害にあい，その原因食としてはブロッコリーサラダが挙げられた．調査の結果，これを調理した調理設備では，文部科学省の"学校給食衛生管理基準"に基づく**洗浄消毒マニュアルの 80℃・5 分以上の煮沸消毒を実施せず**，実際には 52～53℃の低温の湯で洗うだけであった．また管轄自治体の給食調理の作業マニュアルには調理用機械設備の洗浄・消毒方法の具体的な記載がなかった．（2011 年 2 月）

サルモネラ菌は卵や畜肉，特に鶏肉に多く存在し，これらを使用した食品においてしばしば食中毒が起こっている［後述(4)ケース 2 参照］．しかし，本ケースでは畜肉や卵を使用しないサラダから原因菌が確認された．過去の事例ではほとんど見られなかった食品が原因食として挙げられることも多い．その

ほとんどが使用設備の洗浄殺菌不足が原因である．

　しかし，その原因をもっと掘り起こすと，国の指導どおりのマニュアルを整えていない，という"本来守るべきルールを守らなかった"ことが挙げられる．食中毒を起こさないために HACCP システムを構築しても，そのとおりにしない現場であればまったく意味がない．

　本ケースの予防策としては，危害分析を徹底して作り上げられた素晴らしい仕組みを構築する前に，食品衛生 7S による"しつけ"でもって教育の徹底と従事者の意識改革を行うほうが先決である．

(2) 知識や経験がないことが原因での事例

> **ケース**
>
> "ふるさとまつり"（8月7日開催）を訪れた人が相次いで**腸管出血性大腸菌 O-157** に感染している問題で，当局は感染原因を"まつりで販売された食品による集団食中毒"と断定した．菌の遺伝子型が一致したことや発症状況に共通性があることなどから判断した．小学生から40代までの計33人が9日から腹痛や下痢などを発症し，そのうち小学生男女を含む6人が入院．現在も10代の男性1人が入院している．**まつり屋台の他に一般市民も出店**し，約40店が出店していたが，感染原因の店までは特定できなかった． （2010年8月）

　夏や秋の祭りシーズンになるとこの類の事故が目立つ．飲食店の出店も会場が祭りとなると，当局の認可のハードルが低くなる傾向が見受けられる．実際，専門業者が出店の認可検査を受ける場合よりも，一般市民のほうが容易に認可を受けることができる自治体が見受けられる．

　しかし，一番怖いのは普段の"台所調理"と同じ感覚で調理をする一般市民のほうであるのは火を見るより明らかである．例えば，食材を切ってから何時間も放置することは家庭の台所ではないが，祭りの出店となると一晩，二晩寝かせる場合もある．そこへ大腸菌のように増殖力の速い食中毒菌が付着する

と，本ケースのような結果となる．

予防策としては，まずは出店認可前に事前研修等による教育を行うことが一番ではあるが，専門知識を短時間に習得するのは難しい．よって，原料段階から常温での取扱いをするものや，十分な加熱後すぐに喫食するもの，もしくは，水分活性の低い食品のみを限定して提供させるなどの対策が求められる．

(3) 従事者の衛生管理不足が原因での事例

> **ケース1**
>
> ○○保健所は 27 日，和食レストランの客で 2 歳から 87 歳までの男女 53 人が**ノロウイルス**による食中毒を発症したと発表した．いずれも快方に向かっているという．53 人は 21 日に同店で**牛肉のしゃぶしゃぶや刺し身，にぎりずし**などを食べ，22 日午後から嘔吐や下痢などの症状を訴え始めた．保健所は同店を 27 日から当分の間，営業禁止とした．　　　　　　　　　　　　　　　　　　　　（2010 年 11 月）

> **ケース2**
>
> 飲食店"○○商店"で起きた食中毒で，県は 23 日，病因物質を黄色ブドウ球菌と発表した．嘔吐などの発症者は 11～69 歳の 7 人が新たに確認され，計 14 人となった．当局の調べでは，16～18 日に提供したおはぎが原因．**調理従事者の手指，患者 7 人の便，おはぎの残品から黄色ブドウ球菌を検出**した．　　　　　　（2011 年 5 月）

ノロウイルスによる食中毒はカキなどの二枚貝が原因食として挙げられ，数年前までは冬季特有の食中毒であった．現在は季節や食材を問わず発生しており，防止策は徹底した手洗いなど個人衛生管理が最も有効な対策とされている．

また，黄色ブドウ球菌はヒトの皮膚表面や鼻腔などに常在し，ケガやニキビなどの部分で増殖する食中毒菌であるため，食品製造に従事する者は手指に怪

我をしている場合，製造ラインから外すことが最も安全な対策である．

　これらのケースの予防策としては，調理や製造を行う前に従事者の健康確認をし，食中毒症状に似た症状を訴える者には医師の診察を受けさせ，問題がないことが明らかになってから従事させるルールを策定し，実施することである．また，黄色ブドウ球菌に限っては，どうしても勤務させなければならない場合，絆創膏・手袋（どちらも異物混入の際，容易に検出できる青色のものを使うのがよい）をしてリスクの少ないライン（外装包装や運搬など）での作業に従事させることも有効であろう．

(4) 原料・仕掛り品・製品の管理が原因での事例

ケース1

○○保健所は 17 日，同市内の中華料理店で 13 日に飲食した市内の高校の生徒，教諭の男女 8 人が下痢や腹痛を訴える食中毒があったと発表した．患者と同店従業員の便から原因物質の**ウエルシュ菌**が見つかったため，同保健所は 17 日から同店を営業禁止処分とした．8 人は 15～52 歳で 4 人が教諭，4 人が生徒．グループで**ラーメンや酢豚**などを飲食したという．　　　　　　　　　　　（2011 年 7 月）

ケース2

社員食堂で 5 日に昼食をとった男女 23 人が下痢や吐き気などを訴えた．食中毒を引き起こす**サルモネラ菌**を患者から検出，○○保健所は**カツ丼**などに使われた卵が原因の集団食中毒とみて，再発防止策が整うまで社員食堂の営業禁止を命じた．23 人全員が快方に向かっているという．社員食堂では卵を大量に割ったうえで調理に使っており，同保健所は，**調理までの間にサルモネラ菌が増殖**したとみている．
　　　　　　　　　　　　　　　　　　　　　　　　　（2010 年 8 月）

　ウエルシュ菌は"芽胞"（bacterial spore）と呼ばれる熱に強い"種子"の

ようなものを作り，発芽環境が整うと一斉に増殖を開始する食中毒菌である．俗に"給食菌"とも呼ばれ作り置きのカレーやシチューなので事故を起こすことがある．よって，本ケースにおいてはスープやソース，チャーシューやメンマ等を長期間作り置きすることが原因と推察される．なお，本菌の発芽を避けるためには加熱条件として 35 → 52℃を 170 分以内，冷却は 55 → 25℃を 200 分以内にすることといわれている．

　ケース 1，ケース 2 ともに共通するのは，安全性よりも素早く食材を提供するために大量に処理を行い，これによって食中毒菌が増殖するのに十分な条件を与えてしまった結果起こってしまったと考えられる．

　これらのケースの予防策は，危害の対象となる食中毒菌の性質を加味した製造手順や保管方法をルール化し，これを確実に守るようしつけることが重要である．また，食中毒菌などのハザードを明らかにするために HACCP システムを活用するのも有益である．

4.2.2　食中毒以外の食品事故事例

　食品が市場に出回るまでには，当該食品の設計開発から製造，流通販売に至るまで図 4.1 に示すとおりの多くの段階（フードチェーンを含む）を経ている．これら各段階においては，異物混入や一括表示ミスなどの事故につながる落とし穴が多数存在する．本節は実際に起こった事例を基に，その各段階における予防と未然防止策について述べる．

(1) 設計開発段階が原因での事例

> **ケース 1**
> 鍋焼きうどんの中に入っているナルトの原料の一部に卵（表示義務のあるアレルギー物質）が使われていたが一括表示に記載がなく回収．
> （2011 年 3 月）

使用する原材料の中には醤油のように複数の原材料を使用して加工されるも

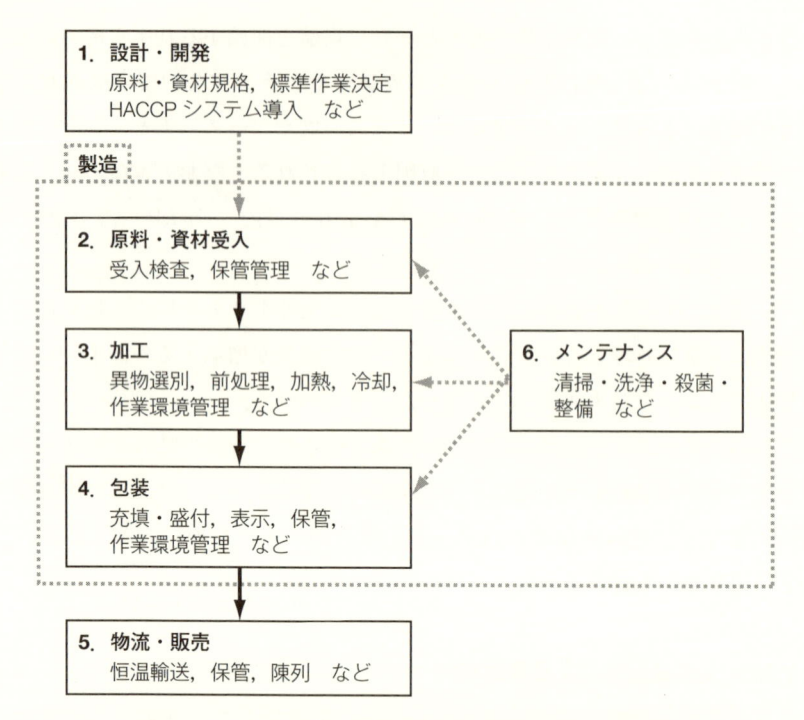

```
┌─────────────────────────────┐
│ 1. 設計・開発                │
│    原料・資材規格，標準作業決定 │
│    HACCPシステム導入　など    │
└─────────────────────────────┘
  製造
  ┌─────────────────────────────────────────────┐
  │ ┌─────────────────────────┐                │
  │ │ 2. 原料・資材受入         │                │
  │ │    受入検査，保管管理　など │ ←---           │
  │ └─────────────────────────┘      ＼          │
  │ ┌─────────────────────────┐   ┌──────────┐  │
  │ │ 3. 加工                  │   │ 6. メンテナンス │
  │ │    異物選別，前処理，加熱，冷却，│←--│   清掃・洗浄・殺菌・│
  │ │    作業環境管理　など      │   │   整備　など │
  │ └─────────────────────────┘   └──────────┘  │
  │ ┌─────────────────────────┐      ／         │
  │ │ 4. 包装                  │ ←---            │
  │ │    充填・盛付，表示，保管， │                │
  │ │    作業環境管理　など      │                │
  │ └─────────────────────────┘                │
  └─────────────────────────────────────────────┘
┌─────────────────────────────┐
│ 5. 物流・販売                │
│    恒温輸送，保管，陳列　など  │
└─────────────────────────────┘
```

図 4.1 一般的な食品の開発〜製造〜販売までの流れ

のや，加工段階での手間を省くために，あらかじめ複数の原料を混合したものを使用することが多い．そのため，設計段階では"原材料の原料"まで把握し，特に法令で一括表示の求められるアレルギー物質や添加物の有無を確認しておかなければならない．

本ケースでは，製造に入る設計段階で原料供給先とのコミュニケーションを密にし，正確な情報を得ることが予防措置となる．

> **ケース2**
> 年越しそばの原材料表示にそば粉（表示義務のあるアレルギー物質）の記載がなく回収．　　　　　　　　　　　　（2011年1月）

> **ケース3**
> フランスからの輸入菓子に国内では使用が認められない食品添加物が使われており回収. （2010年9月）

俗に"空気のような存在"という表現があるが，ケース2は，主原料そのものが，まさにアレルギー源そのものだった，と考えさせられる事例である．また，ケース3のように輸入商品の原材料では日本の法律に抵触していないかどうかの調査は必須である．

品質設計をする段階は必ず文書（事例として図4.2参照）を用いて行い，前述ケース1と同様に，正確な情報を得てから一括表示作成作業を行うことが予防策となる．

原材料名 (商品名)	原　　材　　料				用途	表　示　必　要　項　目			
	入荷商品の 原材料名	メーカー名	原産地	ロット		食品添加物	原料原産地	遺伝子 組換え食品	アレルギー物質
たまご (にこたま)	―	にこにこ鶏卵	京都府	T-1	主原料		○		○
しょうゆ (うまい醤)	大豆	安心醤油	国産	S-1	調味料			○	○
	小麦							○	○
	食塩								
	グルタミン酸 ナトリウム								
アミノ酸 (旨の素)	グルタミン酸 ナトリウム	安全調味料	国産	A-1	調味料	○			

（確認者　安全 太郎　印）

玉子焼きの記入例です！

図4.2　原材料配合調査表の例

> **ケース 4**
>
> 冷凍食品シーフードミックスに"帆立貝柱"表示が不可と制定されている"イタヤ貝"を使用していたにもかかわらず，一括表示欄の原材料名として，またパッケージの2か所に"帆立貝柱"の表示を行っていた．　　　　　　　　　　　　　　　　　　（2011年7月）

　国内において特に表示に関する法令や規制は，ここ数年毎年のように改定されている．よって，関連するものは漏れなく情報を入手するべきである．そのためには，常日頃から当局や取引先とのコミュニケーションを良くし，また業界団体，関連団体などへの加入により，最新情報を入手できるルートを構築する必要がある．また，その情報は組織内でも適切に共有できる仕組みをもつことが重要である．

> **ケース 5**
>
> プロセスチーズに針金様の異物が確認され23万パック回収．金属異物が混入していた原料を使用してしまったのが原因．（2010年8月）

> **ケース 6**
>
> スナック菓子にプラスチック片が混入しており回収．現物は筒状紙製容器の底に付着していた模様．　　　　　　　　　（2010年7月）

　原材料や資材を取引する場合，規格書や仕様書を入手すれば，その後は継続的に納品を受け入れることで済まされる事例が多い．よって，予防策としてはISO 9001の要求事項"7.4 購買"を参考にして，原材料の製造現場まで定期的に視察を行い，提示された仕様書どおりの工程を経て納品されているのか，つまり"ルールを守る"という食品衛生7Sの"しつけ"が維持されているかを確認することも重要である．

（2） 原料・資材受入が原因での事例

> **ケース 1**
> サツマイモに使用規定のない殺虫剤が検出され回収．なお，その殺虫剤はキャベツ，キュウリには使用可能． （2010 年 7 月）

> **ケース 2**
> ジャガイモを原料とするスナック菓子でゴム片が混入しており回収．原因は収穫した圃場からの異物と考えられた． （2010 年 9 月）

ISO 22000 は食品の安全を維持するために圃場から食卓までを見据えたマネジメントシステムとなっている．特に製造現場から見ると一次産業部分は見えにくく，監視が十分に行えない場合が多い．

本ケースについても前述(1)ケース 2，ケース 3 と同様に文書で規格基準を明確にし，考えられる危害についてはそれを防止するように規格に盛り込むことで予防策となる．また，文書のみならず現場への定期的な視察も併せて行うことにより正確な情報が得られ，供給側も受入側も納得がいく条件で取引できる活動につなげることができる．

> **ケース 3**
> 海外産ワカメを国産ワカメとして販売．JAS 法違反で回収改善命令． （2010 年 2 月）

そもそもトップが食品安全よりも利益追求をしたために発生した典型的な事例である．これは管理体制を論じる前の段階でも問題である．表 4.1 に示す事例のほとんどは，これと同じ背景のもとで発生している．

予防策としては，ISO 22000 の要求事項 "5.4 責任及び権限" を参考に，食品安全についてトップと同じ責任と権限をもつ組織や個人を指名することで，組織内の歯止めが掛けられる体制を構築するのがよい．

> **ケース 4**
> スープ入りラーメンにおいて麺よりスープの賞味期限が短いものを包装したことが判明したため回収． （2010 年 7 月）

　この種の事故を起こす現場は，整理・整頓が不十分で原材料の管理が確実になされていない場合が多い．結果として，先入れ先出しの倉庫・在庫管理ができずこのような事故を招いてしまう．
　本ケースのような予防策としては徹底した"整理・整頓"活動を展開し，誤使用がゼロになる作業環境を整えることが予防策として挙げられる．

(3) 加工が原因での事例

> **ケース 1**
> 大根漬物において，一括表示に記載のない甘味料が検出された．
> （2011 年 7 月）

> **ケース 2**
> "枝豆とあさりのおこわ"おむすびにおいて，本来は"枝豆"を使用すべきところ，誤って"グリーンピース"を使用したことが判明したため，回収を行うと発表した． （2011 年 5 月）

　これらのケースの原因は"人はミスを起こす生き物"という原点に立たずして製造環境が作られている場合が多い．つまり，備品や原料に至るまで識別を行い，確実に"整頓"ができていなかったのが原因である．長年勤続している従事者によく見られる傾向であるが"どこに道具があるか目をつぶってもわかる"という理由で，原料の表示をしていない現場を見ることがある．ミスが起こるのは製造応援で他部署から来た人員が製造したり，レイアウトを一時的に変えたりなど"通常とは異なる状態"になったときである．グリーンピースと枝豆を見間違えることなど通常はありえないが，実際に事故は発生している．

よって，これらの予防策は徹底した"整頓"活動の展開が一番効果的である．

> **ケース3**
>
> コンビニエンスストアで販売された牛乳から基準以上の細菌数が検出された．原因は殺菌時のバルブ操作ミスによるものと判明．
>
> （2011年2月）

> **ケース4**
>
> 漬物16商品において，一部に異物（直径5 mmくらいのネジ）が混入した可能性のあることが判明したため，商品を回収すると発表した．
>
> （2010年8月）

前述のケース1，ケース2とも共通するが，人が起こすミスをどう防ぐかが本ケースでも論点となる．しかし，バルブ操作など従事者がいくら集中して作業にあたってもミスはゼロにはならないであろう．また，ケース4であれば確実に金属検出器で検知され正常ラインから排除されていたはずなのに，商品として出荷されてしまった．

よってこれらの予防策としては，操作ミスをしない従事者へとしつけで育てていくことも重要であるが，HACCPシステムを活用し，手順を決め記録に残し，基準を逸脱したときの対応を明確にすることが適切と考える．また，ソフトで対応しきれない場合はできるだけハードで対応すべきである．例えばケース4であれば"金属検出器で検出され排除された製品は容易に取り出されないように専用ボックスを設ける"などが挙げられる．

> **ケース5**
>
> 食べるラー油において，輪ゴムの破片が混入しているものがあることが判明したため，商品を回収すると発表した． （2010年9月）

多くの食品製造現場においては異物となりうるものを持ち込まないルールが

存在している．例えばホチキスやクリップ，そして輪ゴムなどもその中に挙げられる．よって本ケースにおいては本来持ち込み禁止であるものを持ち込んでしまった，つまり"ルールを守らなかった"ことが原因と考える．

この予防策としては，ルールを守るという食品衛生7Sの"しつけ"を維持するしかない．"①ルール違反した者は厳しく叱り，②守りにくいルールは協議の上変更し，③知らない者には理解できるまで教える"という"しつけの3原則"を実施することを推奨する．

(4) 包装が原因での事例

ケース1

"鶏卵（たまごL, Mサイズ）"パックの2列（10個）中1列（5個）において，卵殻へ印字した賞味期限を"10年12月02日"とすべきところ"10年11月02日"と誤記載したため，対象商品を回収すると発表した．　　　　　　　　　　　　　　　　　（2010年11月）

ケース2

"果糖700g"の一部において，賞味期限を"11.11.30"とすべきところ，"11.11.31"と誤表示した商品があることが判明したため，回収・返金すると発表した．　　　　　　　　　　　　　　　　　（2010年6月）

ケース3

ギフトセットに詰め合わせている"だしパック"の一部において，賞味期限を"2011.01.31"とすべきところ"20111.01.31"と誤表示したことが判明したため，商品を回収・交換すると発表した．
　　　　　　　　　　　　　　　　　　　　　　　　（2010年8月）

4.2 予防と未然防止の事例

ケース4

チョコレート菓子において賞味期限が"2011.00.00"と印字された規格外商品が一部出荷されたため，対象商品の購入者に返金すると発表した．　　　　　　　　　　　　　　　　　　　　　（2011年1月）

以上すべて日付表示に関するケースであり，すべてが人による機械設定のミスが原因で発生したものである．期限表示ミスは直接消費者への健康危害にならないように思われるが，誤表示された期限まで保管し飲食された場合，腐敗等で健康を害する場合もあるので確実な管理が必要である．

それを防止するためにケース2などの対策として印字装置が自動的に小の月を認知して誤表示を防ぐなどハードに頼る手法もある．しかし結局は人が操作するのでケース4のようにありえない月日表示をする場合もある．また，この手の事故は年度替わり（12～1月）によく見られるのも特徴である．参考に鶏卵印字機の写真を示しておく（図4.3）．

図 4.3 鶏卵印字機

これらの予防策としては，機械設定と実際の印字状態を複数名の人の目で確認することが原始的であるが的確である．その際には手順をルール化し記録をつけ，万が一の場合はトレースバックできるようにするのも重要である．

> **ケース5**
>
> "冷凍食品牛肉コロッケ6個"において，商品の一部に当該パッケージと異なる同社の製品"野菜コロッケ6個"が混入していることが判明したため，該当商品を回収し返金対応を行うこととした．
>
> （2010年7月）

　本ケースも前述(2)ケース5と同様に，整理・整頓が不十分で包材の管理が確実になされていないことが原因のほとんどである．いつもと異なる場所に牛肉コロッケの包材を置いてしまい誤使用につながったことが考えられる．また，ミスを防止する仕組みづくりも不足し，包装機への包材取付けも従事者単独での作業となっていたことも推測される．

　本ケースのような予防策としては，やはり徹底した"整理・整頓"活動を展開し，誤使用がゼロになる作業環境を整えることが重要である．また，包装機械の稼働前状態の確認を複数人で確認し，場合によっては記録もつけて確実に実施できるようにする体制も求められる．

(5) 物流・販売が原因での事例

> **ケース1**
>
> "冷凍やきとり串"において，物流コンテナの温度上昇により，カビが発生したことが判明したとして，該当商品を回収することとした．
>
> （2010年7月）

　食品メーカーとしては，出荷・納品をした段階で責任をまっとうできるのではあるが，食卓まで安全性を維持するには物流販売の段階まで留意する必要がある．特に物流業者は物を運ぶプロフェッショナルではあるが，そのレベルは食品安全にまで至ってないところが多い．

　よって，予防策としては，物流業者に対しても食品安全の教育を受けてもらい，恒温輸送するものについては温度測定や記録および報告を義務化し管理体

制を構築することが求められる．

> **ケース2**
> 店頭販売された"わらび大福"について，誤って消費期限を過ぎているサンプル品を販売したことが判明したため，商品を回収すると発表した． (2010年8月)

> **ケース3**
> ○○店において消費期限が1～2日過ぎたサンドイッチ7個，サラダ8個を販売したと発表した．店内でサラダを食べた女性客が"味がおかしい"と指摘してわかった．前日，前々日に消費期限を迎えた商品をそれぞれ倉庫に保管し，これを陳列していたのが原因． (2010年7月)

販売店ではさまざまな商品が陳列され，販売促進のための飾りつけやサンプルなどが置かれている．また，商品管理や接客，発注など求められる業務の幅が広いため，ほとんどの販売店では作業のマニュアル化が進み維持管理ができている．しかし，人はミスをするものなので本ケースのような事例は跡を絶たない．

これらの予防策としては，売り場からバックヤードに至るまでの"整理・整頓"を徹底的に行い，異常な状態で置かれているものが発見しやすい環境を維持することが必須条件である．その上で在庫管理マニュアルや期限切れ商品取扱いマニュアルなどのルールを運営することで，ルールを守りミスを防止することが実現できる．

（6） メンテナンスが原因での事例

ケース1

冷凍食品の一部から，シリコン樹脂製の異物が発見されたため，商品を回収・返金すると発表した．製造工程内の配管接続部に使用されているパッキンが破損し，特定の製造日の製品に混入したのが原因．

（2010年7月）

ケース2

チキンスープの一部で異物混入が確認されたため，回収すると発表した．混入していたのは直径 0.5 mm，長さ 17 mm プラスチック製の糸状のもの．購入者からの連絡で判明した．スープのタンクと充填用タンクを結ぶホースのジョイント金具とゴムホースの間に洗浄用ブラシの毛が挟まって脱落，翌日のスープ充填前の目視検査と水の通し洗浄にも残留し，スープ充填時に商品に混入したと考えられるという．

（2010年5月）

ケース3

ソーセージにおいて原材料表示欄に記載のない添加物が微量に検出されたことが判明したため，該当商品を回収返金．　（2011年2月）

日本の製造現場は清掃・洗浄を"製造の後で行う行為"というイメージがまだ残っている場面に遭遇する．"清掃・洗浄・殺菌"は安全な食品を製造するために"はじめに行う行為"であり，製造行為と同じくらい重要なものである．よって，人・時間をかけて確実に行う必要がある．本ケースはこれを怠ったために発生したものと考える．

この予防策としては，まずトップが"清掃・洗浄・殺菌"について重要な行為であることを認識し，必要十分な人・時間・道具の投資を行うことが第一歩である．そして，誰がいつ行っても同じレベルで実施できる手順書・マニュア

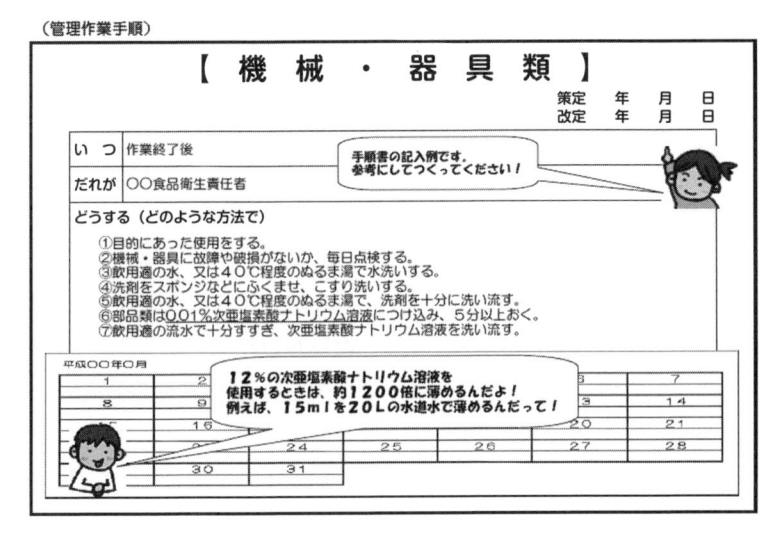

図4.4 洗浄殺菌マニュアルの例

ルを作成し，それを確実に実施できるように記録に残すことが重要となる（図4.4）．

4.3 事例：雪印メグミルク

雪印メグミルクは，2011年4月1日に，日本ミルクコミュニティと雪印乳業とが合併し新たな総合乳業メーカーとして再スタートした．同社は，2000年の食中毒事件と2002年の牛肉偽装事件を契機に大きく変わり，2005年からはCSRの一貫として毎年"活動報告書"を発行している[8),9)]．その中では，二つの事件の原因を総括し，企業体質を変えるとともに，食品の安全・安心に対しては雪印品質保証システム（SQS）を構築してこれに応えた．このシステムは，ISO 22000とほぼ同じ内容であり，事故や事件などの予防と未然防止に対して時代を先取りしたものとして評価できる．現場を見学させていただいたが，食品衛生7S的な活動を基礎にSQSの構築が確実に行われていた．"活動報告書"は，同社がこれらに対して真摯にがんばっていることが具体的

に記されているので，それらの記載を引用し，以下に紹介する．

(1) 雪印乳業食中毒事件[9]

2000年に起こった大規模食中毒事件は，次のようにまとめられている．

　　2000年6月に雪印乳業大阪工場製造の低脂肪乳などにより発生した食中毒事件．6月27日大阪市保健所に最初の食中毒患者のお申し出がありました．調査の結果，雪印乳業大樹工場で製造された脱脂粉乳が停電事故で汚染され，それを再溶解して製造した脱脂粉乳を大阪工場で原料として使用していたことがわかりました．その脱脂粉乳に黄色ブドウ球菌が産生する毒素（エンテロトキシン）が含まれていたことが原因でした．雪印乳業は事件直後の対応に手間どり，商品の回収やお客様・消費者への告知に時間を要したため，被害は13,420人に及びました．この事件によって社会に牛乳，乳製品をはじめとする加工食品の製造に，不信と不安を抱かせるだけでなく，乳等省令についての乳業界の解釈と社会の理解との乖離が明らかになるなど，社会に対して大きな影響を与えてしまいました．

(2) 雪印食品牛肉偽装事件[9]

2002年の牛肉偽装事件は，次のようにまとめられている．

　　雪印乳業の子会社であった雪印食品が，国のBSE対策事業を悪用し，安価な輸入牛肉を偽って，国産牛肉として申請し，交付金を不正に受給したもので，明らかな詐欺事件．2002年1月23日の朝日，毎日両新聞に掲載されたことで発覚しました．背景には，前年のBSE牛発生に伴い，食肉業界全体で，消費者の牛肉買い控えによる大量の在庫を抱えるという状況がありましたが，最大の原因は，企業倫理に反した当事者の考えや上司の指示が根底にあったことです．事件発覚から3か月後の2002年4月末に，雪印食品は解散するに至りました．

(3) 企業体質の変革を目指して[8]

2005年に発行された最初の"活動報告書"では，当時の高野瀬忠明社長が"おいしい笑顔のカンパニーを目指して"と題する社長メッセージを掲載している．その中で，改革の三つの柱が次のように述べられている．

　私たちは，2000年6月に食中毒事件，2002年1月に牛肉偽装事件を起こしました．原因は，雪印乳業やグループ企業の一部の部署や個人だけによるものではなく，"内向きな企業体質"にあると考えています．
　そこで，多くの皆様のご意見をお聞きしながら，企業体質を変えていくための"改革の三つの柱"として，
　　1. "安全・安心に向き合う"雪印に変革する．
　　2. "お客様と向き合う"雪印に変革する．
　　3. "食の責任を認識する"雪印に変革する．
を掲げ，新生雪印乳業としての取組みを始めました．
　私の使命は，単に会社を再建することだけではなく，新しい企業体質をもった会社に変えることと考えています．
　まず，当社の存在意義・社会的使命・価値観を役員・社員全員がもう一度確認し共有化するとともに，バター・チーズ・マーガリン中心の会社となり事業領域や提供価値が変化したことから，2003年1月に新たな"企業理念"を策定しました．同時に，企業理念を実現するための守るべき行動の手引きとして"雪印乳業行動基準"も策定しました．

(4) 雪印乳業品質保証システム (SQS)[8]

雪印乳業は二つの事件の後，同社独自の品質保証システムを構築した．そのシステムは，ISO 9001を基礎とする全社的品質管理の上に，HACCPを組み立てたものであり，その後発表されたISO 22000とほぼ同じ内容である．2005年の活動報告書には，次のように記載されている．

　独自の品質保証システムである雪印乳業品質保証システム（以下，SQS）を構築し，"食の安全"を保証し，"お客様・消費者に安心"して

いただける商品の提供に努めています．

　SQSは，開発・生産・販売・管理などに携わるすべての人の品質管理活動を推進するシステムであり，下記5点の特徴があります．

1. 経営トップの強い決意とリーダーシップにより全役員・社員で品質保証に取り組む．
2. 365日，お客様センタに寄せられる"お客様・消費者の声"に耳を傾け，商品の開発・改良や製造工程の改善に反映する．
3. "ISO 9001"と"HACCP"の考え方を取り入れた仕組みに基づき品質確保および品質向上に取り組む．
4. 品質保証教育を徹底し，全役員・社員で品質保証を担う．
5. 複眼によるチェックと検証により監査体制を強化する（全工場にISO 9001の内部監査員の認証者およびHACCP推進者研修受講者を配置している）．

(5) メグミルク雪印品質保証システム[9]

　このSQSは，その後"メグミルク雪印品質保証システム（MSQS）"として現在も行われており，その概念を図4.5として示しておく．"食品の安全・安心"を保証するシステムとしては，素晴らしいシステムである．2011年の活動報告書[8]にはMSQSにより"三つの目"による品質チェックを行っており，次のように解説している，．

　雪印メグミルク(株)は，お客様・消費者の方々へ安全で安心していただける商品を提供していくことはもちろん，お客様・消費者の声を謙虚に聞き，反映することにより消費者重視の経営を推進し，信頼していただける品質の実現を目指します．

　品質保証方針として，四つの項目を定めました．

1) 消費者を重視した品質保証体制のもと，法令・社内基準を遵守し，安全で安心していただける商品を提供します．
2) 適切な情報を提供し，消費者の信頼にお応えします．

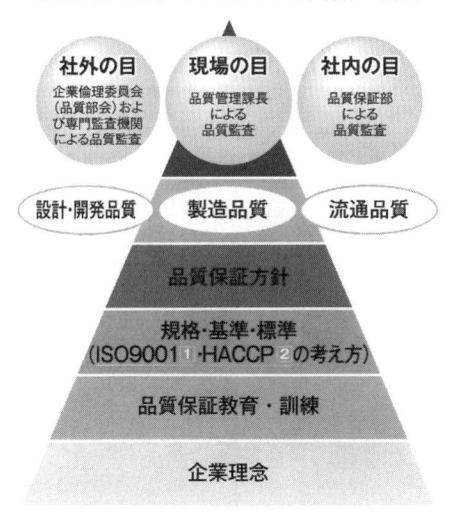

図 4.5　MSQS の概念

3) 消費者の声を傾聴して，満足していただける品質を追求します．
4) 危機管理体制を整備し，迅速，適切に対応します．

　雪印メグミルク品質保証システム（MSQS）のもと，お届けする商品の設計・開発から原材料の調達・生産・物流・販売までの過程で品質を管理・保証しています．また，品質保証システムが適正かつ有効に機能しているかを確認・検証するために，現場，社内，社外の 3 段階でチェックを行なって，品質保証システムを改善し強化を図ります．

4.4　事例：赤福[10]

　赤福は，江戸時代の 1707 年（宝永 4 年）に皇大神宮（伊勢神宮内宮）前，五十鈴川のほとりで販売されたものが始まりと言い伝えられている．赤福のホームページではまごころ（赤心）をつくすことで素直に他人の幸せを喜ぶこと

ができる（慶福）という意味の"赤心慶福（せきしんけいふく）"に由来して"赤福"としたとしている．

2007年9月19日，食品の品質表示などを定めた農林物資の規格化及び品質表示の適正化に関する法律（JAS法）違反容疑で農林水産省および伊勢保健所の立入り調査を受けた．農林水産省によると，赤福は出荷の際余った餅を冷凍保存して，解凍した時点を製造年月日に偽装して出荷していた．10月18日赤福が緊急会見を行い，売れ残った商品の製造日を再設定して再出荷したことを認めた．これは食品衛生法違反行為であり，農林水産省は本社工場等を強制調査．これを受けて三重県は行政処分として19日より無期限営業禁止処分方針を決めた．営業禁止処分が解けて2008年2月6日から営業を再開した．

再開に際して，食の安全・安心を担保するために，社内の仕組み作りとともに，それらの社会的評価も得るため，食品衛生7S活動を始めた．その土台の上に"三重県HACCP"の認定制度に取り組み，2010年3月に認証を取得し，さらに，ISO 22000の登録審査を目指した活動を続け，2011年10月にこの目標をクリアした．ここでは，それらの経過について紹介する．

(1) 食品衛生7Sの推進と三重県HACCPの認証

三重県では食品の製造事業者の自主管理を促進するために，2007年7月1日から2011年3月31日までを実施期間として，HACCP手法に基づく認定制度を設けていたので，赤福としてそれに取り組むことになった．

事件以前の赤福の生産現場では，一定の基準や規律が体系化されておらず，誰もがわかりやすい状態ではなかった．各セクションにある古いしきたりがコミュニケーションの障壁となり，また，ルールを決めても職場内に浸透しないうちに元に戻ってしまうという状態で，従業員から"昔はこうだ"，"聞いていない"という言葉も聞かれ，情報の共有や新しいことへの取組みが難しい状況であった．これではいけないと社長自らが立ち上がり，三重県HACCP手法導入制度に取り組むための土俵づくりとして"食品衛生7S"の導入を決定した．

まずは"食品衛生7S準備委員会"を開催して，各課の課長を対象に活動方

針を説明し，理解を得た上で係長クラスを 7S 委員に選任，そこに社長，コンサルタントを加えた"7S 委員会"を設立し，2008 年 5 月 8 日に"7S キックオフ大会"を開催した．

食品衛生 7S 活動の目的は，HACCP の基礎固めに置いた．三重県 HACCP は六つのステップに分かれており，ステップごとに厳しい審査がある．その審査にパスするには，現場に衛生管理に関する明確なルールがあり，そのルールに従って活動していることを証明しなければならない．そのため，現場全体が同じベクトルで計画的に改善していくことが不可欠である．そこで，食品衛生 7S の継続的改善を PDCA 的に行った．

  Plan ：品質保証部で毎月のテーマを提示する
  Do   ：各課にて，テーマに沿った改善活動を行う
  Check：7S パトロールで状況をチェックする
  Act   ：パトロールの指導事項を改善する

7S 委員会の事務局である品質保証部が三重県 HACCP の認定取得に必要な項目に沿って毎月の改善テーマを提示し，各現場がそのテーマに沿った活動を実施する．次に 7S 委員が改善状況と各現場の状態をチェックする 7S パトロールを実施するが，このとき，自らの現場をチェックするのではなく，品質保証部とともに他の部署をチェックする．これにより，第三者的な目線でのパトロールが可能となり，当たり前だった現場から驚くほど多くの指摘事項が出てきた．その指摘事項は毎月開催される 7S 委員会で議論され，次々と現場で改善されていった．

2009 年 10 月に三重県 HACCP のステップ 5 をクリアし，ステップ 6 に進んだ施設の第 1 号となった．翌 2010 年 3 月 30 日，三重県 HACCP の食品製造業部門としての初認定を得ることができた．

(2) **ISO 22000 の認証登録**

三重県 HACCP の認定後，社長からさらに全社にわたる食品の安全・安心の仕組み作りとして，国際規格 ISO 22000 システムの構築と認証登録を目指

すとの方針が発表された．

食品衛生 7S 委員会とは別に，ISO 22000 委員会が設置され，三重県 HACCP で作成した文書類の総点検から作業は始まった．PRP の多くは，食品衛生 7S で担保されているが，ISO 22000 の要求事項との兼ね合いでの見直し，特に，ISO 22000 の中心でもあるハザード分析などについて重点的に作業は行われた．

食品衛生 7S 活動で築かれた PDCA 的活動により，作業は順調に進展し，2011 年 10 月(財)日本規格協会による認証を取得した．同社のホームページには，次のように記されている．

　　株式会社赤福はお客様に安全で美味しい商品をお届けし続けるために，工場だけでなく，原料の購入・開発・生産・配送・販売に至るすべての工程を対象にした食品安全マネジメントシステム（ISO 22000）の構築に取り組み，第三者機関"財団法人日本規格協会"の審査により認証されました．（登録番号 JSAF 022　登録日 2011 年 10 月 24 日，登録範囲：和生菓子の商品開発，製造及び販売）

　　今後は食品安全方針のもと，構築した仕組みを地道に運用し，改善しつづけ，お客様に安心していただけるよう努力してまいります．

この記事とともに，新たに制定された赤福食品安全方針（図 4.6）が示されている．

参考文献

1) 米虫節夫編著：『食の安全を極める食品衛生 7S』（導入編），日科技連出版社，2006.
2) 食品安全ネットワーク：第 31 回 ISO 22000 研究会検討資料，2008 年 3 月 8 日．
3) 日本規格協会編：『対訳 ISO 22000:2005 食品安全マネジメントシステム―フードチェーンのあらゆる組織に対する要求事項』財団法人日本規格協会，2007.
4) 日本規格協会編：『対訳 ISO 9001:2008（JIS Q 9001：2008）品質マネジメントの国際規格』，日本規格協会，2009.

4.4 事例：赤福

赤福 食品安全方針

赤福は、宝永四年（1707年）の創業以来、社是「赤心慶福」のもと「お客様の幸せを願う気持ち」を商品に託し、あたたかいおもてなしでお客様にご満足していただくことを大切にしてきました。

我々は、創業の精神を忘れることなく、お客様の安全・安心を最優先にして、以下の食品安全方針のもと、全社一丸となって食品安全に取り組みます。

1. 我々は
   法規制を遵守し、さらにお客様の声にも耳を傾け食べて安全、食べて美味しい商品を提供し続けます。
2. 我々は
   部門間のコミュニケーションを円滑に図り食品安全マネジメントシステムの見直しを適切に行ないます。
3. 我々は
   さらなる知識と技術の向上を図ります。
4. 我々は
   現状に満足せず、食品安全目標を定めPDCAを確実に回し、継続的な改善を図ります。

2011年11月8日
株式会社赤福　代表取締役
濱田典保

図 4.6　赤福の食品安全方針

5) 米虫節夫編：『どうすれば食の安全は守られるのか』，日科技連出版社，2008．
6) 京都版HACCP・登録制度専門部会　京都府食の安心・安全プロジェクト："京の食品安全管理プログラム導入の手引"，2006年3月．
7) 小久保彌太郎編：『現場で役立つ食品微生物Q&A』，中央法規出版，2005．
8) 雪印乳業："新生 雪印乳業の歩み，2002～2004 活動報告書2005"．
9) 雪印メグミルクグループ："活動報告書2011"．
10) 米虫節夫，角野久史編：『現場がみるみるよくなる食品衛生7S活用事例集2』，日科技連出版社，2010．

放射性物質の拡散と人体への影響

第 5 章　field: NUCLEAR ENERGY

・・・・・・・・・・・・・・・・・・・・・・・・・・・・

2011年3月の福島第一原子力発電所の事故以来，いままでほとんど無関心であった多くの方が原子力に関心をもつようになった．本章では，原子力事故の予防と未然防止，特に，安全審査や緊急時の放射能影響予測などの放射性物質の拡散予測の関連する事項について紹介する．

5.1　原子力事故

原子力関連施設ならびに，放射性物質の取扱いおよび輸送中での事故で，放射性物質や放射線にかかわる事故を原子力事故という．一般的に，これらの施設でのトラブルでも，放射性物質や放射線にかかわる事象を伴わないものは原子力事故と呼ばない．

国際原子力機関は事故の大きさを示す尺度として，表 5.1 に示すような国際原子力事象評価尺度（INES：International Nuclear Event Scale）を提示し

表 5.1　国際原子力事象評価尺度

名称	INES レベル	概要
深刻な事故	レベル 7	環境への影響を伴う放射性物質の大規模な放出
大事故	レベル 6	放射性物質の相当量の放出
広範囲な影響を伴う事故	レベル 5	放射性物質の限定的な放出
局所的な影響を伴う事故	レベル 4	軽微な放射性物質の放出
重大な異常事象	レベル 3	非致命的な健康影響
異常事象	レベル 2	公衆，作業者の被曝
逸脱	レベル 1	（深層防護のみの対象）
評価尺度未満	レベル 0	（安全上重要でない）

134　　　　第5章　放射性物質の拡散と人体への影響

ている[1]．INES 放射線事象評価尺度では，レベル 4 以上を accident（事故）レベル 3 以下を incident（異常事象）と呼んでいる．この評価尺度では，レベルが 1 上昇すると事象の重大性が 1 桁上がるとしている．この評価尺度では，"人と健康"，"施設における放射線バリアと管理"，そして"深層防護"に関する影響の観点から検討される[1]．ここで，"深層防護（defense in depth）"とは，予期される運転時の事象の進展を防止し，放射線バリアの有効性を高めるための設備と手順を整えることであるとしている．

今日までの主な原子力事故（レベル 3 以下も含む）を表 5.2 に示す．このほ

表 5.2　国内外での主な原子力事故

日付	事故	国（県）	内容	INES レベル
1957 年 10 月 10 日	ウィンズケール火災事故	英国	ウィンズケール原子力工場（現セラフィールド）で火災が発生，放射性物質を外部に放出した．	5
1979 年 3 月 28 日	スリーマイル島原子力発電所事故	米国	スリーマイル島原子力発電所での冷却水供給システムのトラブルから炉心が溶融した．	5
1986 年 4 月 26 日	チェルノブイリ原子力発電所事故	ウクライナ（旧ソビエト）	チェルノブイリ原子力発電所 4 号機が爆発・炎上し，多量の放射性物質が大気中に放出された．	7
1995 年 12 月 8 日	高速増殖炉ナトリウム漏洩事故*	福井県	高速増殖炉もんじゅの冷却材であるナトリウムが漏洩し，燃焼した．	1
1999 年 9 月 30 日	JCO 核燃料加工施設臨界事故	茨城県	JCO の核燃料加工施設でウラン溶液が臨界状態に達し，放射線（中性子線）が放出された．	4
2011 年 3 月 11 日	福島第一原子力発電所事故	福島県	津波により冷却システムが破壊された福島第一原子力発電所 1～4 号機で爆発等が発生し，放射性物質を外部に放出した．	7

*INES 放射線事象評価尺度では，事故（accident）ではなく，異常事象（incident）である．

かにも，1957年旧ソビエト連邦のウラル核惨事や1959年米国のサンタスザーナ実験場事故のように，事実が暴露されるまで公式発表がなかったり，その後も公式にはコメントせずという事例もある[2]．さらに，原子力潜水艦の事故や故障に伴う原子力災害については，そのほとんどが非公開や断片的な事実のみの公表となっている．

5.2 放射線と放射能

　放射線とは，高い電離性（原子核の周りを回っている電子を分離させる力をもっていること）を有する高いエネルギーをもつ電磁波や粒子線を指す．ここで，電磁波とは，電場や磁場の変化によって形成される波（波動）である．波長の長いほうから，電波，赤外線，可視光線，紫外線，X線，γ（ガンマ）線と呼ばれている*．

　粒子線とは，原子や分子などの粒子のビーム（粒子が束状に進んでいく状態）であり，電子線，陽子線，中性子線などがある．例えば，ブラウン管（テレビ）の中では，ガラス面に向かって，電子線が放出されている．

　放射線を出す能力を"放射能"という．放射能をもつ物質を放射性物質という．同じ原子番号をもつ元素の原子において，中性子の数が異なるものが同位元素（同位体，アイソトープともいう）である．例えば，ウラン235とウラン238などである．同位元素は人工的にも作ることができる．例えば，プルトニウムなどである．不安定な同位元素（放射性同位体）は電子，陽子，中性子を放出して，別の原子に変化する．これを放射性崩壊という（図5.1参照）．特に，ヘリウム原子核より重い粒子を放出して，原子核が大きく割れる場合は，原子核分裂という．

---

* X線とγ線の違いは主に発生場所（X線は軌道電子，ガンマ線は原子核）によるものであるが，X線よりも波長の短い電磁波をγ線という場合もある．紫外線は電離作用を有しているが，一般的に放射線には含めない．中性子線はどんなにエネルギーが低くても放射線の扱いとする．放射線の定義は，規制法令との関係もあり，やや恣意的であるとの指摘もある．

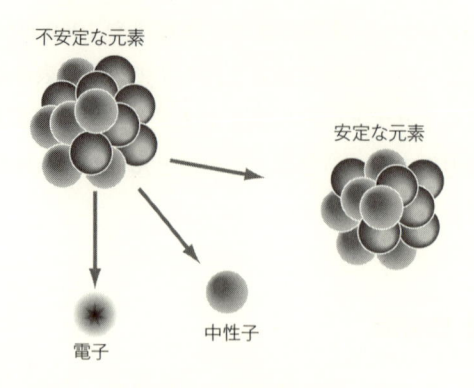

図 5.1 放射性崩壊

5.3 原子力発電所と放射性物質

　ウランには多くの同位体がある．そして，自然界に存在するウランは大部分がウラン 238 であり，核分裂しやすいウラン 235 は約 0.7％である．この比率を高める操作を濃縮といい，数％にしたものが原子力発電所の燃料になる．ウラン 235 の原子に中性子が衝突すると，核分裂が生じ，新たに 2, 3 個の中性子が放出される．この現象が連続的に生じている状況が連鎖反応である．このときに放出されるエネルギーが核分裂エネルギーである（1 個当たり 10^{-11} W/s）．ウラン 235 は 1 g に 10^{21} 個の原子核があるので，1 g のウラン 235 が完全に核分裂した際に放出される熱量は石炭 2.8 トンの燃焼に相当する．実際に利用できるエネルギーはこれよりもかなり小さくなる（1～10％程度）が，大変に魅力的なエネルギー源である[3]．

　原子炉内の放射性物質の約 80％は核分裂の結果生じた生成物（これを核分裂生成物，Fission Product：FP と呼ぶ）であり，残りの約 20％は中性子の照射により放射能をもつようになった放射化生成物である．核分裂生成物（さらに，そこから放射性崩壊により生成した物質を含む）の種類は 100 を超えるといわれている（表 5.3 参照）[4]．この中には，クリプトン，キセノンなどの気体分子も含まれ，炉内圧力の上昇をもたらす．例えば，キセノン 135 は炉

表 5.3 代表的な原子力発電所での炉停止時の
放射性物質の内蔵量

[文献 4), p.40 より引用]

核種	内蔵量（MCi）*	半減期
クリプトン 85	0.6	10.76 年
キセノン 133	170	5.3 日
ヨウ素 131	85	8.05 日
セシウム 134	1.7	2 年
セシウム 137	5.8	30 年
ストロンチウム 89	110	50.6 日
ストロンチウム 90	5.2	27.7 年
テルル 129	10	69.6 分**
プルトニウム 239	0.01	24,360 年

(注) * $1\,\mathrm{Ci} = 3.7 \times 10^{10}\,\mathrm{Bq}$, M は 10^6（メガ）を表す.
** IEM Half Lives により修正,
http://www.iem-inc.com/toolhalf.html

内でも発生するが，FP であるテルル 135 の放射性崩壊によりヨウ素を経て生成されるものもある．そして，その後セシウムを経て，安定なバリウムに変化する．このように，不安定な放射性同位体は放射線を放出して，別の元素に変化するが，この変化により，放射性同位体の量が半分に減るまでの期間を半減期と呼んでいる．

5.4 放射能の測定

放射性同位体は，放射性崩壊の際に α 線, β 線, γ 線という放射線を放出する．放射線のエネルギーの単位は電子ボルト（eV）である．1 個の電子が 1 V の電圧で加速されて得る運動エネルギーの大きさが 1 eV である．

放射能の強さは，1 秒間に崩壊する原子核の数で測定され，これはベクレルという単位で表される．かつて，ラジウム 1 g の放射能を 1 キュリーとした．すなわち，1 ベクレル（Bq）は 2.7×10^{-11} キュリー（Ci）である．

一方，物質に与える放射線の影響を評価するための指標として，線量

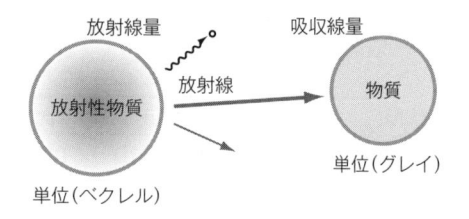

図 5.2 放射能の強さ

（Dose）という考え方が導入された（図 5.2 参照）。物質の単位質量当たりの吸収される放射線のエネルギー量を吸収線量といい，グレイ（Gy）という単位で測定される*。生物（人）に与える放射線の影響は，放射線（α 線，β 線，γ 線）の種類によって異なる。同じ吸収エネルギー量でも，α 線は β 線，γ 線よりも生体の細胞に大きな障害を与える。このため，表 5.4 に示す相対的な影響度に対応した放射線荷重係数を吸収線量に乗じて，線量を計算する。線量の単位はシーベルト（Sv）である。放射線荷重係数が 1 の放射線（β 線，γ 線）については，1 グレイの吸収線量が 1 シーベルトである。

線量(Sv) = "放射線荷重係数" × 吸収線量(Gy)

これらの用語の説明は表 5.5 のとおりである。

表 5.4 放射線の種類と特徴

放射線	内容	相対的な影響度	遮蔽物質
α 線	α 粒子（ヘリウム原子核）	20	紙
β 線	β 粒子（電子）	1	薄い金属板
γ 線	電磁波	1	鉛，厚い鉄板，コンクリート
中性子線	中性子	5〜20	水，厚いコンクリート

---

* 1 Gy の吸収線量とは 1 kg の物質が 1 ジュール（J）のエネルギーを吸収することである。なお，1 eV は 1.6×10^{-19} J である。ここで，1 J ≒ 2.8×10^{-7} kW・h ≒ 0.239 cal ≒ 0.624×10^{19} eV

5.5 放射性物質の拡散・沈着と線量評価　139

表 5.5　用語の概略説明

用語	説明
線量率	放射線被曝の強さ，時間当たりの吸収エネルギー量．(Gy/s)
吸収線量	放射線被曝量の大きさで，吸収エネルギー量で表される．線量率に時間を乗じて（掛け算して）求められる．(Gy)
線量（旧名称，線量当量）	放射線ごとの生体への影響の強さを加味して補正した被曝量で，線量率に時間と放射線荷重係数を乗じて求められる．(Sv)
等価線量	放射線ごとの生体への影響の強さを加味して補正した被曝量．線量当量と同じ意味で使用される．(Sv)
実効線量	組織ごとの等価線量に組織荷重係数を乗じて求められる量で，全身が均等に被曝した場合に換算した被曝量である．(Sv)
1 cm 線量当量	人体の皮膚から内部に 1 cm のところの被曝量である．一般的には，実効線量よりも高い値となることが多い．個人用の計測バッジなどでは，この値が表示できるように調整されているものもある．
預託線量	体内に取り込まれた放射性物質が体内に留まる間に放出する放射線による被曝量の合計である．一般には，被曝期間 50 年として計算する．

（注）　各用語の定義は文献 1) の用語集（pp.183–192）が参考になる．

5.5　放射性物質の拡散・沈着と線量評価

(1)　物質の拡散

　大気中で煙の濃度の濃い部分と薄い部分が存在すると，この両者は互いに混合して，次第に全体が均一な濃度となるように変化していく．これがいわゆる拡散作用と呼ばれているものである．この拡散を促進するのは，風の乱れ（小刻みに風向，風速が変化していること）である．また，風（平均的な空気の流れ）により風下に輸送される現象を移流と呼んでいる．そして，これらの大気中での現象を模式的に表現したものが図 5.3 である．

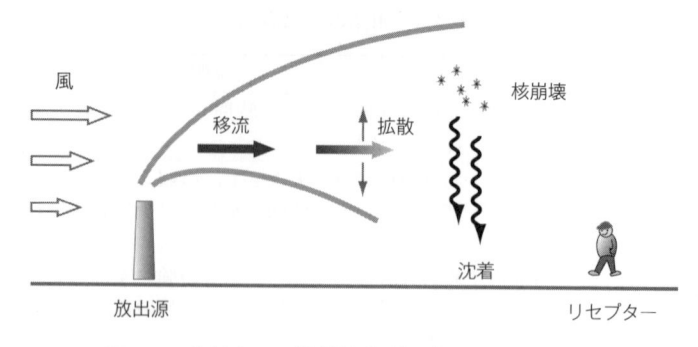

図 5.3 大気中での放射性物質の移流，拡散と沈着

　大気中を拡散する物質についての濃度を計算できるように，その挙動を数学的に表現した数式を拡散式と呼んでいる．連続的に大気中へ放出されている煙は一筋の煙の流れとなるが，これはプルーム（plume）と呼ばれている．また，瞬間的に放出された煙は一かたまりとなって風下へ流れていくが，このような煙はパフ（puff）と呼ばれている（図5.4参照）．そして，プルームについての濃度分布を記述する拡散式をプルーム式（あるいはプルーム拡散式）といい，パフについての拡散式をパフ式という．このほかに，拡散の物理法則に従って，微分方程式のモデルをそのまま数値的に解く方法もある．

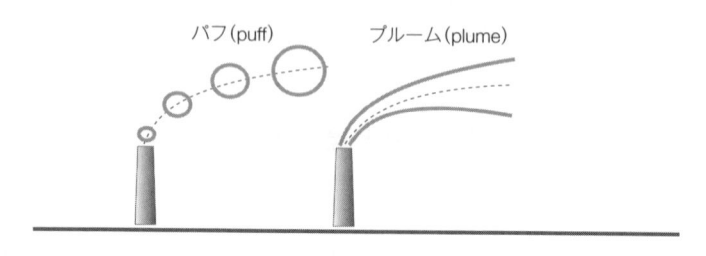

図 5.4 煙の流れのモデル

（2）物質の沈着

　大気中に放出された汚染物質が地上に降下し，地面に付着する現象を沈着という．大きい粒の粒子は重力で落下し，細かい粒子は他の物質に付着する．ここでの沈着量は次式で計算できる．

5.5 放射性物質の拡散・沈着と線量評価   141

　　沈着量＝沈着速度×地表近くの大気中での濃度

　この沈着のプロセスをもう少し分解して考えれば，乾性沈着と湿性沈着の二つがある．乾性沈着とは，微小粒子の付着や粗大粒子（土ぼこりなど）の降下である．もう一つの湿性沈着とは，雨によって汚染物質が洗い流されることである．降雨とともに地表面に降下する放射性物質の量は酸性雨のモデルと同じ方法で計算できる．一般的には，乾性沈着量より湿性沈着量のほうがはるかに大きく，高濃度時の降雨量の分布によって，沈着量の分布も大きく変化する．

(3) 拡散モデル

　大気中での拡散現象を数式で表現して，コンピュータ言語で表したソフトウェアを拡散予測ソフトあるいは拡散モデルと呼んでいる（図 5.5 参照）[6]．

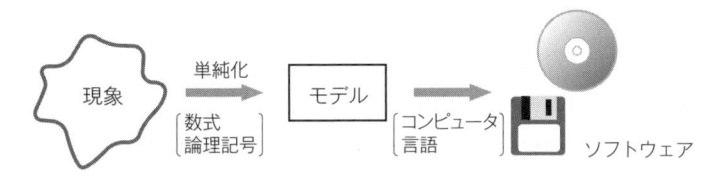

図 5.5　現象のモデル化とコンピュータ・ソフトウェア [6]

　一般に煙突から吐き出された煙の濃度を計算する場合，少し風が吹いていれば，風によって流される方向への拡散は無視できる．そして，風と直角な断面内での濃度分布は正規分布で表現されるので，放射性物質の放出量と放出高度，風向・風速，物質の広がりの程度（拡散幅という）がわかれば，大気中での放射性物質の濃度が計算できる．この方法は一般の大気汚染物質の濃度計算とまったく同じである．大気中での物質の拡散についての方程式を解く際にさまざまな仮定を置くが，その際の不確定性をより小さくするために，微分方程式を直接に解く方法がある．日本原子力研究所が開発した SPEEDI では，この方法を採用している[7]．

(4) 線量計算

大気中を浮遊している放射性物質の濃度と地表面に沈着した放射性物質の量は，前節に示したように一般的な大気拡散モデルや浮遊粒子状物質（降下煤塵）のシミュレーションモデルにより計算できる．

次にこれらの放射性物質からの放射線の被曝量を計算しよう．被曝経路によって，外部被曝と内部被曝に分けられ，さらに表 5.6 に示すような経路別の評価が行われる[8]．飲食や呼吸により私たちの体の中に取り込まれた放射性物質が体の中で放射線を出して，体の中で組織にダメージを与えるような被曝を内部被曝という．一方，私たちの体の外にある放射性物質が放出した放射線を浴びることを外部被曝という．外部被曝では，大気中に浮遊している放射性物質からの外部被曝をクラウドシャイン（cloudshine），地表に沈着している放射性物質からの外部被曝をグランドシャイン（groundshine）という．最も簡単なクラウドシャインの計算は，大気中の放射性物質の濃度が均一で，無限の大きさの放射性物質の雲の中に入った場合の想定である．大気中の放射性物質が広範囲に広がった状態で，その中央付近の地表近くの人の曝露量を計算するときは，この考え方で近似できる．

このような方法による線量予測モデルが 1960 年代から開発された[9]．今日では，コンピュータの性能が向上したので，より正確な線量率の計算が可能に

表 5.6 放射線の被曝経路

名称	英文名称	説明
クラウドシャイン	cloudshine	大気中に浮遊している放射性物質からの外部被曝
グランドシャイン	groundshine	地表に沈着している放射性物質からの外部被曝
吸引被曝	inhalation	大気中に浮遊している放射性物質を吸引したことによる内部被曝
摂取被曝	ingestion	食べ物に付着している放射性物質を摂取したことによる内部被曝
再飛散	resuspension	地表に沈着している放射性物質が再飛散したものによる外部被曝

なっている．例えば，SPEEDIシステムでは，空間を多数のセルで覆い，放射性物質の量を粒子の数で表現しているので，その個々の粒子からの線量率を積算する方法を採用している（図5.6参照）[7]．

図5.6 外部被曝による実効線量の計算方法
（出典：文部科学省原子力安全課，環境防災Nねっと
http://www.bousai.ne.jp/vis/torikumi/030110.html#a_02）

(5) 緊急時迅速放射能影響予測ネットワークシステム

スリーマイル島原子力発電所の事故の後に米国原子力規制委員会（NRC）では，ARACシステム（Atmospheric Release Advisory Capability）[10]を開発した．これとほぼ同じコンセプトで日本原子力研究所が開発した環境線量予測システムがSPEEDI（System for Prediction of Environmental Emergency Dose Information）である．後に，このシステムは，"緊急時迅速放射能影響予測ネットワークシステム"という名称に変更された．これは，原子力発電所等の事故で大気環境中に放射性物質が放出されたり，その恐れがある場合に，周辺の大気環境中における放射性物質濃度および被曝線量などを予測するためのシステムである．このシステムの主要な構成要素は以下の三つである．

① 対象地域の風向，風速などの気象パラメータを格子点ごとに推定するシステム（天気予報の基になる格子点値を使用）
② 上記①で求められた気象条件下での放射性物質の拡散をシミュレートするシステム
③ 大気中に浮遊している放射性物質，および地表に沈着している放射性

物質からの放射線の強度（線量率）を計算するシステム

このシステムで使用されている放射性物質の拡散シミュレーションモデルは，原子力発電所の安全審査に使用されている一般的な拡散式［5.7節(2)で説明している指針の方法］ではなく，拡散の微分方程式を数値的に解くものである．この拡散シミュレーションモデルは，通常の大気汚染物質の拡散予測にも使用することができる．また，多くの事例についてのシミュレーション再現実験でも良好な評価が得られている．

ここで，東京都心部で環境線量が高くなった 2011 年 3 月 15 日午前 10 時の状況について，このシステムにより計算された結果を文部科学省のホームページから引用して，図 5.7 に示す．

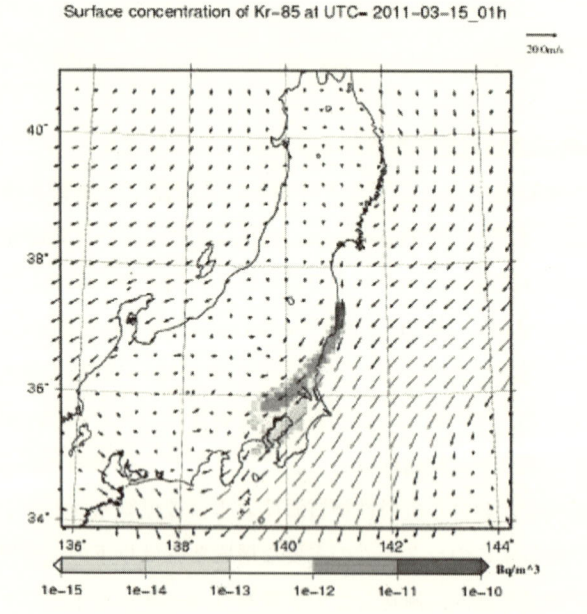

図 5.7 文部科学省が公開した SPEEDI 等の計算結果

(独)日本原子力研究開発機構が 2011 年 3 月 15 日に実施した"東京電力福島第一原子力発電所事故に伴う WSPEEDI-II による放射能拡散予測結果について"のシミュレーション結果（2011 年 3 月 15 日午前 1 時に単位排出量の排出があった場合の同日午前 10 時の計算値）
http://www.mext.go.jp/component/a_menu/other/detail/__icsFiles/afieldfile/2011/05/10/1305748_0315_06.pdf

このシステムは，緊急時に原子力施設周辺住民を安全に避難させるために巨額の経費を投入して開発されたものであるにもかかわらず，2011年3月の福島第一原子力発電所の事故では，本来の目的のためには使用されなかった．このことにより，各方面から非難されている．

(6) 放射性物質放出量の逆推定

5.5節(3)で説明した大気拡散の方程式を使用すれば，大気中の放射性物質の濃度を計算できる．この数式に大気中濃度を代入して，逆算すれば放出量の推定も可能である．これが"放射性物質放出量の逆推定"である．2011年3月15日に東京（世田谷区）で観測された最高濃度に対応する放射性物質の放出量の逆推定を試みた．この結果，当日早朝のヨウ素131の放出量推定値は10^{15} Bq/h 程度であり[11]，図5.7に示すSPEEDIでの結果にほぼ一致していることがわかる．

2011年9月に原子力災害本部が国際原子力機関（IAEA）に提出した日本国政府の追加報告書"東京電力福島原子力発電所の事故について（第2報）"[12]にも逆推定による放出量推定値が記載されている．ここでの解析では，発電所敷地内のモニタリングデータが使用されている．大きな構造物周辺での近距離の拡散では，わずかな風向の変化，ダウンウォッシュ（建物等による風の乱れによる煙の巻き込み現象）発生状況の変化などによって，濃度が大きく変動する．このため，発生源に近い位置での環境濃度を使用すると推定誤差が大きくなる．爆発時における放射性物質の放出量算定で最も重要な課題は放出ガスの吐出状況の把握である．YOMIURI ONLINEに掲載された噴煙の画像[13]を見ると上向きの吐出速度がかなり大きいように思われる．このような場合，放出物質の大部分は上層の気流に乗って風下へ流されるので，地表近くの濃度はあまり高くならない．したがって，施設周辺での濃度上昇が見られないという理由で，放出量が少ないと断定するのは危険である．

我が国の事故評価に対する海外（とくに米国）の論調は厳しく，米国は独自の設定による放射線量予測結果[14]に基づいて，我が国在住の自国民に対して

一時避難勧告も出している．今回の報告によって，このような海外の専門家を納得させることができるのか，それは今後の課題であろう．

5.6 人体影響

放射線の人体影響については，以下の二つを考える必要がある．
　① 体の外にある放射性物質から放出される放射線の影響
　② 放射性物質が付着した食べ物や飲料を摂取した場合や放射性物質を吸引して，体内にある放射性物質が放射線を放出した場合の影響

上記の①については，前節で説明した方法で被曝線量を計算し，影響を評価すればよい．しかし，②の内部被曝については影響の出方が複雑である．例えば，ヨウ素の同位元素は喉の甲状腺に集まるので，甲状腺がんのリスクが高い．また，ストロンチウムの同位元素はカルシウムと体内での挙動が似ているので，骨に影響が出やすい．

　ある出来事（例えば，呼吸による放射性物質を吸引）によってもたらされた被曝を，その被曝が続く期間（半減期の長い放射性物質ほど長くなる）について時間積分すると，その出来事によるリスクの総和を表すことができる[15]．これを線量当量（法令上の名称では"線量"とすべき）について行ったものを線量当量預託（Committed Dose Equivalent：CDE）という．半減期の短い放射性物質は指数関数的にその量が減少していくが，半減期の長い放射性物質については，被曝期間50年（子どもでは70年）と仮定して，被曝量を計算する．

　また，私たちの体は同じ量の放射線を浴びても，（体の中の）組織によってその影響の大きさが異なる．このため，組織ごとの影響の起こりやすさを考慮して，全身が均等に被曝した場合と同一尺度で被曝の影響を表す量を実効線量という．実効線量を表す方法として，ある組織・臓器の等価線量に，臓器ごとの影響に対する放射線感受性の程度を考慮した組織荷重係数（表5.7参照）をかけて，各組織・臓器について足し合わせた量が用いられる[16]．実効線量は

表 5.7　組織荷重係数（一例）

組織・臓器	組織荷重係数
生殖腺	0.2
骨髄，肺，胃	0.12
膀胱，肝臓，甲状腺	0.05
皮膚，骨表面	0.01

次式で計算される[16]．

$$\text{実効線量(Sv)} = \sum [\text{等価線量(Sv)} \times \text{組織荷重係数}]$$

　なお，実効線量は直接に測定できるものではなく，私たちが摂取あるいは吸引した放射性物質，あるいは，私たちが浴びた放射線量に基づいて，一定のモデル式で計算される量である．

　空気や物体（測定器も含めて）の吸収線量は科学的に測定することができる．しかし，ここで議論している線量（人が被曝している量）は，様々な約束（決めごと）に基づいて計算された値であって，科学的な測定方法による直接の測定値ではないということである．これらの"決めごと"とは，例えば，α線の影響はβ線の20倍，肝臓のダメージは皮膚の5倍，などである．これらの諸量について，科学的にその正しさを厳密に証明することはできない．しかし，このことについての国際的な合意は得られている．

5.7　原子力発電所の設置審査

　原子力発電所（実用発電用原子炉）を建設しようとするものは，"核原料物質，核燃料物質及び原子炉の規制に関する法律（原子炉等規正法と略する）"第23条に従い，経済産業大臣の設置許可を得なければならない．そのため，申請者は設置許可申請書を所管大臣に提出する．申請書が提出されると，行政官庁（経済産業省）は，申請書の内容が原子炉等規制法第24条に規定された用件に適合しているかの判断（安全審査）を行う．設置許可の審査は行政官庁（経済産業省）と原子力安全委員会（上記の行政官庁ではなく，内閣府に置か

れている）がダブルチェックを行う．そして，"規制"を"推進"から分離する必要性を満たすために，経済産業省内に独立した機関として，原子力安全・保安院が設けられた[17]．

(1) 設置審査の手順

我が国での原子力発電所の安全規制プロセスは大きく，次の三つに分けられている（図 5.8 参照）[18]．

① 地点選定
② 建設準備
③ 建設・運転・廃止措置

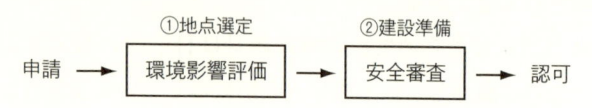

申請 → ①地点選定 環境影響評価 → ②建設準備 安全審査 → 認可

図 5.8 原子力発電所の建設申請，認可の手続き概略

地点選定の段階では，建設候補地点の周辺地域での環境調査が行われ，その方法書および準備書は経済産業省に提出された後，各自治体に送付され，その自治体の環境影響評価審査会で審査される．

ここで，環境基本法 13 条において，放射性物質による汚染の防止についての措置は原子力基本法，その他によると記されているため，環境省が所管する環境影響評価では，放射性物質による汚染に関する議論は許されていない．したがって，原子力発電所の環境影響評価書には，放射線の影響に関する記述は一切ない．最近に環境省が力を入れている戦略的アセスメントにおいても，原子力発電における気候温暖化防止効果と火力発電による放射能汚染リスク軽減効果との比較はほとんど行われていない．

建設準備では，事業者は原子炉設置許可申請を提出し，国の安全審査が行われる．この段階では，国の原子力委員会と原子力安全委員会に諮問し，その答申に従って，文部科学大臣の同意を得て，設置が許可される．この安全審査に

5.7 原子力発電所の設置審査

おいては，原子力発電所の通常運転時に排出されるごく微量の放射性物質による被曝線量の評価が行われる．ここでは，原子力発電所の敷地外において公衆の受ける線量が"線量目標値に関する指針"に定められている線量目標値（年間 0.05 ミリシーベルト）を達成する設計であるかを確認する[18]．また，立地評価では，"重大事故"，"仮想事故"を想定して，その際に公衆の受ける被曝線量を計算し，その結果が"めやす線量"を下回っていることも確認する．

① 重大事故：敷地周辺の事象，原子炉の特性，安全防護設備等を考慮し，技術的見地から見て，最悪の場合には起こるかもしれないと考えられる事故．

② 仮想事故：重大事故を超えるような，技術的見地からは起こるとは考えられない事故．

したがって，今回の福島の事故のように，事業者が"想定外であった．"ということは，この仮想事故のシナリオがいかに甘いものであったか，そして，それを審査で指摘できなかった原因が何であるかを検証する必要がある．そして，改善すべき点があれば，早急な対応が求められる．

(2) 安全審査の課題

2003 年に原子力安全委員会は"安全審査指針の体系化について"というレポート[19]をまとめており，この中で，"シビアアクシデント"は，設計基準事象を大幅に超える事象であって，炉心の重大な損傷や原子炉格納施設の健全性が喪失する可能性がある事象であるとしている．さらに，アクシデントマネジメントは，そのリスクをいっそう低減する目的で，設計基準事象外に相当するシビアアクシデントへの拡大を防止し，さらにその影響を緩和するためにとられるとしている．したがって，アクシデントマネジメントは，原子炉等規制法による設置許可条件に対応する"設計安全"にかかわるものではなく，安全性のいっそうの向上を図るための"運転安全"にかかわる措置であり，設置者の自主保安として位置付けられている[19]．このレポートでは，民間の基準等についても言及しており，日本原子力学会（標準委員会），日本機械学会（発電

用設備規格委員会），日本電気協会（原子力設備規格委員会）については触れられているが，原子力発電所の安全にかかわる広範囲の学問分野の進歩には必ずしも対応していないように思われる．例えば，関係者が労働安全衛生法違反に問われた JOC 事故[20]の教訓とし，労働安全マネジメントの最近までの進歩を取り入れるような記述はない．

　安全審査においては，原子力発電所の通常運転時の微量放射性物質による被曝線量と，事故時の被曝線量を計算し，安全を確認している．この際に用いられる予測システムは 5.5 節(3)で説明した拡散モデルである（一部風洞試験を含む）．この方法は"発電用原子炉施設の安全解析に関する気象指針"[22]に説明されている．環境中に排出された放射性物質の影響を評価するためのモデルについて，同様な資料は国際原子力機関（IAEA）からも発表されている[23]．

　この分野に関連する学会は，日本気象学会と大気環境学会であるが，両学会ともに，この分野における貢献は必ずしも十分ではなかったように思われる．2011 年 3 月の東日本大震災後に日本気象学会は会長名で会員向けに放射線の影響予測結果の公表を控えるようにとのメッセージを発表している．この文書の中で，"当学会では，この課題に関する業務や研究をされている会員が多数所属されています"と述べられている[21]．このような方は，これらの指針類を適切に評価できる力量があるのか，学会での関連研究分野での発表数の少なさから見て，疑念が残る．

　我が国の気象指針[22]と国際原子力機関の資料[23]を比較すると，建屋周辺での拡散など，多くの点で，我が国の資料には記載がないことがわかる．また，我が国の気象指針には 14 件の参考文献が収録されているが，2 件の観測要領を除くと，大部分が 1950 年代，1960 年代の資料であり，国内外の関連分野での科学技術の進歩に目を背けていることがわかる．

5.8 事故の未然防止

(1) "ヒヤリ・ハット"と失敗経験

事故の再発防止には，過去の事故例を分析し，その原因を潰していくことが大切である．また，労働安全や看護学（医療）の分野における，いわゆる"ヒヤリ・ハット"の対策も同様である．ヒヤリ・ハットとは，もう少しで事故に遭遇したかもしれない"ヒヤリ"と感じたこと，危険な目にあって，ハッとしたことがないかを調査して，そのときの状況を分析することで，将来に発生するかもしれない事故の原因を除去することである．このような事象（incident）を含めて，過去の事故（accident）の事例を調査し，それらの事故原因を体系的に解析することにより，事故の再発防止に寄与しようとしているのが"失敗学"[24]である．

重傷以上の災害が1件起きる背景には，軽傷を伴う災害が29件起きており，さらには危うく惨事になるような"ヒヤリ"，"ハッと"するような出来事が300件あるというハインリッヒの法則（図5.9参照）を理解することも重要である[25]．

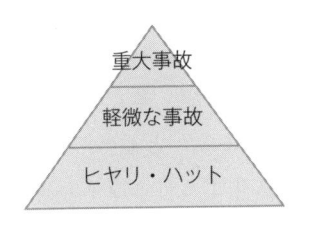

図5.9　ハインリッヒの法則

(2) 事故後の対応

ここで，スリーマイル島原子力発電所（TMI）事故と我が国のJOC事故後の対応について，比較してみよう．

TMI事故の後，米国では，大統領府に"TMI事故に関する大統領委員会"（委員長：ケメニー）が設置され，報告書が提出された．この報告書では，事

故の主要原因は,運転員の不適切な操作にあるとしながらも,設備の欠陥,管理体制の不備等多くの要因も重なったものと指摘し,今後このような事故の再発を防止するためには,原子力規制委員会(NRC)および産業界において種々の改革が必要であるとした.これを受けて,NRC は組織を再編成してその管理責任体制の強化を図るとともに,認可と検査機能の重点対象を原子力発電所の建設から運転への移行を図った.また,産業界においても原子力発電所の安全性の向上を図るため,原子力安全解析センター(NSAC),原子力発電運転研究協会(INPO)および原子力発電相互保険会社(NEIL)を設立した.これらのレポートの特徴は事故の再発防止に重点が置かれ,"TMI 事故は,機器の欠陥というよりは,管理上の欠陥によるものである"という点が強調されていることである [26].

一方,JCO 事故についての報告書では,論点が技術的な細かい問題に集中し,再発防止に向けた事故の背景には触れられていないとも指摘されている [27]. また,日本原子力学会 JCO 事故調査委員会は"JCO 臨界事故 その全貌の解明―事実・要因・対応"(東海大学出版会,2005 年 2 月)と題する事故調査報告書を公表し,その概要が"JCO 臨界事故の教訓は生かされたか(最終版)"に紹介されている [28]. このレポートの"まとめ"において,"しかし,原子力安全委員会『ウラン加工工場臨界事故調査委員会』報告書に示された合計 113 の提言のうちの相当数を始めとして,多くの提言がフォローアップのないまま放置されていることも事実である"と述べられている.さらに,動燃(動力炉・核燃料開発事業団,2005 年より日本原子力研究開発機構,JCO での核燃料加工の発注者)の体質について,久米 [29] も"広く産業技術の進歩との接触を怠ってきた,設立当時の技術的資産は陳腐化してしまった"と述べている.この点については,前節で紹介した"気象指針"の例を見てもわかるように,動燃のみではなく,我が国の原子力関係全体に対する指摘であるようにも思われる.

上記の 2 例の事故後の対応の違いが,日米両国でのその後の重大事故の発生確率にも現れているように思われる.

(3) 信頼性重視保全と故障モード影響解析

　製品やシステムが故障せずに使える状態を維持できることを信頼性という．当初は軍需品や航空宇宙産業で使用されていた信頼性工学が今日ではさまざまな分野に普及している．信頼性工学では，FTA（Fault Tree Analysis）やFMEA（Failure Mode and Effect Analysis）などの手法が多く使用される．また，システム（施設，系統および機器）のライフサイクルにわたる重大な故障に対処するため，信頼性重視保全（RCM：Reliability Centered Maintenance）という考え方も導入された．このRCMは効果的な保全方式を体系的に選び出す分析作業の総称である．

　FMEAは"故障モード影響解析"と訳される．製品やシステムの重大な事故の未然防止策を検討するため，設計段階で構成部品やサブシステムの故障モードを列挙し，製品や全体システムが受ける影響の大きさで重要度を検討する．すなわち，サブシステムの単一の故障が全体システムに与える影響が評価され，重要項目に対して事前対策を施すことで，事故の未然防止が図られる．IAEAでも，深層防護に対して最も有効なツールがこのFMEAであるとしている[30]．

　FMEAでは，まずサブシステムの故障モードを列挙することが大切である．ここでヒヤリ・ハットや過去の苦い経験を生かせるか否かで，そのシステムの信頼性に大きな差が生じる．米国ではターキーポイント原子力発電所でのFMEA適用事例がある[31]．我が国の原子力発電所でも，RCMの一環として，故障モードの検討などが行われている[31]．しかし，今回の事故に関連する問題で，東京電力では，ヒヤリ・ハットの対策やFMEAでの検討にも利用できる貴重な情報の一つをアイデアレベルの段階で切り捨てていたこともわかる[32]．

(4) 今後の課題

　原子力事故では，十分な情報が開示されず，被害を拡大させたり，貴重な改善の機会を自ら潰している例が多い．米国では1950年代に多くの深刻な事故を経験しているが，最近までレベル4以上の事故を続けて起こしているのは

ロシアと日本のみである．米国では TMI 事故の後に重大事故は起こしていない．米国では TMI 事故の後に，さまざまな事故の未然防止と被害拡大防止に向けた取組みを効果的に進めてきている．それに対して，我が国では，JOC 事故の教訓がほとんど生かされないまま，今回の事故を起こしていることがわかる．例えば，SPEEDI は TMI 事故の教訓から開発されたシステムであるが，今回の福島の事故では，ほとんど本来の目的に対しては機能しなかった．また，JOC の事故の後に開発された原子力災害用ロボットも東京電力の経営上の判断から却下されている[33),34)]．原子力安全の分野では，幾重にも安全装置を重ねる"多重防護"というコンセプトがある．対外的には，"だから十分に安全である"と説明している．しかし，関係者の間では，他の安全装置が十分に機能しているので，自分のところだけは多少手を抜いても問題はないという雰囲気を醸成しているようにも思われる．また，経営者もコスト面から，それを期待しているように思われる．これによって，すべての安全装置は他力本願になり，それぞれの機能が必要とされる場面で役に立たず，全体としては，極めて信頼性の乏しいものになってしまう．ここでは，これを"多重防護のパラドックス"と呼びたい．一つひとつの安全装置は，それ以外のすべての装置が機能しなくなっても，重大事故に発展することがないように設計され，運用されるべきであろう．

参考文献

1) 国際原子力機関，INES 国際原子力・放射線事象評価尺度ユーザーマニュアル 2008 年版 "INES The International Nuclear and Radiological event Scale User's Manual 2008 edition" International Atomic Energy agency, 2009.
経済産業省原子力安全・保安院，文部科学省訳，http://www.nisa.meti.go.jp/genshiryoku/files/INES_Manual_2008.pdf
2) "原子力事故"，2011 年 11 月 2 日閲覧，ウィキペディア，http://ja.wikipedia.org/wiki/%E3%83%A1%E3%82%A4%E3%83%B3%E3%83%9A%E3%83%BC%E3%82%B8
3) 深井佑造，鈴木顕二：『解説原子力発電』，東京電気大学出版局，pp.3–5, 1986.

4) 小野周："1.4節　原子力発電の安全性"，日本物理学会編：『原子力発電の諸問題』，pp.38–50，東海大学出版会，1988.
5) 原子力安全技術センター：原子力防災基礎用語集，2004（2008改定）．http://www.bousai.ne.jp/vis/bousai_kensyu/glossary/hajimeni.html
6) 岡本眞一，大気環境予測講義，pp.89–110，ぎょうせい，2001.
7) 原子力安全技術センター：高度化SPEEDI運用の現状，2007．http://www.nsc.go.jp/senmon/shidai/kanhou_shishin/kanhou_shishin003/siryo3-9-2.pdf
8) 本間俊充，野口宏："環境放出放射性物質による被曝評価"，プラズマ・核融合学会誌，Vol.74, No.7, pp.707–715, 1998.
9) Healy, J.W.: Radioactive cloud dose calculations, Chapter 16 of "Atmospheric Science and Power production" ed. Randerson, D., DOE/TIC-27601, pp.685–745, 1984.
10) 高度情報科学技術研究機構（RIST）："米国における防災のための計算機システム（10-06-03-01）"，原子力百科事典，ATOMICA，2001年03月更新，2011年11月参照．
11) 岡本眞一："放射能と放射性物質の拡散"，2011年度東京情報大学，大学院・情報哲学特論講義資料(2011年6月14日)，2011．http://www.edu.tuis.ac.jp/~okamoto/material/lecturenotes2011.pdf
12) 経済産業省：国際原子力機関に対する日本国政府の追加報告書―東京電力福島原子力発電所の事故について―（第2報），2011．http://www.meti.go.jp/earthquake/nuclear/backdrop/20110911.html
13) 読売新聞："福島第一原発3号機の水素爆発,けがは11人"，YOMIURI ONLINE（2011年3月14日13時15分　読売新聞），2011．http://www.yomiuri.co.jp/national/news/20110314-OYT1T00313.htm
14) U.S. Nuclear Regulatory Commission: "NRC provides protective action recommendations based on U.S. Guideline" NRC News No.11-050, March 16, 2011. http://www.nrc.gov/reading-rm/doc-collections/news/2011/11-050_Attchmt.pdf
15) 池田長生，関季紀："環境放射能とモニタリング"，河村武，橋本道夫編：『環境科学III　測定と評価』，第13章，朝倉書店，pp.250–263, 1990.
16) 原子力安全技術センター："実効線量"，原子力防災基礎用語集，2004（2008改定），2011年11月21日閲覧．http://www.bousai.ne.jp/vis/bousai_kensyu/glossary/si 11.html
17) 原子力安全基盤機構：設置許可申請における安全審査の概要，R1 June 8, 2010. http://www.jnes-elearning.org/contents/jp/sa/anzenshinsa_j.pdf
18) 原子力安全基盤機構：日本の原子力発電所の安全規制プロセス，R0 November 30, 2009, R0-r2, December 14, 2009. http://www.jnes-elearning.org/contents/

jp/ab/anzenkisei_process_j.pdf
19) 原子力安全委員会：安全審査指針の体系化について，2003．http://www.nsc.go.jp/shinsashishin/pdf/3/ho3004.pdf
20) 労働省労働基準局長：原子力施設における放射線業務に係る安全衛生管理対策の強化について，基発第581号，2000．http://www.jaish.gr.jp/anzen/hor/hombun/hor1-41/hor1-41-17-1-0.htm
21) 日本気象学会：日本気象学会からのお知らせ，東北地方太平洋沖地震に関して日本気象学会理事長から会員へのメッセージ(2011.03.21)，2011．http://wwwsoc.nii.ac.jp/msj/others/News/message_110318.pdf
22) 原子力安全委員会決定，発電用原子炉施設の安全解析に関する気象指針，1982 (最終改定，2001年3月29日)
23) International Atomic Energy Agency, 2001, Generic Models for Use in Assessing the Impact of Discharges of Radioactive Substances to the Environment, Safety Reports Series. No.19. http://www-pub.iaea.org/MTCD/publications/PDF/Pub1103_scr.pdf
24) 失敗学会ホームページ
http://www.shippai.org/shippai/html/index.php?name =top
25) 上木貴博，日経情報ストラテジー，ハインリッヒの法則，ITレポート(キーワード3分間講座)，2011．http://itpro.nikkeibp.co.jp/article/COLUMN/20051227/226782/
26) 失敗百選〜スリーマイル島原発の破壊，SYDROSE 知識データベース，2011年11月14日閲覧．http://www.sydrose.com/case100/228/
27) JCO臨界事故総合評価会議：JCO臨界事故3年後に見えてきたもの，トヨタ財団研究助成"市民社会の時代の科学・技術"助成番号D01-B3-073，"JCO臨界事故の原因と影響に関する再検討と政策提言"報告書(中間報告)，2002．http://cnic.jp/jco/jcac/reports/2002/072/JCO2002_072full.pdf
28) 原子力学会JCO事故調査委員会：JCO臨界事故の教訓は生かされたか(最終版)，2005．http://www.geocities.jp/na_aoyagi/nyu-su/jco.htm
29) 久米均："動燃の問題について"，第1部第8章，『品質管理を考える　日本の品質管理とISO 9000』，日本規格協会，pp.85–91，1999．
30) International Atomic Energy Agency: Modern Instrumentation and Control for Nuclear Power Plants: A Guidebook, Technical report series no.387, pp.24–28, 1999, http://www-pub.iaea.org/MTCD/publications/PDF/TRS387_scr.pdf
31) 関西電力株式会社：関西電力における信頼性重視の保全活動について，第2回原子力の安全管理と社会環境に関するワークショップ，2007．http://www.n.t.u-tokyo.ac.jp/~socio/PolicyMaking/openarchives/WS070912/WS070912-

02b.pdf
32) 東京電力株式会社：当社関連報道について，10月23日付朝日新聞1面"原発の電源連結見送り　東電，5年前に検討"について，2011．http://www.tepco.co.jp/cc/kanren/11102301-j.html
33) 朝日新聞社：廃棄された原発無人ロボット　東電など"活用場面ない"，朝日新聞デジタル 2011年5月14日．http://www.asahi.com/national/update/0514/TKY201105140193.html
34) 石原昇：原発"安全神話"に慢心した罪　原発防災ロボット開発が残した教訓，日経ビジネス ONLINE, 2011年4月28日．http://business.nikkeibp.co.jp/article/manage/20110426/219655/?rt=nocnt

自治体における震災の想定と被害実態の検証

第 6 章　field: EARTHQUAKE

・・・・・・・・・・・・・・・・・・・・・・・・・・・・・

　東日本大震災の被害状況を見て，地震研究が発達した日本において，なぜこのような大規模な災害が発生したのか，多くの人が疑問を覚えることであろう．特に，三陸地方沿岸においては過去に大きな津波災害がたびたび発生していたにもかかわらず，その経験や過去のデータを基になぜ適切な対策を講じることができなかったのだろうか．

　今回津波で被災した市町村の震災対策を調べると，大規模な津波被害を想定せず建物の倒壊や地震で発生する火災による被害想定が中心の市町村が見受けられた．過去に被害を受けた記録が残っているにもかかわらず，なぜ国や地方自治体の津波対策は万全でなかったのであろうか．

　この章では，地方自治体における震災の想定と被害の実態を検証し，今後の震災対策のあり方について考えていく．

6.1　地域防災計画が果たす役割

　行政による震災対策は，各地方自治体が策定する地域防災計画が基本になっている．この地域防災計画は，災害対策基本法第 40 条，第 42 条に基づき都道府県，区市町村それぞれに策定が義務付けられているものである．

　都道府県では，国の中央防災会議が想定する地震や風水害などの情報を基に，その地域に発生する可能性のある大規模な災害を予測し，被害想定を行っている．国や都道府県では，この被害想定に従い治水対策として河川の護岸を整備し，また津波対策として防波堤や防潮堤などの整備を行うのである．

　東日本大震災で大きな被害を受けた岩手，宮城，福島の 3 県の震災による被害想定のうち，海溝（または海洋）型の連動地震の最大規模のものが発生し

表 6.1 岩手，宮城，福島県における震災の主な被害想定と被害状況

県名	岩手県		宮城県		福島県	
区分	被害想定	被害状況	被害想定	被害状況	被害想定	被害状況
震度	6弱	6弱	6強	7	6弱	6強
死者及び行方不明者数	(地震)10人 (津波)1,000人	6,040人	164人	11,349人	346人	1,986人
重傷者数	(地震)120人 (津波)630人	188人	658人	3,939人	1,661人	181人
全壊住家	(地震)290棟 (津波)4,300棟	24,736棟	7,595棟	82,730棟	4,733棟	19,746棟
半壊住家	(地震)700棟 (津波)5,600棟	―	50,896棟	128,593棟	―	61,539棟
浸水面積	―	49 km^2	43.5 km^2	284 km^2	―	67 km^2
備考	2010年3月策定の岩手県地域防災計画における被害想定．想定地震は宮城県沖連動地震で，想定値は最大値を記載．全壊住家には非木造40棟，半壊住家には非木造80棟を含まない．浸水面積は想定値なし．	2011年12月19日時点の公表数．半壊住家は公表数なし．	2004年6月策定の宮城県地域防災計画における被害想定．想定地震は宮城県沖連動地震で，想定値は最大値を記載．	2011年12月14日時点の公表数．	2009年度修正の福島県地域防災計画における被害想定．想定地震は福島県沖地震で，想定値は最大値を記載．半壊住家及び浸水面積は想定値なし．	2011年12月28日時点の公表数．

た場合の被害想定と実際の被害状況は表 6.1 のとおりである．

6.1.1 震災による被害想定の実態—宮城県石巻市の事例

　石巻市の地域防災計画における震災の被害想定は，国が調査した宮城県沖で発生する地震の発生確率や宮城県が実施した地震被害想定調査の結果など既知の知見を基に行われている．また，この地域防災計画では過去に発生した地震による被害についても調査しており，貞観11（西暦869）年三陸沿岸地震で発生した津波による被害も記述されている．しかし，残念ながらこの史実に記録された津波被害は震災対策に反映されることはなかった．石巻市の地域防災計画における主な被害想定は表 6.2 のとおりである．

6.1 地域防災計画が果たす役割

石巻市では，この被害想定をもとに震災予防のための対策が講じられていたが，具体的な津波被害想定の記述はなかった．宮城県の津波被害の想定では，石巻市の津波の最高水位は 3.2 m で，最大予想浸水面積は 3.4 km^2 であった．
石巻市の震災被害状況は表 6.3 のとおりである．

表 6.2 石巻市における震災時の主な被害想定（2011 年版）

想定地震　宮城県沖地震(連動)海洋型　マグニチュード 8.0
予想震度　6 弱〜6 強
気象条件　冬夕方 18 時　西北西の風　風速 6 m/s

区　分	想定内容	区　分	想定内容
死　者	51 人	全壊建物	2,097 棟
負傷者	1,413 人	半壊建物	11,445 棟
		焼失数	253 棟

表 6.3 石巻市の震災被害状況（2011 年 12 月 14 日時点）

区　分	被害状況	区　分	被害状況
死　者	3,181 人	全壊建物	22,357 棟
行方不明者	651 人	半壊建物	11,021 棟
		浸水面積	73 km^2

（参考数値）　人口　　　160,692 人（2010 年国勢調査時）
　　　　　　世帯数　　57,812（2010 年国勢調査時）
　　　　　　市の面積　556 km^2

また，石巻市が作成した津波ハザードマップの浸水予想範囲は，沿岸部の一部と内陸部の一部のみであった．しかし，東北地方太平洋沖地震で発生した津波による浸水範囲は浸水予想範囲を大幅に超えていた．石巻市の浸水範囲と津波ハザードマップの比較は図 6.1 のとおりである．

6.1.2　震災による被害想定の実態—岩手県宮古市の事例

宮古市では，今回の地震で発生した津波で市街地が壊滅的な被害を受けた．津波の痕跡による最大遡上高は，東大地震研究所発表によれば 37.9 m だった

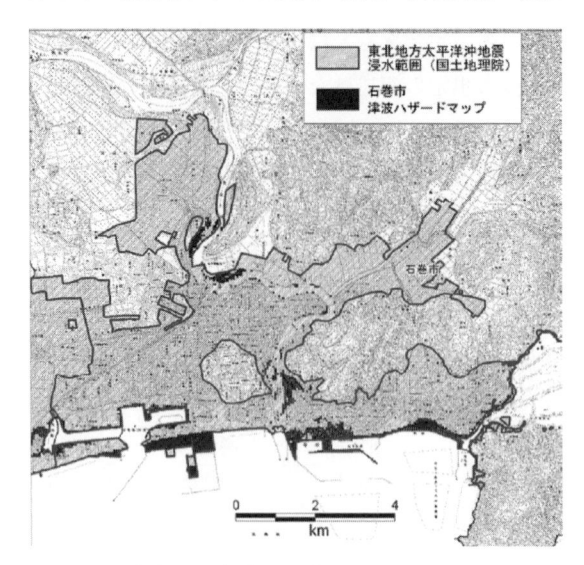

図 6.1 石巻市の浸水範囲と津波ハザードマップの比較
出典：中央防災会議，内閣府防災情報のページ"東北地方太平洋沖地震を教訓とした地震・津波対策に関する専門調査会"第 1 回資料 3-2, p.18

ことがわかっている．

　三陸地方はリアス式海岸という特殊性から津波被害がたびたび発生しており，岩手県でも津波対策を重点課題として取り組んでいた．国も宮古市を含む周辺の市町村を日本海溝・千島海溝周辺海溝型地震防災対策推進地域に指定し，当該地域における防潮堤防の整備にあたっては高さをかさ上げするなど，地震防災対策の強化を図ってきた．

　宮古市では，"岩手県地震・津波シミュレーション及び被害想定調査"（2004年 12 月）等に基づき津波防災マップを作成し，市民に対し避難対象地域や避難場所等に関する周知に努めており，市街地のほとんどが津波で浸水する状況であったが，被害を最小限に食い止めることができた．

　宮古市が作成した津波ハザードマップの浸水予想範囲は，東北地方太平洋沖地震で発生した津波による浸水範囲とほぼ一致するものであった．

　宮古市の震災被害状況は，表 6.4 のとおりである．

表 6.4 宮古市の震災被害状況（2011 年 12 月 19 日時点）

区 分	被害状況	区 分	被害状況
死 者	420 人	住宅建物被害 （全壊・半壊）	4,675 棟
行方不明者	115 人		
負傷者	33 人		
		浸水面積	10 km^2

（参考数値）　人口　　　59,442 人（2010 年国勢調査時）
　　　　　　　世帯数　　22,504（2010 年国勢調査時）
　　　　　　　市の面積　1,260 km^2

6.2　今後発生が予測される主な大規模地震

国の中央防災会議では，今後発生が予想される大規模な地震について，その規模や被害状況の想定を行い，該当地域周辺自治体の地域防災計画策定にあたっての条件を提示している．特に，首都圏直下地震，東海地震，東南海・南海地震などの大規模地震については，専門の調査会を設置して継続的に検討を行っている．

6.2.1　首都圏直下地震

首都圏直下地震とは東京湾北部を震源とする地震で，震度 5 強以上の地震の発生が想定される地域は，茨城県南部から埼玉県，千葉県，東京都，神奈川県に及ぶ大規模な地震である．首都地域においては，過去に元禄関東地震（1703 年）および関東大震災（1923 年）の二つのマグニチュード 8 クラスの地震発生の記録があるが，周期を 200～300 年と推定し，現在発生が予測されているのは，マグニチュード 7 クラスの直下地震である．

この地震による被害想定の特徴は，首都機能を支える交通網やライフラインへの影響，帰宅困難者対策や木造建物密集地域における火災による建物の焼失などである．首都直下地震による主な被害想定は，表 6.5 のとおりである．

表 6.5 首都直下地震による主な被害想定（2005 年 2 月公表）

区 分	被害状況	区 分	被害状況
死者	約 11,000 人	建物全壊棟数	約 20 万棟
うち火災による死者	6,200 人	火災焼失棟数	約 65 万棟
重傷者	37,000 人	瓦礫発生量	約 9,600 万 t
負傷者	173,000 人		

（被害想定における参考数値）　気象条件等：冬夕方 18 時　風速 15 m/s

6.2.2 東海地震

　東海地震は，概ね 100～150 年の間隔で発生するマグニチュード 8 クラスの地震で，1854 年の安政東海地震からすでに 150 年を経過しており，今世紀前半に発生すると予測されている．被害が予測される地域は，東京都の一部，神奈川県の一部，静岡県，山梨県，長野県，岐阜県の一部，愛知県，三重県の一部など 8 都県にまたがる広域なエリアが対象となっている．

　また，東海地震対策の特徴としては，地震予知のための監視システムを整備し，観測データをもとに地震発生の可能性が高いと判定されたときには警戒宣言が出されることである．東海地震による主な被害想定は，表 6.6 のとおりである．

表 6.6 東海地震による主な被害想定（2003 年 3 月公表）

区 分	被害状況	区 分	被害状況
死者	最大で約 9,200 人	建物全壊棟数	最大で約 26 万棟
うち揺れ	約 6,700 人	うち揺れ	約 17 万棟
うち津波	最大で約 1,400 人	うち火災	約 5 万棟
うち崖崩れ	約 700 人	うち液状化	約 3 万棟
うち火災	約 600 人	うち崖崩れ	約 8,000 棟

（被害想定における参考数値）　気象条件等：朝 5 時　風速 15 m/s

6.2.3 東南海・南海地震

　東南海・南海地震の被害想定は，静岡県から太平洋沿岸に沿って宮崎県までの地域と，瀬戸内海沿岸の一部，滋賀県・兵庫県など内陸部の一部を含む 1

都2府18県となっている．

東南海・南海地震が直近で発生したのは，東南海が1944年，南海地震が1946年でともにマグニチュード8クラスの地震であった．その後，現在まで約60年が経過しているが，これまでの周期を見ると102年，147年，90年と比較的周期は長いと考えられている．しかし，東海地震と連動して発生する可能性もあり，十分な注意が必要な状況である．東南海・南海地震による主な被害想定は，表6.7のとおりである．

表6.7 東南海・南海地震による主な被害想定（2003年9月公表）

区　分	被害状況	区　分	被害状況
死者	最大で約17,800人	建物全壊棟数	最大で約36万棟
うち津波	最大で約8,600人	うち揺れ	約17万棟
うち火災	約500人	うち火災	約4万棟
うち崖崩れ	約2,100人	うち液状化	約8万棟
		うち津波	約4万棟

（被害想定における参考数値）　気象条件等：朝5時　風速15 m/s

6.3　今後発生が予測される大規模地震の震災対策

国の中央防災会議は2005年，東海地震および東南海地震の人的被害，経済的被害の軽減について，達成目標を含めた具体的目標を定めた"地震防災戦略"を策定した．特に，人的被害軽減戦略では，減災目標として"今後10年間で死者数を半減"を掲げた．

本節では，現在発生が予測されている三つの大規模地震について，国および都道府県，市町村においてどのような震災対策を行っているか検証していく．

6.3.1　地震防災戦略

地震防災戦略では，特に建物倒壊，津波による被害の軽減に向けて行政が果たすべき具体的な役割は以下のとおりである．また，東海地震および東南海・南海地震における減災目標と達成状況は，表6.8のとおりである．

表 6.8 東海地震および東南海・南海地震における減災目標と達成状況

	東海地震			東南海・南海地震		
	2004年度末	2007年度末達成状況	2014年度末目標	2004年度末	2007年度末達成状況	2014年度末目標
揺れによる死者	約7,900人	約6,700人	約4,000人	約9,200人	約8,200人	約4,900人
津波による死者	約1,400人	約1,200人	約500人	約8,600人	約6,800人	約4,200人

(1) 揺れによって発生する死者数の軽減

揺れによって発生する死者数の軽減策として，以下の3点を重点的に推進することとした．

(a) 住宅・建築物の耐震化

建築基準法改正（1981年改正）以前に建築された建物，特に住宅の耐震化を図る．

(b) 居住空間内の安全確保

"住宅における地震被害軽減の指針"の普及を図るとともに，家具の固定について周知を図る．

(c) 外部空間の安全確保

急傾斜地崩壊危険箇所の対策を実施し，災害から保全される戸数の拡大を目指す．

(2) 津波によって発生する死者数の軽減

津波によって発生する死者数の軽減策として，以下の4点を重点的に推進することとした．

(a) 津波避難意識の向上

津波防災対策が必要なすべての市町村において，津波ハザードマップの策定を目指す．

(b) 津波情報の的確な伝達

地震を検知した後，最速2分以内で津波予報を発表する．

(c) 津波避難施設の整備・充実

付近に高台等がなく，津波からの避難が困難な地域を有するすべての市町村において津波避難ビル等の指定を推進する．

(d) 津波防護施設の整備・充実

津波等による災害から一定の水準の安全性が確保されていない地域の面積を全国で約 5 万 km^2 に減少させることを目指す．

6.3.2 首都圏直下地震対策

1923 年に発生した関東大震災は，神奈川県相模湾北西沖 80 km を震源とするマグニチュード 7.9 の大正関東地震による災害で，東京をはじめ関東近県で大きな被害が発生した．墨田川河岸にあった陸軍被服廠跡地においては，近隣火災で発生した熱風に巻き込まれ 3 万人を超える死者が出た．このほかにも火災の発生によって，17 万棟を超える建物が焼失したと伝えられている．

このため，首都圏の自治体においては，火災による家屋の焼失，人口が密集する都心地域における建物倒壊による被害，交通遮断による帰宅困難者対策などを中心として対策を実施している．

(1) 東京都地域防災計画における被害想定

東京都が定める地域防災計画の震災編では，東京湾北部地震および多摩直下地震を想定している．このうち，特に被害が甚大となることが予想される東京湾北部地震について想定した内容は次のとおりである．

(a) 東京湾北部地震の想定
① 震源　東京湾北部
② 規模　マグニチュード 6.9 および 7.3
③ 震源の深さ　約 30〜50 km
④ 震度　6 強

(b) 気象条件等
① 冬の夕方 18 時（風速 3〜15 m/s）で，火器器具利用が多い時間帯．帰宅・飲食のため多数の人が滞留．鉄道・道路がほぼラッシュ時

② 冬の朝5時（風速6 m/s）で，多くが自宅で就寝中に被災．家屋倒壊による死者発生．

東京都地域防災計画における主な被害想定は，表 6.9 のとおりである．

表 6.9 東京都地域防災計画（2007 年修正版）における主な被害想定

条　件	被害項目		被害内容	
	規　模		東京湾北部地震　M 7.3	
	時期および時刻		冬の夕方 18 時	冬の朝 5 時
	風　速		15 m/s	6 m/s
人的被害	死　者		6,413 人	4,530 人
		揺れ液状化による建物倒壊	1,737 人	3,060 人
		地震火災	3,517 人	1,211 人
		急傾斜・落下物・ブロック塀	769 人	253 人
		交通被害	390 人	6 人
	負傷者		160,860 人	163,301 人
		揺れ液状化による建物倒壊	73,472 人	96,349 人
		屋内収容物の移動・転倒	54,501 人	56,233 人
		地震火災	17,039 人	10,284 人
		急傾斜・落下物・ブロック塀	9,027 人	317 人
		交通被害	6,821 人	118 人
物的被害	建物被害（全壊）		471,586 棟	199,814 棟
		揺れ液状化による建物倒壊	126,523 棟	126,523 棟
		地震火災	345,063 棟	73,291 棟

(2) 東京都の震災対策

東京都では，関東大震災の経験をもとに地震火災による被害の減少に向けて，都市計画部門や消防機関，区市町村と連携してこれまでも積極的に対策を実施してきた．また，都心部における高層ビルの増加や地下構造物の増加など，近年変化する都市の実態に対応した震災対策も実施している．

(a) 外出者対策

2011 年 3 月 11 日に発生した東北地方太平洋沖地震による東京都 23 区の震

度は5強であった．建物の倒壊や火災による人的被害などはほとんどなかったものの，鉄道の運休や主要幹線道路に自家用車，タクシーが集中して大渋滞が発生し路線バスが立ち往生するなど，交通マヒによって帰宅困難者がターミナル駅に集中し翌日まで大きな混乱が続いた．

東京都では，災害発生直後から防災計画に沿って，一時収容施設の確保に向け，公共施設の開放および民間の大規模収容施設の開放を行うよう準備を進めた．しかし，帰宅困難者にその情報を伝える手段がなく，またJR東日本が駅構内への立入りを禁止してしまったことから，混乱が生じたと考えられる．さらに，通信事業者による通信制限がかけられたため，電話やメールがなかなかつながらず，家族の安否を心配するあまりほとんどの人が勤務先の会社や事業所を出て，自宅に帰ろうとしたことも混乱に拍車をかける結果となった．

このため，東京都では帰宅困難者対策として，①JR駅構内の開放，②一時収容施設の確保，③コンビニエンスストア店舗への非常用電話の設置，④民間企業の社員宿泊のための備蓄品確保の義務化などの取組みを進めている．

(b) 交通規制

大地震が発生した場合（都内に震度6弱の地震が発生し，かつ大規模な災害が発生したことを現場の警察官が認知した場合）は，現場の警察官は命令を待つことなく，速やかに次の規制措置をとることとなっている．

① 都県境，国道16号線における規制

国道16号線以東の都県境では，車両の流入・流出とも通行禁止，国道16号線以西から都心方向への車両は，進入禁止とする．

② 通行禁止区域

多摩川，国道246号線および環状7号線を結ぶ内側の区域を全面車両通行禁止とする．

また，他の37路線でも避難者および緊急通行車両用のために全線車両通行禁止とすることとなっている．

この交通規制は消防車や救急車などの緊急車両の通行確保のために必要な措置であるが，その内容はあまり住民に知られていない．今後は，順次実験・試

行などを重ねながら，混乱なく規制ができるような対応が必要である．

6.3.3 東海地震対策

国の中央防災会議は，2005年に地域防災戦略を策定し，東海地震対策として人的被害および経済被害の軽減に関する具体的目標を設定した．この中では，特に人的被害の減災目標として，今後10年間で死者数を半減することを目標として定めた．

（1） 静岡県地域防災計画における被害想定

静岡県では，地域防災計画の中で東海地震と神奈川県西部地震の被害想定を行っているが，このうち東海地震の被害想定が，防災対策の基本となっている．

1930年以降の近年の事例を見ても，伊豆半島を中心に地震が頻発しており，最大規模の地震として予測している駿河湾から遠州灘を震源とするマグニチュード8クラスの地震について想定した内容は次のとおりである．

(a) 想定地震
　① 地震の種類　　東海地震
　② 震源域　　　　御前崎沖から駿河湾に至る駿河トラフ沿いの西方領域
　③ 規模　　　　　マグニチュード8程度

(b) 気象条件等
　① 春または冬の昼食時（地震予知がなく地震が発生した場合）
　② 春または冬の昼食時（警戒宣言が発せられた後，地震が発生した場合）

静岡県地域防災計画における主な被害想定は，表6.10のとおりである．

（2） 静岡県静岡市の震災対策

静岡市は駿河湾に面し，清水港周辺と安倍川両岸に市街地が形成されている．地域防災計画によると，東海地震を想定した被害想定が行われており，マグニチュード8の地震とともに大規模な津波の発生が予想されている．静岡市では，東海地震の発生を想定し，地震予知があった場合の住民への周知方法の検討や連絡手段の確保などの防災対策を積極的に展開してきた．

表 6.10 静岡県地域防災計画（1999年修正版）における主な被害想定

被害項目			被害内容	
条件	規模		東海地震　M8程度	
	時期および時刻		春または冬の昼食時	
	警戒宣言の有無		警戒宣言なし	警戒宣言あり
人的被害	死者		2,574人	376人
	原因別	建物倒壊	540人	109人
		津波	510人	52人
		火災	510人	0人
		山・崖崩れ	487人	202人
	重傷者		9,300人	2,540人
	原因別	屋内器物の移動転倒	2,373人	165人
		建物倒壊	1,568人	228人
		火災	1,076人	0人
		津波	868人	84人
		山・崖崩れ	820人	317人
物的被害	建物被害		753,224棟	724,743棟
	原因別	地震動・液状化（大破）	82,357棟	82,357棟
		地震動・液状化（中破）	272,860棟	272,860棟
		津波（大破）	4,878棟	4,878棟
		津波（中破）	9,379棟	9,379棟
		延焼火災による焼失	67,014棟	81棟
		山・崖崩れ（大破）	2,943棟	2,943棟
		山・崖崩れ（中破）	6,872棟	6,872棟
		人工造成地（大破）	4,376棟	4,376棟
		人工造成地（中破）	13,123棟	13,123棟

(a)　津波避難ビルの指定

津波による浸水地域を想定した避難場所として，沿岸部の市街地にあるビルを避難ビルとして指定する取組みを行っている．2011年11月において106施設を指定し，パンフレットを作成し住民への周知を図っている．

172　　　第6章　自治体における震災の想定と被害実態の検証

(b)　震災後の復興に向けた準備

　大規模な震災が発生した場合を想定し，震災後のまちの復興について基本的な考えを"静岡市都市復興基本計画策定行動指針"としてまとめ，住民に提案を行っている．この中では，震災後の早期復興を目指し，住民，行政それぞれの役割を明確にし，また復興にあたり住民の意見をとりまとめるための復興まちづくり協議会の設置について提案されている．

　また，市は住民に対し日常的に町内会や自治会など地域組織への参加を促し，地域におけるコミュニケーションを積極的に行うことを促し，被災時の相互支援や共助，また復興時のまちづくりに参加できる仕組みを求めている．

6.3.4　東南海・南海地震対策
（1）　高知県地域防災計画における被害想定

　高知県では南海トラフを震源とする地震によって100～150年の周期で繰り返し被害を受けており，地震による家屋の倒壊や津波により多くの人命や財産を失ってきた経験がある．このため地域防災計画の策定にあたり，最優先課題として生命の安全確保を取り上げている．

　高知県の地域防災計画では，国の中央防災会議が予測している東南海・南海地震を想定した被害想定ではなく，より震度が大きく揺れの強い安政南海地震（1854年，マグニチュード8.4）を再現したモデルを採用した．

　また，津波予測においても高知県沿岸で発生した歴史的津波を参考にし，過去最大級の津波である安政南海津波を想定したモデルを採用している．高知県内における津波の予想最大水位は，土佐清水市における10.5mである．

　高知県地域防災計画に記載されている主な被害想定は，表6.11のとおりである．

（2）　高知県高知市の震災対策

　高知市では，過去に安政南海地震や昭和南海地震（1946年，マグニチュード8.0）など，これまでも大規模な地震および津波による被害が発生してきた．特に津波による人的被害想定は，地震による被害全体の7割を占めるな

6.3 今後発生が予測される大規模地震の震災対策

表 6.11 高知県地域防災計画（2006年修正版）における主な被害想定

条件	被害項目		被害内容		
	規模		（想定）安政南海地震 M 8.4		
	時期・時刻		冬の18時	冬の5時	春夏秋の昼
人的被害	死者		―	―	―
	原因別	建物倒壊	1,807人	1,807人	1,807人
		崖崩れ	683人	683人	683人
		火災	771人	148人	458人
		津波（避難意識が高い）	―	早朝 3,404人	昼間 3,095人
		津波（避難意識が低い）	―	早朝 6,989人	昼間 6,354人
	負傷者		―	―	―
	原因別	建物倒壊	9,343人	9,343人	9,343人
		崖崩れ	853人	853人	853人
		火災	2,947人	570人	1,748人
		津波（避難意識が高い）	―	―	―
		津波（避難意識が低い）	―	―	―
物的被害	建物被害		―	―	―
	原因別	揺れによる全壊	31,191棟	31,191棟	31,191棟
		揺れによる半壊	50,983棟	50,983棟	50,983棟
		火災による焼失	14,042棟	2,712棟	8,329棟
		崖崩れによる全壊	9,942棟	9,942棟	9,942棟
		崖崩れによる半壊	23,189棟	23,189棟	23,189棟
		液状化による全壊	2,132棟	2,132棟	2,132棟
		津波による全壊	35,735棟	35,735棟	35,735棟
		津波による半壊	11,750棟	11,750棟	11,750棟

ど，津波対策が重要な課題となっている．

津波から命を守る対策

高知市では，津波が発生したときは逃げる対策（ソフト対策）を最優先とし，防ぐ対策（ハード対策）は逃げる対策を補完することを基本とした津波対策を推進することとしている．また津波避難計画を策定し，これに基づき小学校区など地区別に津波防災マスタープランを策定し，近隣の高台など避難場所

の指定，避難路に避難誘導標識の設置など具体的な対策を実施している．

6.4 東日本大震災発生後の新たな震災対策

これまで地方自治体の震災想定を検証してきたが，実際の被害との差が発生した原因として考えられるのは，過去の地震や津波被害のうち確実に記録が残っているもののみを検討素材にしたこと，また地域の地理的な特性を十分に考慮せず国や県の想定を採用してしまったことなどである．

それでは，予測が困難な自然災害に対して国や地方自治体は今後どのような対策を実施していくべきなのであろうか．

（1）津波対策の強化

国の中央防災会議は 2011 年 12 月，東日本大震災による津波被害が甚大だったことを受けて，従来の津波対策を根本的に見直すこととした．特に津波想定では，最大規模の津波として二つのレベルの津波を想定して対策を実施することとした．

(a) これからの津波想定の考え方

① 発生頻度は極めて低いものの，甚大な被害をもたらす最大クラスの津波

　住民等の生命を守ることを最優先とし，住民の避難を軸に，とりうる手段を尽くした総合的な津波対策を確立

② 発生頻度は高く，津波高は低いものの大きな被害をもたらす津波

　人命保護に加え，住民財産の保護，地域の経済活動の安定化，効率的な生産拠点の確保の観点から，海岸保全施設等を整備

(b) 被害想定の見直し

今回の被害を十分に調査分析し，被害想定の手法・項目を見直すなどの改善を行う．また，防災対策推進の効果を定量的に示す手法を検討する．

(c) 東日本大震災の記録の保存

東日本大震災の記録を後世に引き継ぎ，知見や教訓を諸外国に対して情報発

6.4 東日本大震災発生後の新たな震災対策

信を行う．

(2) 連動型地震の震源域見直し

内閣府の有識者検討会は 2011 年 12 月，南海トラフで発生する巨大地震の震源域および波源域を富士川河口断層帯から日向灘までとし，現在の約 2 倍に拡大する見直し案を公表した．従来，南海トラフで発生する地震は，東海，東南海，南海地震を想定していたが，これに加え宮崎県沖の日向灘南部も連動する可能性があると想定している．

また，地震規模はマグニチュード 9.0 を想定することとし，これに基づき詳細な震度分布や津波高を推計するとしており，対象地域となる地方自治体においてはこの結果を受けて地域防災計画を見直すこととなる．

南海トラフ巨大地震の想定震源域は，図 6.2 のとおりである．

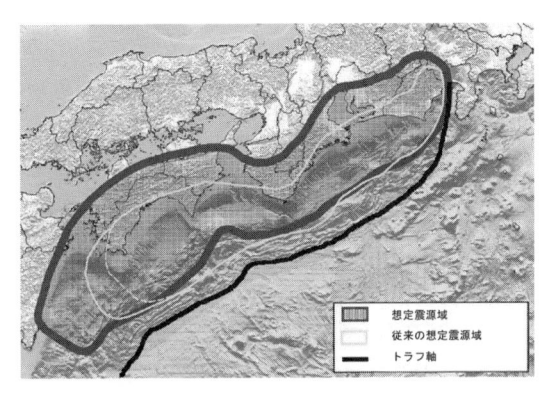

図 6.2 南海トラフ巨大地震の想定震源域
出典：中央防災会議，内閣府防災情報のページ "南海トラフの巨大地震モデル検討会第 7 回" 資料 1，p.51

(3) 首都直下地震への備え

東京都は 2011 年 11 月，東日本大震災の被災状況などを踏まえて，東京都防災対応指針を策定し，次のような取組みを行うこととした．

① 地域の連帯の再生による住民隣組の構築

意欲的な共助の活動を東京都防災隣組として認定など

② 社会全体で取り組む帰宅困難者対策の再構築

徒歩帰宅者の発生抑制,一時待機施設等の確保,帰宅支援策の強化など
③ 発災時の安定的な情報通信の確保

行政機関内の情報連絡,報道機関との連携,住民への情報提供など
④ 流通網の途絶に備える物流・備蓄対策の推進

燃料の安定調達,物資流通に係る正確な情報提供など
⑤ 首都東京の消防力の徹底強化と危険物対策の推進

消防水利の確保,危険物等施設における被害の防止など
⑥ 多様な主体の応急対応力の強化

行政の事業継続,警視庁の災害対処能力の向上など
⑦ 強固な広域連携体制の構築による相互補完機能の確保

9都県市の連携・取組み,基礎自治体の取組みなど
⑧ 住民,事業者等の防災力の向上

災害時要援護者への対応,ボランティア活動の環境整備など
⑨ 住民避難対策の充実

発災時の都外避難者への情報伝達,外国人への情報提供など

このほかに従来の震災対策を強化し,また対策を複線化・多重化する取組みも展開するとともに,東海・東南海・南海連動地震等への備えについても充実・強化することとしており,すでに具体的な取組みが始まっている.

引用文献

1) 中央防災会議,内閣府防災情報のページ "東北地方太平洋沖地震を教訓とした地震・津波対策に関する専門調査会第1回"資料3-2, p.18
2) 中央防災会議,内閣府防災情報のページ "南海トラフの巨大地震モデル検討会第7回"資料1, p.51

参考文献

1) 岩手県ホームページ "岩手県地域防災計画"
2) 宮城県ホームページ "宮城県地域防災計画"
3) 福島県ホームページ "福島県地域防災計画"
4) 岩手県ホームページ "いわて防災情報ポータル"
5) 宮城県ホームページ "震災被害情報"
6) 福島県ホームページ "地震災害情報"
7) 石巻市ホームページ "石巻市地域防災計画"
8) 石巻市防災ガイド・ハザードマップ "津波ハザードマップ"
9) 石巻市ホームページ "石巻市被災状況等"
10) 石巻市ホームページ "市勢要覧"
11) 中央防災会議，内閣府防災情報のページ "東北地方太平洋沖地震を教訓とした地震・津波対策に関する専門調査会第1回" 資料3-2，p.17, p.18
12) 宮古市ホームページ "震災の状況と体制"
13) 宮古市ホームページ "宮古市総合防災ハザードマップ"
14) 宮古市ホームページ "宮古市の統計 平成22年版"
15) 中央防災会議，内閣府防災情報のページ "首都直下地震専門調査会報告"
16) 中央防災会議，内閣府防災情報のページ "東海地震対策の概要"
17) 中央防災会議，内閣府防災情報のページ "東南海・南海地震対策の概要"
18) 中央防災会議，内閣府防災情報のページ "地震防災戦略"
19) 中央防災会議，内閣府防災情報のページ "地震防災戦略フォローアップ結果について(概要)"
20) 東京都防災会議，東京都ホームページ "東京都地域防災計画 震災編"
21) 静岡県ホームページ "静岡県地域防災計画"
22) 静岡市ホームページ "地震だ津波だすぐ避難！"
23) 静岡市ホームページ "震災後の復興まちづくりをご存知ですか？"
24) 高知県ホームページ "高知県地域防災計画"
25) 高知市ホームページ "高知市地域防災計画"
26) 中央防災会議，内閣府防災情報のページ "東北地方太平洋沖地震を教訓とした地震・津波対策に関する専門調査会第12回" 資料2
27) 中央防災会議，内閣府防災情報のページ "南海トラフの巨大地震モデル検討会第7回" 資料1，p.51
28) 東京都，東京都ホームページ "東京都防災対応指針"

サイバーテロへの防護手段

第 7 章　field: INFORMATION

● ●

　サイバー攻撃について新聞，雑誌記事等が掲載され話題になっている．サイバー攻撃の目的は，国家レベルの機密情報や企業の保有する機密技術情報および個人情報窃取等から国家安全保障に関する情報および金銭目的の情報入手，さらには企業の信用失墜をねらうもの等の広範囲にわたっている．本章では大量の個人情報漏洩で世界的に問題となったソニー個人情報漏洩事件について発生経緯と原因およびその対応策について述べる．情報セキュリティを取り巻く環境は技術の進展とともに日々変化しており本内容は現時点の情報を反映している．

7.1　ソニー情報漏洩事件

7.1.1　発生事象とソニーにおける対応

　サイバー攻撃と称される情報セキュリティ事件が 2011 年には日本で多数発生している．諸外国においても同様事件が発生し大きな社会問題となっている．2011 年に発生した主要なサイバー攻撃を列挙する．

　4 月に本事例で取り上げるソニー米国子会社のシステムが侵入され大量の個人情報が漏洩する．9 月に三菱重工業他の開発拠点でサーバや PC がウイルスに感染し一部の情報が漏洩する．10 月に外務省への標的型メール攻撃を受けていたことが判明，10 月に衆議院議員のパソコンや衆議院事務局のサーバーがウィルス感染し情報漏洩している可能性が判明する，11 月には参議院議員のパソコンがウィルスに感染し情報が不正に外部へ通信される，加えて自治体電子申請システムが設置されているデータセンターへ DoS（Denial of Service）サイバー攻撃がなされサービスが使用不可状況となっている．

これらの事件の中でも特に個人情報漏洩推定件数が多いソニー事件について事例として公式発表資料[1]を基に経緯を確認した後に対応策等を考察する．

(1) 日本におけるソニーの個人情報漏洩事件発表と対応

ソニー社は2011年5月1日に「PlayStation Network (PSN) 及びQriocityへの不正アクセスに関する説明会」を開催し同時に記者会見を実施する．説明会での概要は下記である．PSNは，プレイステーション3 (PS3) やプレイステーション・ポータブル (PSP) と接続するネットワークである．また，5月3日にSony OnlineEntertainment社についても4月16日〜17日ハッカーの侵入があり約2,460万人の個人情報漏洩が公表される．総計1億件の個人情報漏洩発生となり最大規模の情報漏洩事件となる．

[事件発生経緯]
- 4月20日にサーバーに異常な動きを確認し調査を開始する．
- 4月21日社内調査により17日より19日にかけて不正アクセスがあったことが判明し本格調査のためPSN及びQriocityのサービスを停止する．

  同時にセキュリティ専門会社へ事実調査依頼する．
- 4月25日新たにデータ解析のためセキュリティ専門会社へ依頼する．

  事実調査のためにデータ分析・調査をする．このためにミラー・サーバーを構築しそのサーバーへ大量の本番データをコピーする．
- 4月27日調査の結果，個人情報漏洩の可能性が判明し自社ウェブサイトで告知する．

  同時に顧客へメールで本事象について連絡し注意喚起を依頼する．

  情報漏洩件数は，個人情報は概算7,700万件（日本では743万件），クレジット番号情報漏洩件数は，概算1,000万件である．
- 情報漏洩したと考えられる個人情報項目

  　氏名，国と住所，メールアドレス，誕生日，性別
  　PSNのログインパスワード

PSN のオンライン ID

ただしパスワードのみハッシュ化されており直接使用不可とのことである．

・流出した証拠がないが情報漏洩した可能性があるものは下記である．

クレジットカード番号，過去の買い物履歴と請求先住所を含む個人のプロファイル，パスワードの照合質問

クレジットカード番号のセキュリティコードは流出せず，クレジットカード番号は暗号化されていない．

[原因]

外部から PSN へ不正侵入がありアプリケーション・サーバーに脆弱性が存在していたために外部へ情報漏洩するツールが設置される．その後にシステムに保有する個人情報が窃取され外部へ流出したとのことである．ソニー社の説明を基に侵入経路を図 7.1 に作成した．

図 7.1 にあるように PSN のサーバー構成は，三層構造でファイアーウォー

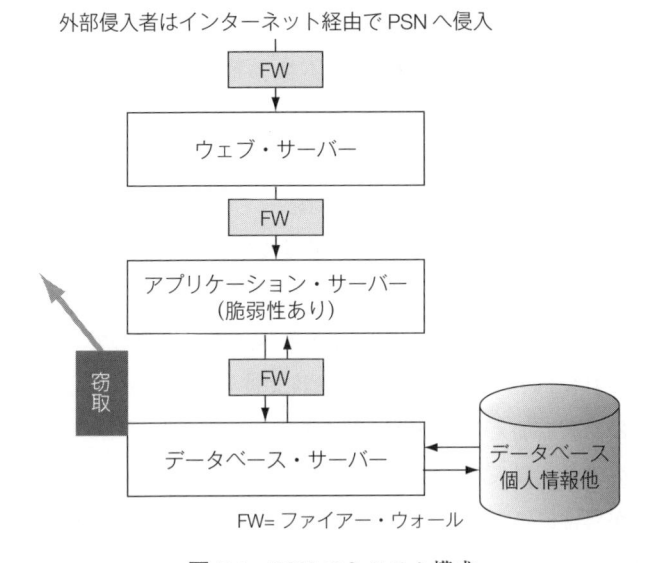

図 7.1 PSN のシステム構成

ルが設置されている．アプリケーション・サーバーにある脆弱性を利用し個人情報窃取ツールが埋め込まれる．

［対応］

今回の個人情報漏洩事件に対し新たに実施するセキュリティ強化策は下記である．

- PSN と Qriocity サービスが現在使用しているデータセンターをセキュリティ強化した別センターへ移設する．
- 新たな攻撃に対する自動的なソフトウェア監視機能とシステム環境設定項目の管理機能を強化する．
- データ保護と暗号化のレベルを強化する．
- PSN/Qriocity ネットワークへの不明なソフトウェアの侵入，不正アクセス，不審行為の検知能力を向上する．
- 新たなファイアーウォールを増設する．
- PSN 運営会社の SNEI（Sony Network Entertainment International）に CSIO（Chief Security Information Officer）を新設しソニー本社の CIO へセキュリティ状況を報告する．
- サービス再開時に PS3 のシステムソフトウェアをバージョンアップする．

(2) **米国における本件事件の公表と対応**

5月1日にソニー本社として個人情報漏洩事件の公表が行われたが，5月3日（米国時間）に本事件の経緯，状況と対応策について Sony Computer Entertainment America 社長より米国議会へ文書で提出している．対応策は日本で発表された内容と同じである．当該文書（英文）[2] から事件発生経緯として日本での発表に加える事項は以下である．

システムへの不正侵入の証拠となるログは抹消されている．また，当初システム担当者が異常に気がついたのは計画外でサーバー群の一部が突如起動を開始したためである．さらに不正侵入者がセットした不正ツール中に有名なハッ

カー集団の名称である"Anonymous"（アノニマス）という文字が設定されていたことである．その他にハッカー攻撃被害を被ったサーバー台数の記載がされている．今回のサイバー攻撃を行ったハッカーは極めて高度な技術をもちかつ計画的に本事件を遂行したことが提出された文書から推察される．

7.1.2　本事件の原因を追究する
(1)　ソニー公表資料から判明する原因

事件当初，情報セキュリティ専門会社が本件調査を行っている．事件の重大性から現在まで外部からの不正侵入経路と方法については開示されていない．

以下では公表されている資料により不正侵入の可能な方法について推察する．PSN等のソニーグループの情報システムはしばしばハッカーの攻撃を受けてきている．本事件が生じる数週間前にPSN等がDoS（Denial of Service），すなわち大量のメッセージを送信される業務妨害を受けている．このためもあってPSNで異常が生じていることが検知できなかった可能性が高いが，日本での5月1日の情報漏洩事件の記者会見でシステムに脆弱性があったことを認めている．しかしシステムに脆弱性があることを外部から検知することは極めて高度な技術が必要である．提出文書の中で数台のサーバーの挙動に疑義が生じサーバーを調査することになったが，サーバーの挙動が異常と外部から判明するまでにはシステムのオペレーティングシステム等に侵入者の目的を果たす不正コードを埋め込むことが必要である．当然，オペレーティングシステムに脆弱性があれば容易に異例コードの埋め込みは容易になる．さらに不正コードは通常は作用せずに，侵入者が目的を果たす時点で起動するようにしていると考えられる．

通常，オペレーティングシステム等のようにシステム内で高度に重要な役割を果たすシステムは変更することが許可されていないので何らかの方法でオペレーティングシステム等を操作する特権IDを入手したものと考えられる．また，公表資料によればデータベース・サーバーが管理しているデータベースから大量の個人情報を読み出して外部へ送信したとのことであるが，デー

ベースにアクセス可能となった場合でもデータベースには多種類のデータが収納されているので個人情報が収納されている位置を正確に知ることは困難と考える．アプリケーション・サーバーにデータベース・サーバーとの通信を監視し分析するソフトを不正に組み込めば個人情報収納箇所を探索することが可能となる．また，個人情報がほぼ本事件のように全量にわたり検索され外部へ通信されるには長時間を要すると考えるので，その間にシステムの活動に異例な状況が発生しているがサーバー・システムとネットワークの活動の状況監視が十分にされていなかったといえる．さらに情報漏洩防止の障壁となるファイアー・ウォールはこの事件に関しては有効に機能しなかったと考えられる．

今回の個人情報漏洩は大事件となったが，事件に至るまでにはかなりの期間をかけ計画的に準備を行い，システムの情報セキュリティの脆弱性を利用して個人情報を窃取したと考えられる．段階的に不正操作を実行したものと推察される．不正操作を開始する前に攻撃目標となったPSNのシステム構造を調査する段階があったと推測される．PSNは特定目的に使用される閉鎖的ネットワークでありクライアント端末は特定機種を想定している．クライアント端末の一種であるPS 3に使用されていたソフトウェアは今回の情報漏洩事件の直前にある有名なハッカーが解析しウェブサイト上にソースコードを公開した時期があるので今回の事件の引き金になった可能性がある．

事件発生後に漏洩した個人情報が不正利用されて大規模な金銭的実害が報告されていないのは，今回事件がソニー社の信用失墜を目的としたものと推察される．攻撃計画の前段階では，擬似PS 3が設定されてPSNに対して様々なアクセスを行いシステムからのエラーメッセージを取得してシステム構成の分析を行ったと考えられる．前段階でSQL (Structured Query Language) インジェクション（データベースにアクセスするアプリケーション・サーバーに脆弱性があるときに不正アクセスを行うようにSQL文の一部を変更してしまうこと）が可能であるかを試した結果，PSNのアプリケーション・サーバーソフトウェアに脆弱性があることを発見し以降の侵入に使用したものと推測される．

表7.1に前段階後の不正アクセスへのステップを示す．

7.1 ソニー情報漏洩事件

表 7.1 外部侵入ステップ説明

システムへの侵入と個人情報漏洩経路（想定）	
第1段階	アプリケーション・サーバーの脆弱性を利用し不正ソフトを埋め込む
第2段階	アプリケーション・サーバーに保有する特権 ID を窃取
第3段階	特権 ID を使用してオペレーティングシステム等へ不正コードを配置
第4段階	不正コードを利用してデータベース上の個人情報収容位置を探索
最終段階	データベースから個人情報を窃取し外部へ送信する

　表 7.1 はアプリケーション・サーバーに不正ソフトを埋め込み，その後にデータベース・サーバーへ個人情報漏洩を目的とした不正ソフトを植え込んだことを想定している．また，三層サーバー・システム構成の場合，クライアント端末からのアクセスはまずウェブ・サーバーに対して行われる．公表されていないがウェブ・サーバーにも脆弱性がありウェブ・サーバーでのアクセス権チェックを迂回したものと考えられる．なぜ，ウェブ・サーバーとアプリケーション・サーバーに脆弱性が放置されていたかは関係者へヒアリングしていないので不明であるが，推測すると本システムへのアクセスは PS 3 等を購入する特定の顧客からのみ行われると想定し，内部のシステムに存在する脆弱性について点検，改善することより，顧客へのサービス改善を優先する方針により後回しになった可能性がある．さらにサーバー利用によりシステム構築を行う場合，近年はオペレーティングシステムといえどもコストが安いことからオープンソースを利用する場合が多くなってきている．当然オープンソースなのでソースコードは公開されておりハッカーはシステムに関する情報を入手することが可能であるので，脆弱性に関する研究が十分に行われる可能性が高くなると考える．また，サーバー・システム構築時に同一サーバータイプを導入するので攻撃者から見れば一つのサーバーの脆弱性を検知すれば他のサーバーに対しても攻撃が行いやすいといえる．

　今回の個人情報漏洩については現時点までクレジットカード番号を不正利用した事故は報告されておらず幸いである．ソニー社の発表によるとユーザーの

パスワードのみがハッシュ化されていたとのことであるが，金銭的に重要な意味をもつクレジットカード番号についてのセキュリティ対策がされていないのが意外である．

(2) ソニー公表資料から推測される他の原因

ここまでソニー社公表資料により事件原因の分析を行ってきたが，この事件を別の角度から分析する．ソニー社公表資料によれば今回の事件への再発防止策として，現在のデータセンター（米国，サンディエゴ市）から別データセンターに移行することが挙げられている．通常，このような個人情報大量漏洩事件に関してシステム構成等を変更し，同時に脆弱性の点検をソフトウェアについて行い問題点を改善することが再発防止策といえる．データセンターを別センターに移設することのみでは解決しないので，この再発防止策は特別の意味をもつと推測される．つまり不正侵入は外部から行われたが不正侵入の経路は内部のネットワークを経由して行われた可能性である．個人情報収納データベースへアクセスする経路として内部システムの脆弱性を利用して PSN を構成するシステムへ不正コードを埋め込んだことも考えられる．本事件発見後の事象から判断すると結果は同じに考えられるがデータセンター移転によりシステム構成を変更するとともに内部システムからのアクセス経路へのセキュリティを強化する目的をもつと考える．

図 7.2 に内部システムを起因とした個人情報搾取例を示す．ただし本説明図ではソニー社に外部侵入者への協力者はいないものと考える．図 7.2 は，社内サーバーが業務利用のため PSN 内のデータベースにアクセスできることを前提と考える．

内部システムを利用した外部からの侵入経路を表 7.2 へ示す．上記で説明した外部からの侵入経路は社内サーバーを経由して社内サーバーから容易にアプリケーション・サーバーにアクセスできる点をねらって社内クライアント端末がインターネット経由でウェブサイトへアクセスしている間にマルウェアをダウンロードし外部から侵入するものである．ソニー社は従来から同社のウェブサ

7.1 ソニー情報漏洩事件　　　　　　　　　　　　　　　　　　187

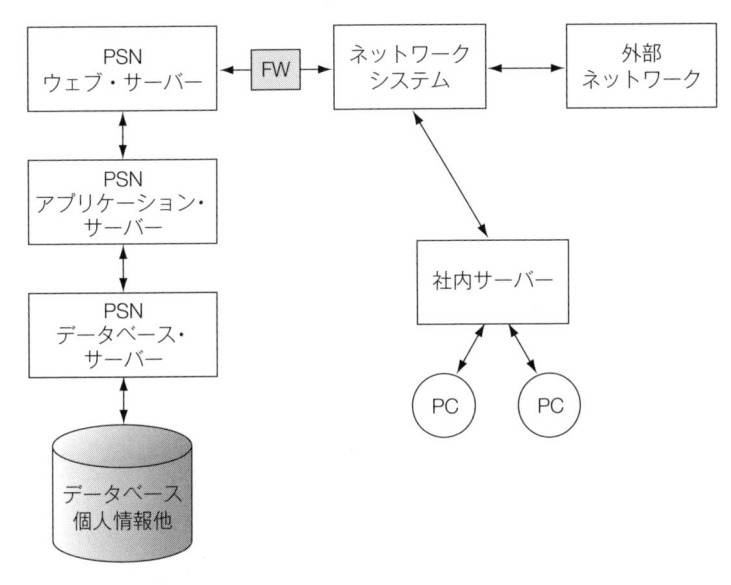

図 7.2　社内サーバーからの個人情報窃取

表 7.2　内部システムからの侵入経路

	システムへの侵入と個人情報漏洩経路（想定）
第1段階	社内サーバーに接続されているクライアントPC端末から不正ウェブサイトへアクセスしマルウェアがクライアント端末にダウンロードされる
第2段階	マルウェアが設定されたクライアントPC端末から社内サーバー経由PSNへアクセス
第3段階	アプリケーション・サーバーの脆弱性を利用して不正コードを埋め込む
第4段階	不正コードを利用してデータベース上の個人情報収容位置を探索
最終段階	データベースから個人情報を窃取し社内サーバーを経由し外部へ送信する

イトがDos攻撃されておりPSNのサービス復旧を確認するために社内クライアントPC端末で同社ウェブサイトを検索し同時にインターネット経由で一般のウェブサイトも検索する点をねらったものである．

社内サーバーに接続されるクライアントPC端末に不正コード（マルウェア）を設定する方法は，現在話題になっているサイバー攻撃の一種である標的型メール攻撃（受信した添付メールを開く，または，メールにリンクされているURLを検索することにより不正コードが導入され外部へ内部情報の漏洩が生じるサイバー攻撃方法）によっても実現可能であるが，今回のソニー個人情報漏洩事件の場合には該当しないと考えられる．

7.2　本事件を教訓とする情報セキュリティ・リスク予防と未然防止

本事件はサイバー攻撃の一種で攻撃者は高度な技術をもつ複数の人々の集団であると考えられる．個人情報漏洩の結果，現時点まで個人情報の悪用により実害が生じた報告のないのが幸いである．サイバー攻撃の場合，ITの技術革新が進展することにより完全に情報漏洩を防止することは困難な状況となりつつあるが，リスクを最小にする多くの教訓が今回の事件から学べる．以下に情報セキュリティ上のリスク予防と未然防止策を述べる．

(1) 未然防止策

基本として情報システムで使用するソフトウェアへ最新パッチを適用することは必須である．ソフトウェアとしては，サーバー上で稼働しているオペレーティングシステム，ミドルウェア（オンライン取引制御用等），データベース・ソフトウェアである．また，クライアントPCに導入しているソフトウェアも最新パッチを適用しアンチウィルスソフトも最新に更新する．

情報システムによってはフリーソフトウェアを利便のために使用している場合もあるが攻撃目標にされやすいので利用を制限する，または，中止し代替ソフトウェアへ切り替える．同様にオープンソース・ソフトウェアを使用してい

7.2 本事件を教訓とする情報セキュリティ・リスク予防と未然防止

る場合に脆弱性を防御するパッチが適切な時期に提供されているかを確認し,その状況によっては他のソフトウェアへ切り替える.

今回の事件で大量の個人情報漏洩が生じたが情報漏洩が発生する直前のDoS攻撃に対しての対策はウェブ・サーバー上での長時間処理を回避すること,システムへの負荷テストを十分に行うこと,攻撃によりシステムが完全停止しないように攻撃時にウェブ・サーバーの利用リソース制限を行うことが必須となる.同時にシステム監視を行い前兆について早期に把握することが重要である.

サイバー攻撃については,不正コードの埋め込みのみでなく,SQLインジェクションの攻撃で情報漏洩が発生する確率が高いことは,IPA(情報処理推進機構)への脆弱性報告[3]で明確である.この対策としてSQL文を組み立てる安全な方法としては一定のルールに従いプログラムすることが必須になる.

情報システムのシステム構成に関する点からは,ウェブ・サーバー・システムがPSNのように一定顧客からのみアクセスがある閉鎖したネットワーク・システムと見なされる場合でもインターネット経由でアクセスが行われることが想定される場合には,ウェブ・サーバー・システムへ直接アクセスさせることを回避する中継用のプロキシ・サーバー・システムを設置し,インターネットからの不正アクセスと不審な活動を監視させ,ウェブ・サーバーへの直接攻撃を回避する.また,不正侵入防止装置をサーバー・システムとネットワークの境界に設置し異常パケットの検知等を行い不正侵入を遮断する.

サーバーで利用しているソフトウェアへの最新パッチ適用は前述したが,ネットワークを構成する機器についても最新のパッチ適用は必須である.

今回,大量の個人情報が漏洩したが最重要の個人情報がデータベース上では保護されていないことが判明している.データ保護の観点からは,データベースに収容する情報資産のリスク判定を行い重要・最重要と判定した情報についてはデータ保護強化を行う必要がある.データ保護強化方法としては,①重要・最重要情報の暗号化を実施することが有効である.万が一に外部へ重要・最重要情報が流出した場合でも解読不能とするものである.②また,重要・最

重要情報のデータベース配置を複数データベース・サーバーに分散し単一データベース・サーバーに集中して情報収納している場合に比較し窃取されるリスクを最小限にして情報漏洩発生を回避する．③データベース・サーバーへのアクセス権限についてもセキュリティ・ポリシーを厳格に設定し容易にアクセスすることを回避する．④さらにデータベース中の重要・最重要情報へアクセスするシステム内の活動をデータベース・サーバーで監視し重要・最重要情報を予定外で読み取る等の異常活動について活動を中止させる仕組みを導入する．同時に記録した異常活動をシステム管理者へリアルタイムで報告しシステム管理者が緊急にシステムを停止させる防止策が必要である．

個人情報のような最重要情報は外部へ漏洩させないことが重要であるが，万が一漏洩した場合は早期の検知の仕組みが必要である．ソニー事件の場合はPSNが保有するほぼ全量の個人情報がインターネット経由で外部へ漏洩したと推察される．従来の情報セキュリティはシステムの入口と内部で情報漏洩リスクを抑止する方法であったが今回の事象からシステムの出口で情報漏洩リスクを抑制する予防策が必要とされている．

(2) 予防策

重要・最重要情報漏洩の経路としては通信による場合と大容量磁気媒体によるケースが考えられる．通信による場合はインターネット経由で外部不正者へ送信される．これを抑制するために送信サーバー上で重要・最重要情報が送信された場合にこれを抑止するソフトウェア，または機器を導入することが考えられる．また，出力情報の通信経路上に連続して重要・最重要情報が送信される場合に一時的に送信を停止し当該送信要求元が正式な権限を保有しているか，送信要求が正当か，大量に送信することについてシステム管理者の承認が得られているか等を確認し条件に合致しない場合には送信を中止する機能を追加する．

このためにはサーバー・システム内でメッセージ記録をとりメッセージの宛先，メッセージ内容と権限，データ量等の解析をリアルタイムで行う仕組みを

7.2 本事件を教訓とする情報セキュリティ・リスク予防と未然防止

導入することが必要となる．さらに，サーバー・システムを構成する各サーバーと通信サーバーに定期的なセキュリティ監査を行い，各サーバーが異常な活動を行っていないか等をシステムログ等で分析し予防する．

オフライン媒体で大量の重要・最重要情報をコピーしデータセンターから不正に持ち出す犯罪の予防には，システムの稼働ジョブ（タスク）がデータベース・サーバーから大容量磁気媒体へ重要・最重要情報を収容する作業については，特別な権限がない場合，システム監視装置上に警告メッセージを表示して作業開始不能とする．また，重要・最重要情報収納磁気媒体が不正にデータセンター外に持ち出されることを防止するためにオフライン磁気媒体を電子タグ使用により管理する方法は有効な予防策となる．

以上，ソニー事件を事例として原因とその予防策ならびに未然防止策を述べたが情報セキュリティ強化に取り組む際の参考となれば幸いである．標的型メール攻撃のようにサイバー攻撃は高度化している．ソニー情報漏洩事件の場合，ソニー本社は的確な情報セキュリティ管理が実施されていると考えるが，グループ子会社で大量の個人情報漏洩という情報セキュリティの大きな欠陥が発覚したわけである．子会社・関連会社を所有する企業はグループで統一した情報セキュリティ・ポリシーを確立する．またポリシー見直しサイクル短縮とその対策の確実な実行ならびに情報セキュリティ監査を十分に実施しグループ内で国内・海外を問わず統一した情報セキュリティ水準維持がリスク管理上必須である．

参考文献

1) ソニー，ソニー・コンピュータエンタテイメント：PlayStation Network および Qriocity（キュリオシティ）への不正アクセスに関する現状と今後の対応について，2011 年 5 月 1 日．
 ソニー記者会見："PlayStation Network および Qriocity（キュリオシティ）の不正アクセスに関する説明会" ビデオ，2011 年 5 月 1 日．

2) Kazuo Hirai Chairman of the Board of Directors
   Sony Computer Entertainment America LLC
   Response to questions from the House Energy and Commerce Committee,
   Subcommittee on Commerce, Manufacturing and Trade May 3, 2011.
3) 情報処理推進機構セキュリティセンター：安全なウェブサイトの作り方　改訂第 5 版，2011 年 4 月．

金融危機へのリスク対応

第8章 field: FINANCE

● ●

　欧州発の財政危機について毎日のようにテレビ，雑誌・新聞に取り上げられ厳しい経済情勢が予想されている．本章では金融リスクの顕在化として世界経済へ大きな影響のあったリーマンショックとは何か，どのように金融機関と企業は対処したかを解説する．次にリーマンショックが遠因となり現在，世界経済で大きな問題となっているギリシャ財政危機とは何か，その影響と今後の世界経済の見通しを述べ，それへの金融機関と企業での対処を述べる．

8.1　リーマンショックに対する金融機関と企業の対応

8.1.1　リーマンショックとその影響

　2007年夏に発生したサブプライム問題は[1]，2008年より深刻になり同年3月に米国投資銀行業界5位のベアー・スターンズは経営破綻に追い込まれる．その時点で米国金融当局は，ベアー・スターンズの経営破綻が深刻な金融危機発生の契機になると判断し，大手商業銀行JPモルガン・チェースに政府保証を付けて吸収合併させる．その後も金融情勢は改善せずついに同年9月15日に業界4位のリーマン・ブラザーズが総額64兆円の負債を抱え連邦破産法11条を申請し経営破綻する．同時に業界1位のゴールドマン・サックス，第2位のモルガン・スタンレーは銀行持株会社へ業態変換を行い連邦準備銀行から緊急融資を受ける資格をもつようになる．さらに業界3位のメリル・リンチも経営破綻寸前で金融当局の仲介により大手商業銀行バンク・オブ・アメリカに救済買収される．リーマン・ブラザーズは破産後，米国事業部門は英国のバークレイズ銀行に売却され日本の野村證券はアジア・欧州部門を買収する．日本の金融メガグループのうち，三菱UFJグループはモルガン・スタンレー

の巨額増資を引き受け，みずほフィナンシャルグループはメリル・リンチの増資を引き受け，資本増強に協力する．さらに世界的大手保険会社である AIG グループも多額の CDS（クレジット・デリバティブ・スワップ）を引き受けていたため多額の弁済を求められて支払い不能となり公的資金注入を受ける．

このような世界的な金融危機の震源がサブプライム問題である．以下にサブプライム問題の概要について述べる．米国では IT バブル直後の 2000 年後半から金融当局の低金利政策が継続する．米国には住宅公社があり住宅保有が優遇されている．さらに低金利政策により住宅着工数が大幅に増加し同時に住宅価格も 2006 年には 2000 年当時の 2 倍程度に急上昇している．各銀行等はこの機会に住宅ローンを信用力の低い債務者，過去に延滞履歴のある債務者へも拡大し収益を得る機会増につなげる．この信用力の低い債務者へ適用される金利条件のローンのことを信用力のある債務者への金利条件のローン（プライムローン）と区別してサブ・プライムローンと呼んでいる．

2005 年，2006 年にはサブ・プライムローンとして各年で 60 兆円程度が貸し出されている．住宅ローンの貸出方式は貸出当初は，ある期間は低金利で一定期間後には金利が上昇するステップ型である．銀行は自己資本比率規制があるので一定以上の貸出が実行できなくなるので，この制約を回避し継続的に貸出を行えるように各銀行は連結決算対象外となる特別目的会社を設立，その会社へ住宅ローン債権を売却し住宅ローン債権を担保とし証券化する．この証券を販売し収益を得るスキームを投資銀行と共同で開発する．投資銀行は証券化商品購入を引き受け投資家（銀行，保険会社，ヘッジファンド，年金基金，証券会社等）へ販売すると同時に購入し証券価格上昇時の利益と証券化商品販売手数料の莫大な利益を 2007 年夏に住宅価格が急落するまで得ている．

証券化商品として上記の住宅ローン債権担保証券ばかりでなく多数の原資産を担保とする証券化商品と証券化商品を組み合わせた証券化商品も投資銀行により開発・販売される．図 8.1 に上記で説明した住宅ローン債権を原資産（担保）とする証券化商品スキームを例示する．特別目的会社は高格付けを得て短期金融市場から資金繰りのため低利で資金調達する．また同時に住宅ローン債

8.1 リーマンショックに対する金融機関と企業の対応

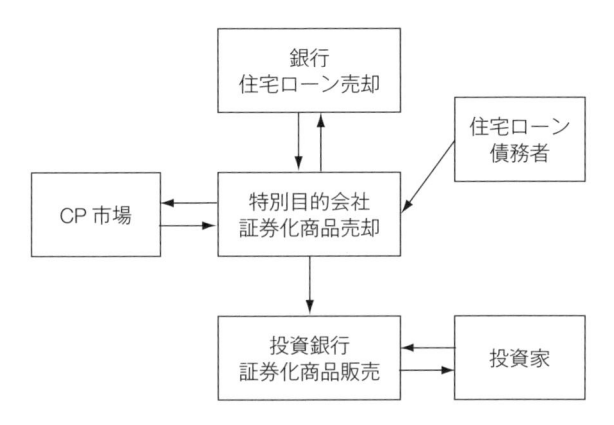

```
        ┌─────────────┐
        │   銀行      │
        │住宅ローン売却│
        └──────┬──────┘
               ↕                ┌─────────┐
               │                │住宅ローン│
               │                │ 債務者  │
               │                └────┬────┘
   ┌────────┐  ↓                    │
   │CP市場  │←─┤特別目的会社 ←──────┘
   │        │─→│証券化商品売却
   └────────┘  └──────┬──────┘
                      ↕
              ┌──────────────┐   ┌────────┐
              │  投資銀行    │←─→│ 投資家 │
              │証券化商品販売│   │        │
              └──────────────┘   └────────┘
```

図 8.1 住宅ローン債権証券化スキーム

務者からの住宅ローン元利支払を管理しそれを原資として証券化商品の元利払いをする．

リーマン・ブラザーズの直接的な経営破綻原因は資金繰りに支障が生じ流動性リスクが顕現したものである．同社は短期資金で証券化商品他を調達し借用した証券化商品他をベースに資金を短期調達し，その資金で証券化商品他を借用し負債倍率を大幅に高め証券化商品他の価格上昇により利益を産み出す構造としていたことに原因がある．証券化商品他の価格が上昇している場合には証券化商品返済時に利益が生じるが証券化商品の価格が下落する場合には損失が生じ最悪，返済不能に陥ることになる．

サブプライム問題[2]が発生する前の 2006 年後半に住宅価格がピークとなる．2007 年夏以降，サブプライム債務者の返済金利が上昇する時期となり同時に住宅価格が急落しサブプライム債務者の延滞率が悪化する．この影響で金融機関は貸出審査を厳しくし，サブプライム債務者への借換えについても応じなくなる．この状況からサブプライム住宅ローンを原資産とした証券化商品等の格付けが引き下げられこの結果，証券化商品価格が大幅に下降する．このため金融機関保有の証券化商品に大幅な評価損が発生する．短期資金を融通する短期金融市場はサブプライム問題発生以降，各金融機関の信用リスクが高まり資金供給が逼迫する状況となる．この緊迫した状況が継続した結果，2008 年

3月にベアー・スターンズが経営破綻となり，9月にリーマン・ブラザーズ破産に追い込まれることになる．リーマン・ブラザーズの破産原因はその後の調査でレポ（現先）取引についての会計不正も破綻の一因であることが判明している．

リーマン・ブラザーズ破産当日のダウ株価は508.48ドルの大幅下落を記録する．また，証券化商品は欧州諸国の大手金融機関も保有しており価格下落により大きな影響を受けることになる．10月10日に開催されたG7で①重要な金融機関の破綻回避，②短期金融市場等における流動性回復，③公的資金注入を含む銀行の資本増強，④預金保険の強化，⑤MBS（住宅ローン担保債券）市場の回復で合意する．また，10月12日に欧州でユーロ圏15か国が公的資本注入の具体案策定に向けた行動計画をまとめる．しかしながらG7行動計画が実態経済へ影響するには時間を要するとの見方からダウ株価は8,000ドル割れ，日経平均は円高の影響もあり7,000円台を割る事態が発生する極めて厳しい状況が継続する．

8.1.2　金融機関と企業の実施したリスク対処

リーマンショックのように大きな金融危機に対するリスク対処は，下記のように行われている．米国の金融機関は前述のように吸収合併となった金融機関もあったが，証券化商品価格の大幅な下落により多額の含み損を抱える特別目的会社を金融機関本体に吸収したために自己資本比率が大幅に下がり，また株価が急落し公的資金投入となったケースがある．

日本の金融機関については，今回の金融危機で問題となった証券化商品の保有残高は欧米に比較し少ないといわれたが，金融メガグループの中で欧州拠点が大量に保有しているケースが判明し，多額の損失が発生したため自己資本を強化するケースが発生している．一方，米国の金融機関を救済し戦略的な予防策を実行したケースも生じている．金融グループ内で再編してコストを最適にする，また金融機関同士の業務提携，もしくは合併を促進しコスト削減へ向けた対策が行われている．リスク管理においては欧米金融機関を対象とする与信

額の見直し，欧米の景気悪化に伴う輸出企業への信用供与額見直しを行っている．さらに市場リスクについては，従来からの指標として利用している VaR (Value at Risk：ある確率で被る最大損失額) のみでは不十分なのでシナリオを想定したストレステストも併用し対応している．流動性リスクは負債比率を下げるように自己資本を充実している．

一般企業のリスク対応は投資の一時繰り延べ，同一グループ内企業の合併，円高進行を利用した欧米，アジア企業買収，欧米の景況感悪化のためアジア地域への進出を行っている．製造業においては在庫削減のため一時的に減産を行う対処を実施している．これらの対策と同時に財務体質強化のためにコスト削減，人員削減を行い手元流動性を高めている．投資目的で保有している金融商品については時価評価期間を短縮し価格下落が大きい金融商品を早期に処分する対応をしている．また，信用力の低下した欧米金融機関について取引関係があり，信用供与が不安定となる可能性のある場合にリスク回避のため他金融機関からクレジットライン供与を受けている．

8.2 ギリシャ財政危機とリスクの予防と未然防止

8.2.1 ギリシャ財政危機とは何か

現在，経済情勢は急激に変化している．東証株価も急落し 8,200 円台，対ドル為替相場は 77 円台で膠着状態が続いている．この急激な経済変化の震源がギリシャ危機，またはギリシャ財政危機といわれるものである．

ギリシャ財政危機[5] は 2010 年 4 月 23 日に顕在化する．事由は同年 5 月の国債償還資金調達が困難になったからである．2009 年 10 月に発足したパパンドレウ首相は前政権が財政統計を意図的に操作したと発表する．2008 年の財政赤字は GDP 比 5.1％とされていたが実際は 12.7％であったと明らかにしたが，2010 年 4 月時点で 13.6％へさらに悪化と公表する．ユーロ圏加入条件はマーストリヒト条約で加盟国に財政規律を義務付けている．財政規律として財政赤字は GDP 比 3％以内，債務残高は GDP 比 60％以内と定めているので

ギリシャ政府はユーロ圏加入（2001年）以来，事実を隠蔽してきたことが明確になる．ギリシャ国債の格付けは財政統計見直し発表以来，続落し，S&P社とムーディーズ社は2010年4月にギリシャ国債の格付けを"投機的水準"まで急激に引き下げる．米国・ユーロ圏各国はリーマンショック後に財政出動により経済の建て直しを行ってきた結果，財政赤字GDP比率ならびに債務残高GDP比率が悪化している（表8.1および表8.2参照：財務省"わが国の財政事情"2010年1月より）．

特にユーロ圏諸国のうち，PIIGS諸国（ポルトガル，イタリア，アイルランド，ギリシャ，スペインを指す）は政府債務状況が悪いのでギリシャ財政危機が波及し各国国債相場の下落により金融機関危機に陥る恐れがあるので

表8.1　先進国財政赤字GDP比率

（＋表示は黒字）（単位：％）

	2006年	2007年	2008年	2009年	2010年
日　　本	3.5	3.0	4.0	8.3	8.0
米　　国	3.6	4.2	7.7	12.2	11.6
英　　国	2.7	2.7	5.3	12.6	13.3
ド イ ツ	1.6	＋0.2	0	3.2	5.3
フランス	2.3	2.7	3.4	8.2	8.6
イタリア	3.3	1.5	2.7	5.5	5.4
カ ナ ダ	＋1.6	＋1.6	＋0.1	4.8	5.2

表8.2　政府債務残高GDP比率

（単位：％）

	2006年	2007年	2008年	2009年	2010年
日　　本	172.1	167.1	172.1	189.3	197.20
米　　国	60.8	61.8	70.0	83.9	92.4
英　　国	45.9	46.9	56.8	71.0	83.1
ド イ ツ	69.2	65.3	68.8	77.4	82.0
フランス	70.9	69.9	75.7	84.5	92.5
イタリア	117.1	112.5	114.4	123.6	127.0
カ ナ ダ	69.5	65.0	69.7	82.8	85.7

2010年5月にEU, ECB, IMFは緊急資金援助を決定しギリシャへの資金援助として1,100億ユーロの金融支援プログラムを策定する．さらにIMFは金融安定化プログラム（緊急融資制度）を設定し総額7,500億ユーロの基金を設定する．これを受けギリシャは財政再建計画としてGDPの財政赤字比率を2013年4.9%, 2015年2%に設定する．この実現のため増税，公務員賞与・年金減額等で総額300億ユーロの赤字削減を実現することにしている．同時に金融市場の不安を解消するためにPIIGS諸国の国債発行額の2/3を保有するユーロ圏に本店のある銀行に対して資産査定ストレステストを実施し欧州銀行監督委員会から結果が7月23日に公表されギリシャ危機はいったん解消する[3]．

8.2.2 ギリシャ財政危機から欧州財政危機へ

2011年春になり財政危機が再燃する．最大の要因はギリシャの政府債務削減が景気悪化のため計画どおりには進んでいないことである．5月にはポルトガルも財政危機となり総額780億ユーロの支援が行われることが決定される．10月初めにギリシャ政府は，2011年財政赤字がGDP比8.5%となり，2010年春に計画した7.6%を達成できない，また，2012年見通しは6.8%で，目標の6.5%を達成できないと発表する．これを受けて10月中旬のユーロ財相会議でギリシャへの第6回追加融資80億ユーロを保留するが，下旬にデフォルト（支払不能）回避のため追加融資を実施する．この間，財政赤字が大きいスペイン，イタリア国債金利がデフォルトの可能性ありと市場が反応し上限金利の7%近くまで上昇したので抜本的にユーロ圏を守る政策が必要となる．10月下旬から11月初旬にかけEUおよびユーロ圏首脳会議により下記を決定する[4]．

① ギリシャ国債の額面の50%引き下げ（従来は21%）

　　民間のギリシャ国債保有者（主に銀行と保険会社）に負担を求める．同時にユーロ圏諸国は民間負担に対して最大300億ユーロを支援する．

② 欧州安定化基金の1兆ユーロへの規模拡大

　　支援の必要な国の国債を購入する投資家に基金が一定のリスクを保証す

ることで資金を調達する，ないしは，基金出資の特別事業体を設立し特別事業体が資金調達する．このいずれかで基金規模を拡大する．

③ EU 域内銀行の資本増強

2012 年 6 月末までに銀行の自己資本（Tier 1）率を 6% より 9% へ引き上げる．

④ ユーロ圏の経済ガバナンス強化

ユーロ圏の経済政策の共通化することを模索する．

上記の政策のうち，③は 10 月初めにフランス・ベルギーの金融大手デクシアの破綻が生じた．デクシアは地方自治体向け融資を中心とする金融機関で，ギリシャ国債保有残高が大きいところから市場の不安が大きくなり株価も急落したため，資金繰りに窮し破綻したものである．金融大手のデクシアは以前に行われたストレステストで自己資本比率 5% であったにもかかわらず破綻したためストレステストの有効性への疑問が改めて問われた結果，自己資本増強策が出されたものである．このようにギリシャ国債保有機関が破綻したことから今回の政策決定の①で民間銀行の損失負担が大きくなることにより民間金融機関体力が弱まり各国国債購入が困難な状況で，市場では国債金利大幅上昇となり，11 月にはイタリア国債金利が 7% を超える異常事態に発展している．同時に，格付け上位のフランス，ドイツ国債の金利も上昇しフランス国債金利は 11 月には 3% を初めて超える水準となっている．ドイツの国債入札についても国債への信用不安から国債入札未達が発生する異常な事態が生じている．欧州各国金融機関は資本増強要請の中で保有する欧州国債が急激に値下がりするために経済不安の大きいアイルランド，イタリア，ギリシャ，スペイン，ポルトガル国債を中心に売り越しを行っている（表 8.3 参照）．

このように不安定な金融情勢の沈静させるためにユーロ加盟国の財政規律を強化する"財政協定"案が 12 月 9 日に欧州連合（EU）首脳会議で討議される．財政協定は財政規律条項を憲法に盛り込み財政収支均衡と黒字化を目指すもので，財政赤字の GDP（国内総生産）比率が 3% を超えた場合には制裁を受けるので英国は反対し，英国を除く 26 か国が財政規律に関する国際条約締

8.2 ギリシャ財政危機とリスクの予防と未然防止

表 8.3 欧州 5 か国銀行の国債保有等政府向け貸出

(単位：億円)

	2011 年 9 月末時点	2010 年 12 月末時点
ドイツ銀行（ドイツ）	4,516	9,785
BNP パリバ（フランス）	16,480	36,606
クレディ・アグリコル（フランス）	9,571	15,244
ソシエテ・ジェネラル（フランス）	6,180	9,558
デクシア（ベルギー，フランス）	14,017	22,2496
バークレイズ（英国）	8,148	10,393
RBS（英国）	1,015	7,004
ロイズ（英国）	95	93
UBS（スイス）	8,101	465
クレディ・スイス（スイス）	1,085	206
10 行合計	6 兆 9,207	11 兆 1,850

(朝日新聞，2011 年 11 月 29 日朝刊)

結を目指すことになっているが，今後の欧州財政安定化までの道のりは遠いと考えられる．

今後，金融機関の資本増強が実施される 2012 年末まで一時的に小康状態が生じると考えられるが，同時に欧州金利の高止まりが予想され国債信用不安から欧州からの資金の引き上げと米国，日本，アジア向け資金の流入増が見込まれユーロ安が続くと考えられる．ギリシャ財政危機が現在は欧州財政危機の状況へと悪化しており，この影響で欧州経済の不調は継続するものと考えられる．世界経済はグローバル化しており欧州金融機関は自己資本増強のため海外への貸出残高を減少することが予想される．特に，過去アジア向け貸出を急激に増加させたのでその反動により残高削減が見込まれる．

8.2.3 リスク予防と未然防止

(1) 金融機関

今回のギリシャ財政危機は欧州財政危機に拡大している．財政危機により金

利は上昇し,リーマンショックから回復中であった欧州経済は再び大きな影響を受け経済は不調が継続する金融危機となっている.欧州各国の財政状況が改善されない限り投融資は消極対処することが望ましく,欧州国債と債権・株式の保有額削減,時価評価による有価証券損失引当てを早期に行い財務体質健全化を図る.欧州の貸出先の現時点での信用評価を行い,場合により貸出を引き上げることも考える.同時に貸倒引当金を計上して資本増を行いリスク発生に備える.欧州に拠点を保有しない国内金融機関は取引先のうち,欧州への輸出比重が大きい企業に対して今後の経営見通し調査を行い財務状況により追加貸出または貸出残高削減を実行する.現時点で,日本銀行は欧州金融危機に対して追加金融政策を行いつつ金融緩和政策については現状維持するものと考えられるので国内金利上昇の可能性は低いと予想される.欧州発金融危機が米国へ波及し金利上昇局面となる場合も検討する必要がある.欧州に保有する日本の主要金融機関が保有する欧州主要5か国投融資総額は,3兆1,934億円(9月末)[5]であり損失発生時にも大きな影響はないので欧州向け投融資はソブリン・リスクと各国国債の格付け動向をよく考えて判断する必要がある.今後,流動性リスク管理を重点的に進めるとともに自己資本増強を早めに行い格付け低下を回避する対応が必要である.

(2) 企 業

輸出企業についてはユーロ安が継続し欧州での金利上昇圧力が継続するので欧州各国の景気は後退すると考え対応する.また,ユーロ安・円高の為替損を被らないように為替リスク管理を十分に行う必要がある.反対にユーロ安・円高環境は欧米等の優良企業を買収しグローバル展開を行う絶好の機会である.欧米の優良企業を選定し買収・投資を行う企業は欧州金利上昇を前提として企業財務リスク管理を十分に行う必要がある.欧州拠点の業績が金利上昇により金利支払いが大きな要因となり大幅悪化の見込みとなる場合は一時的に拠点を縮小または撤退することも戦略的な面から検討する.具体的には欧州拠点の人員削減と拠点の他地域との合併または移転も考慮する.急激な経済変動へ備え

るためには財務体質強化の一環として預貯金残高を一時的に積み増しし手元流動性を高め緊急事態に備えることが必須である．負債比率減をねらいとした資本増強等の財務体質強化までには時間を要するので，その間に資金繰りに問題を生じないように万が一のために銀行から一定の融資枠設定を受ける対応も有効である．

参考文献

1) 二上季代司："再考迫られる米系投資銀行ビジネス"，日本証券経済研究所証券レポート，1650号(10月号)，2008.
2) 小林正宏："サブプライム問題から世界金融危機へ"，季報住宅金融，2008年度夏季号，2008.
3) 中島将隆："ギリシャの財政危機から何を学ぶか"，日本証券経済研究所証券レポート，1661号(8月号)，2010.
4) ジェトロ欧州ロシアCIS課："ユーロ金融危機の状況"，ジェトロ調査レポート，2011年11月号，2011.
5) 日本経済新聞，2011年10月27日朝刊．

自動車のリコールと不具合対策

第9章 field: AUTOMOBILE

● ●

　日本の自動車の保有台数は 8,000 万台弱で，日本中を走行している．自動車普及の初期には路上故障も多く見られたが，最近では見ることが少なくなった．本章では不具合，事故例を取り上げ，またそれらの予防または未然防止について解説する．

9.1　自動車の不具合・事故

　自動車の製品欠陥がある場合はリコールとして国土交通省に届けられ，公表される．図 9.1 に新車販売台数，リコール台数の推移を示す．この図から新車販売の約 3 割から 6 割がリコール台数となっており，不具合が多い．

　ただし，リコールは新車だけで発生するわけでなく，使用後何年かして発生するものもある．

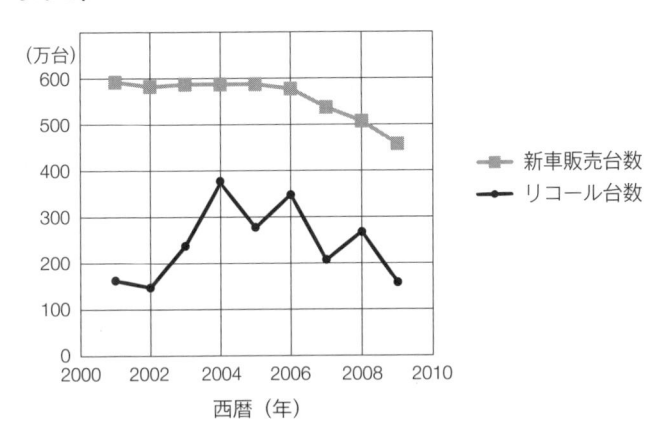

図 9.1　過去 10 年間のリコールと新車販売台数の推移
　　　　［文献 1）のデータより筆者作図］

2009年度の不具合の装置別件数を図9.2に示す．不具合件数の大きい順序では，動力伝達装置，電気装置，原動機，燃料装置，制御装置，かじ取り装置の順である．自動車の基本機能である「走る，止まる，曲がる」の機能が阻害されると安全が脅かされる．

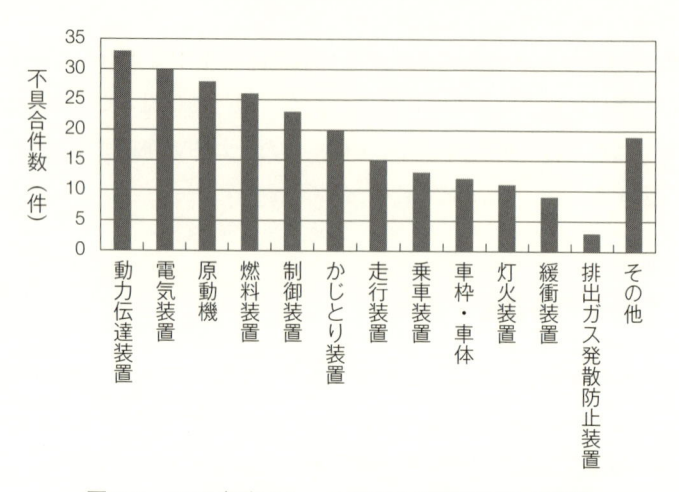

図9.2 2009年度クレーム不具合装置別不具合件数
［文献1)のデータより筆者作図］

この不具合を引き起こす原因別では，設計責任が約60％，製造責任が40％を占める．設計責任では，製造で生産するすべての製品がリコールの対象となるので，自動車のクレーム台数は大きくなる．したがって，自動車の開発プロセスの上流での設計品質を保証することが大事であり，この源流をしっかり行うことを源流管理という．

自動車不具合の中でも，今まで自動車で注目されてきた主な不具合・事故例を取り上げ，表9.1に示した．このように自動車はリコールで不具合対策を行いながら発展しているといえる．

特に問題となったNo.5, 7, 9, 10, 11例について解説する．

9.1 自動車の不具合・事故

表9.1 主な不具合・事故 [2),3),4),5)]

No.	西暦	不具合・事故	詳細	備考
1	1972	フォードのピント路上故障，追突炎上	ガソリンタンクが弱い	コストとの兼ね合いで強度が不足．426万台リコール
2	1997	富士重工，レガシィアクセル緩まず．暴走．	アクセルレバーと速度制御装置用レバー共回り	構造上の欠陥．259万台リコール
3	1999	ダイハツ，ハイゼット火災発生の可能性	運輸省による改善処置勧告書が発令	57万台リコール
4	2000	三菱自動車複数不具合	リコール隠し発覚	社長が責任を取り辞任
5	2002	三菱ふそう，トラックフロントハブ亀裂，脱輪	フロントハブ強度不足	死亡事故発生
6	2003	日産，路上故障エンスト	回転センサー不良	106万台リコール
7	2004	三菱ふそう，タイヤハブ亀裂	フロントハブ強度不足	リコール隠し再発．会長の辞任．60万台リコール
8	2007	トヨタ，ハイラックスかじ取り装置不具合	モデルチェンジで新車は対策，既存車は放置	熊本警察関与で不具合認める．リコール33万台．
9	2009	トヨタ，レクサスアクセルとマットの関係不具合	フロアマットがアクセルペダル操作妨害の恐れあり	北米555万台リコール
10	2009	トヨタ，レクサスアクセル戻り不良	アクセルペダル戻りにくい	450万台リコール
11	2009	トヨタ，ハイブリッド車ブレーキの応答に違和感あり	ブレーキ制御システム不具合	43万台リコール

（1） 三菱ふそうトラック・バスによるトラックのフロントハブ不具合

　この事例は，機械強度不足の問題と会社ぐるみのリコール隠しの問題を含んでいる．発端は2002年に起きたフロントハブの亀裂によるタイヤが脱輪し，横浜で死傷者を出した．これが発端となりリコール隠しが判明し，主導した会長などが逮捕され有罪となった．

　フロントハブはタイヤを保持する部分であるが，強度不足のため当初は市場で発生した亀裂は，整備不良が原因として扱っていたが，市場での不具合は収まらなかった．そこで対策品を作り，1983年から2004年までに8回の設計変更を行ったが満足しなかった．2004年になり，9回目の設変でF3型となり，正規品が完成した．

　原因は設計において許容強度を満たす設計ができなかったことが問題であり，安全基準の設定に問題があった．疲労限を決めるのにマイナー法を採用していたが，修正マイナー法で実態に近づけることにより材料と形状変更を行い解決できた．この事例は設計プロセスに問題があったにしろ，そのあとの評価プロセスが歯止めにならなかったのは，実験評価プロセスも実態を再現していないことに問題があった．

　一方，リコール隠しの原因は，①市場品証部にリコール回避の圧力がかかる，②不具合を起こした部署が処罰から逃げたかったなどである．さらに，道路運送車両法のリコール届出制度を守ろうとしないトップの姿勢，企業風土の問題が大きかったと思われる．その組織の前身は三菱自動車時代の2000年に社長辞任を伴うリコール隠しを行っている．この対策を実施中に新たなリコール隠しが発覚したことは，企業風土が問題が根強いと考える．

（2） 2009年発生のトヨタの問題

　表9.1のNo.9, 10, 11のクレームはほぼ同時に発生した．これらの問題は当初ユーザー側の問題としてトヨタの動きは鈍かった．

　2009年12月15日には米高速道路安全局の高官が日本のトヨタを訪れて厳しい警告を行った．これは，これらの問題に対するトヨタ社の対応が遅いこ

とで，米国のマスコミや米国議会が動き出した兆候である．当初は品質担当副社長が対応しており，問題が大きくなってから社長が出てきて説明したのが2010年2月6日であった．2月23日の米国下院の公聴会にはトヨタの社長や副社長が出席し，説明した．その後，上院の公聴会にはトヨタの副社長が出席した．しかし，不信感が払拭するまでに至らなかった．

一方，日本での問題はプリウスのブレーキ効き不良で，国土交通省の指導などもあり，表9.1のNo.11不具合がリコールとして発表された．対象車両は世界で43万台，日本での市場不具合件数84件であった．

No.9のマット使用は米国で発生し，その固定方法やアクセルの形状対策などで対応した．米国の使用方法などを加味した評価方法を行っていれば，防げた不具合である．No.10は日本と異なる供給者による仕様になっていたため米国で発生したブレーキペダル渋りが発生する不具合である．日本製は問題なく，この米国製の評価が不十分であったと思われる．この事例も，実験評価プロセスがしっかりと行われていれば防げた不具合である．

No.11の問題は，アクセルを踏んでからブレーキが作動する時間を制御するソフトの中身を変えたことによるブレーキ感覚の違和感を引き起こした不具合である．トヨタは市場で問題が起こる前に気がつき，次のモデルの量産車はすでに対策を行っていたが，市場に出したものには反映しなかった．つまり，顧客の反応が出なければそのままにしておきたかったとの意図がくみ取れる．この不具合も開発の評価段階に市場感覚の評価基準で評価していれば防げた不具合である．

この3例から学ぶことは，設計品質，実験評価品質の低下であり，トヨタの世界展開に伴い人材教育が手薄になっており，設計，実験評価プロセスの実施が不十分なことがうかがえる．

(3) 全 体

これらの1件当たりのリコール対象台数は2008年までは，No.5の日産の106万台が大きな例であった．その後2009年のトヨタの例が555万台と桁違

いの大きさとなった．このリコール対象台数が増える傾向はコストダウン対策等で部品をいろいろな車型に共通化したため多く部品が共用されることになったことが大きな要因である．この表に示した例は設計原因が多いが，仮に設計が不備であったとしても，設計の後で実験評価を行っているのでここで検出されないのは実験評価プロセスの質が低下しているためである．

9.2 自動車の品質保証と予防と未然防止

9.2.1 品質保証体系図

　自動車は不具合が発生すると人身事故につながるケースが多く，また対策を要する対象台数の規模が大きいので，品質保証には力を入れている．この取組みが，日本の自動車の機能性能，信頼性を高めることになり，やがて世界の顧客の支持を得て，2008年から2010年の間トヨタ自動車が世界一の販売台数を占めるに至った．品質保証とは，組織の各プロセスにおいて，安全，安心を確保するために，各部門の仕事の仕方を明確にし，適切な機能の製品を販売し，不具合を予防し，未然防止を図る活動である．安全は，人への危害または損傷の危険性が，許容可能な水準に抑えられている状態であり，絶対安全はない．自動車における設計，生産，販売，市場での使用，廃棄，という一生涯の品質保証の仕組みを図9.3に示す．横軸には会社内における部門を，縦軸には自動車が出来上がり，廃棄されるまでのステップを示した．組織の単位は部門と呼ぶが，仕事の単位であるのでプロセスともいう．このプロセスは，製品の流れに沿って直列的に推移する縦プロセスとこのプロセスに横断的に横串を通して関与する横断プロセスとからなる．横断的プロセスの代表として品質保証を示した．その他，新製品開発，原価管理などがある．

　次に，品質保証体系図を説明する．市場である顧客のニーズ，つまり顧客要求事項を市場プロセスで把握した上で，市場に提供する自動車の車型，形状などが企画される．この企画を全社の部門が集まった会議体であるDR 1（デザインレビュー）で"設計移行審査"が行われ，設計移行可となると次のステッ

9.2 自動車の品質保証と予防と未然防止

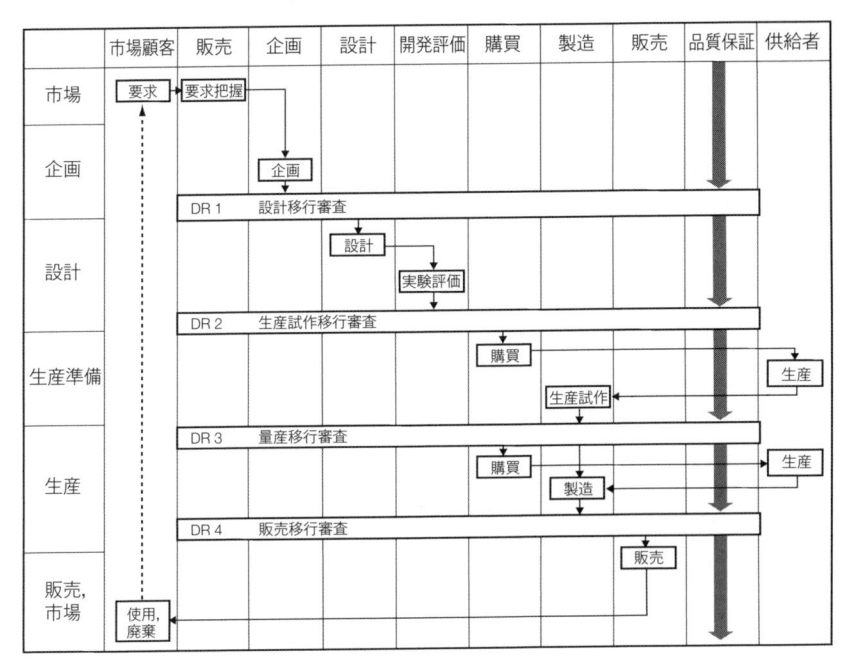

図 9.3 自動車産業の品質保証体系図

プに移行する．次が，設計段階で構想，詳細設計が行われ図面化される．図9.3 のように DR 1, 2, 3, 4 の節目管理が行われ，製品プロセスは進んでいく．節目管理の名称は，評価会議，ゲート管理，P 専会議，DR などと組織により名称が異なるが，ここでは DR とする．この評価では各プロセスで掲げた目標を達成したか否かを評価する．

設計段階は，顧客要求事項を図面化する段階である．図面が構想段階から，詳細設計段階にレベルアップし，その後この図面で試作が行われ自動車が完成すると，市場で使われる環境，積載量，使用条件などを加味した評価試験が行われ，問題があれば再設計し，試作，評価試験が行われる．また，コンピュータによる評価も並行して行われる．この DR 2 で，"生産試作移行審査"で移行可が決断されると，生産準備段階に入り，工程設計が行われ，生産試作が実施される．一方，部品を内製するか外製するかが仕分けされ，外製品は購買プ

ロセスにおいて供給者に向けて生産準備の指示が出される．この段階で図面品質が徹底的に製造品質に転換される．QC工程図に沿って，設備が配置され，訓練された要員により生産試作が行われる．この生産工程で試作品を作り，生産試作車を評価し，DR 3の"量産移行審査"で移行可の判断が下されると，量産が開始される．量産の車両がDR 4の"販売移行審査"で移行可が判断されると販売が開始される．市場に販売された後は，保全サービス，車両定期点検等が行われ，安全な状態が維持される．使用され寿命をまっとうすると廃却し，リサイクルできるものはリサイクルされる．今，述べてきた各プロセスには，不具合が発生しないような予防，未然防止が仕組まれてあり，その概要を説明する．

9.2.2 プロセスで活用される予防，未然防止の手法

次に，不具合・事故が発生する主な四つのプロセスにおける，予防，未然防止活動について解説する．

9.2.2.1 設計プロセス

予防，未然防止を盛り込む最重要プロセスである．図面に，どのような新機能をもたせるか，どんな技術を盛り込むか，また，信頼性の達成手段，環境，原価低減対策などを考え図面に盛り込んでいく．

ここでは，大型トラック用エンジンの開発を例に解説する．

エンジンの応力は，燃焼による機械応力，熱応力，振動応力等にさらされる．さらに，環境変化による大気圧，気温，湿度の影響を受ける．また，運転者による手荒い過酷な使い方や誤使用にも備える必要がある．

設計においては，機能，重量，価格，デザイン，信頼性，保全性，使用条件，環境条件などの目標設定が行われこれを満たす技術を有する信頼性ある設計を行う．この場合，VE，VAを駆使してコストダウンも盛り込む．

（1）安全設計と実験評価

クランクは燃焼圧力を受けたピストンを支え，クランクを介して動力を伝達

する重要な機能を有する．したがって，クランク交換などの保全作業が発生しないような一生涯使える設計にまとめる必要がある．

そのため，強度計算に基づく設計図面を基に試作し，それでエンジンを組み上げ，実用運転を行い，規定の応力以下であるかどうかを確認する．主要部品である，クランク，ライナー，シリンダーボデー，シリンダーヘッドなどの応力測定（含む熱応力）が行われ，基準以内にあることを確認する．

エンジン最高回転数もエンジンの信頼性を保つために重要な項目である．規定以上のエンジン回転数では，シリンダーヘッドに使われている動弁系の動きがカムの動きに追従できなくなり，バルブとピストンが干渉し，その程度が大きくなると破損が起き，エンジン大破に発展する．このため，最高回転以上の回転になることをオーバーラン回転数といい，この回転数を高めることがエンジンの優位性をもたらす．

エンジン内部の熱をある基準以下に抑えるために，冷却系で水を循環させて，材料強度以下の基準を満たす設計を行う．ピストンとライナーのクリアランスを適正値に保つためには，ピストンは燃焼に近い上面と下面のスカートで熱負荷に応じてプロフィルを変更したり，ピストンのピンボス方向とその直角方向では熱膨張率が異なるのでプロフィルを変えた設計を行う．

(2) **設計 FMEA**

FMEA（Failure Mode and Effect Analysis：故障モード影響解析）は，システムやプロセスの構成要素に起こりうる故障モードを予測し，考えられる原因や影響を事前に解析・評価することで設計上の問題点を検出し，事前対策の実施を通じてトラブル未然防止を図る手法である．

(a) 目　的

製品が故障したときの影響度を予測し，その弱点をもつ部品を対策し，不具合を未然に防止する方法である．

(b) 要　点

表9.2の帳票を用い，検討する．ピストンが故障したときにエンジンに与える影響の最大の故障モードは，ピストンが焼き付き，ピストンが大破してエン

表 9.2 ピストン FMEA

No.	アイテム	機能	故障モード	故障の影響	重要度			致命度	対策
					影響の大きさ	発生頻度	検知の難易		
1	ピストン	圧力の受け	焼付き	ピストン破損	10	1	9	90	プロフィルの適正化
		オイルコントロール	ピストンリングスティック	オイル消費大	7	3	1	21	ピストンリング仕様変更
			カーボン付着	ライナー摩耗	8	3	1	24	トップランド仕様変更

ジンストップを引き起こすことである．このような場合は，表より致命度が90点と大きいので，ピストンプロフィルの改善を行い対策を図ることが重要である．

(3) 設計 FTA

FTA（Fault Tree Analysis：故障の木解析）とは，信頼性または安全性の上で，その発生が好ましくない事象を取り上げ，その事象を引き起こす要因を系統的に展開し，因果関係を論理記号と事象記号を用いて樹形図（FT 図）に図示して対策を打つべき発生要因などを解析する手法である．

(a) 目　的

好ましくない事象の原因を明らかにする手法である．

(b) 特　徴

図 9.4 のように展開して原因に掘り下げていく．ピストンの焼き付き原因を掘り下げていくと，ピストン不良，その原因はさらに形状不良または温度大などに分かれていく．真の原因がピストン温度大となるとピストンを冷やすためにオイルギャラリー付きピストンの採用などで対策する．

(4) 実験評価プロセス

設計図面で試作し，製品として評価する段階である．設計に取り入れる新しい技術を実験評価することも重要であるが，ここでは量産化を前提にして開発

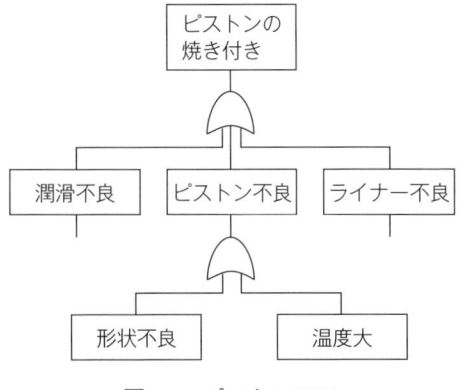

9.2 自動車の品質保証と予防と未然防止

図 9.4 ピストン FTA

した製品の評価を述べる．

実験評価試験の種類は次のように分類される．

(a) シミュレーション評価

コンピューターにより評価するやり方で，シミュレーション計算と実験結果の対応が明確な場合は，かなり信頼がおける．例えば，有限要素法を用い，部品の強度分布を評価し，評価基準以内なら合格とするやり方である．

(b) 機能性能評価試験

エンジンの諸元表などで明示している，機能の確認を行う．出力性能試験，排出ガス試験，騒音試験，燃費試験などがある．

(c) 信頼性試験

大型トラック用エンジンは，走行距離 50 万 km から 100 万 km を保証しなければならない．このために，実車試験や次に示すベンチ試験などを行う．

① 標準耐久試験：実車走行からモデルパターンを設定してモード運転を行い実車走行を再現し，正常に目標時間を達成することをねらいとする．

② 加速試験：実車で起こりうる故障を再現させるために，条件を過酷にして短期間に再現させる試験法もある．

③ 市場再現試験：チベットなどの高地では空気が約 40％不足するため

異常燃焼を起こし,ピストンが溶解する不具合が発生する.このような仕向地には,このような高地の空気不足でも安定して稼働する仕様にまとめ,確認のため市場再現試験を行う.

9.2.2.2 生産準備プロセス

生産部品の製造を社内生産と外注生産の振り分けを行う.外注生産を行う企業を供給者と称する.自動車産業では,約7割の部品を供給者から購入している.そのため,供給者とは開発段階から連携を取り合い,開発,生産につないでいる.生産準備段階において工程設計,機械の配置,治工具の設置,要員の訓練などを行い,生産準備を整える.品質保証は,工程 FMEA などで QC 工程図や作業標準,条件表に反映し,予防,未然防止を図る.

(1) 工程 FMEA

(a) 目的

生産段階での不具合を防止するため,工程作業の問題点を明確にし,未然防止を図る手法である.

(b) 特徴

工程順に設定したプロセスにおける故障モードを想定し,この場合の故障時の影響度を考え,重要度を算出し,問題が大きい工程は対策を実施し,未然防止を図る手法である.

(2) QC 工程図

(a) 目的

工程の流れに沿って工程で管理特性,管理方法を決め,整理した表である.

(b) 特徴

この管理方法,管理特性に従って作業すれば,プロセスで保証された製品が出来上がる.

(3) 作業標準

工程の主なプロセスには作業標準を設定し,この方法を修得した作業員により製造を行う.

(a) 目的

図面どおりの製品ができる作業方法を規定する．

(b) 特徴

この作業標準を順守することにより作業者による加工，組立て作業のばらつきを防止し，安定した製品が確保される．

(4) 検査基準

生産した生産物が規定を満たしているかどうかを計測器により測定し，その結果を評価する基準となるものをいう．

(a) 目的

製品の合否判定の基準を明確にし，受け入れ，工程内，最終検査で活用する．

(b) 要点

検査の仕方を規定する．基準値に対し，実測を行い合否を判断する．

9.2.2.3 生産プロセス

この工程はリコール車の原因の約4割を占める重要工程である．品質保証プロセスで確立した方法で実施し，予防，未然防止を図る．

生産準備で確立した生産工程，教育訓練した作業者，QC工程図，作業標準，検査基準などをベースに生産を行う．工程内不具合，市場不具合に対しては，原因を解明し，是正処置を行う．

9.2.2.4 品質保証プロセス

会社内の全部門の仕事の仕組みを明確にして，顧客満足度の高い製品を提供するための品質保証を行う．一方，市場で発生した不具合を調査し，原因を明確にし，対策を行う主管部門でもある．

(1) 社内不具合対応

社内不具合には，供給者からの受入検査不具合，工程内不具合などがある．これらの不具合は，原因追究と対策を行い，仕組みの規定，基準の改訂につなげる必要がある．不具合が起きた原因が作業標準や設計標準，評価に問題はな

いかなどを明確にし,該当する仕組みに対策を行うことが未然防止につながる.

(2) 市場不具合対応

顧客が使用中の不具合には,迅速・適切な対応が求められる.不具合品は回収し,原因を明確化し,真の原因に対策を実施し,未然防止につなげる必要がある.

この原因には,大きく分けて設計プロセスと生産プロセスに関係する場合があるが,その仕組みの改善につなげる必要がある.

(3) 供給品の品質保証

自動車全体の7割の部品は供給者からの購入品である.この品質の未然防止を図るためには,契約段階で品質保証の要求を明確にし,契約する.この段階で品質管理に関する要求事項を供給者に明確に伝達し,予防,未然防止を含む品質保証体制を構築する.運用段階には,設計,評価,生産プロセスがある.運用段階で問題があれば改善を加えながら,的確に運用する.不具合が発生する場合は,その原因に的確に対策を打ち,品質保証の仕組みを改善構築していくことが,大事である.

(4) 法令,規定の順守

道路車両運送法などの法令順守,社内規定類の順守状況を監視し,予防,未然防止を図る,また社内の規定類に問題が予想される場合には,予防,未然防止の視点で見直し反映を図る必要がある.

参考文献

1) 国土交通省自動車局:"平成21年度自動車のリコール届出内容の分析結果について",2010.
2) 失敗百選,http://www.sozogaku.com/fkd/lis/hyaku_lis.html
3) 日経ものづくり編:『重大事故の舞台裏』,日経BP出版センター,2005.
4) 及川忠雄:"持続可能な発展に重要な管理技術に関する考察—自動車業界を事例として",2010年5月 日本品質管理学会第92回研究発表会研究発表要旨集,2010.
5) 日本経済新聞:2010年2月20日.

自動車開発設計の未然防止

第10章 field: AUTOMOBILE

● ●

　本章では自動車産業における未然防止の研究例として，開発設計のビジネスプロセス刷新に貢献する"高品質保証 CAE 解析モデル"を創案し，その有効性について例証する．従前の"実機実験による現物確認改善型"から"信頼性の高い CAE 解析による予測評価重視型"へと転換させることにより開発設計プロセスを刷新し，製品の高品質保証・コスト削減・開発期間短縮による"QCD 同時達成"を可能にしている．

10.1　自動車開発設計の未然防止

　"世界品質競争"と比喩されるように，日本の自動車産業を取り巻く環境はますます厳しい．グローバル生産を成功させるためには，上流工程の開発設計のビジネスプロセスを刷新し，輻輳する市場問題の未然防止を図る，いわゆる"QCD 同時達成"を具現化することが切迫した経営課題となっている[1],[2]．
　そこで筆者[3]〜[5]は，自動車開発設計の未然防止に視座し，開発設計プロセス刷新のために，数値シミュレーション（Computer Aided Engineering：CAE）とビジネスプロセスの暗黙知を明白知化する新たな統計科学法"品質管理新論—Science SQC"を援用する"高品質保証 CAE 解析モデル"を創案する．
　本モデルのねらいは，従前の試行錯誤的な実機実験法"試作—実験—評価"を繰り返す"実機実験による現物確認改善型"から脱皮し，"信頼性の高い CAE 解析による予測評価重視型"への転換である．
　具体的には，四つのコアモデル"トータルインテリジェンス CAE マネジメントモデル，インテリジェンス CAE システムアプローチモデル，高信頼性

CAE解析技術要素モデル，高信頼性CAE解析システムアプローチモデル"で構成し統合化している．

以下では，自動車開発設計の現状とCAEの課題を整理し，開発設計の未然防止に寄与する本モデルの特質をとらえる．そして，本モデルを今日的な開発設計課題の解決に適用した研究例を紹介する[6]．

10.2　自動車開発設計の現状とCAE活用の課題

10.2.1　自動車開発生産とCAE

現今，日本の自動車産業は生き残りをかけ"世界同一品質・最適地生産"の実現に向けてグローバル生産を展開している．急変する経営技術の環境の中，自動車の開発設計〜生産の命題は世界市場から淘汰されないよう"世界品質競争"に備え，顧客価値を高める最新モデルの高品質な製品を他社に先駆けて提供できる，新たな経営管理技術モデルの確立が求められている[1),7),8)]．

懸案となっている自動車産業の開発設計〜生産プロセスの管理技術面にフォーカスすると，開発設計と量産の橋渡し段階での"スケールアップ効果"防止のために，度重なる"試作・実験・評価"（実機実験）を繰り返してきている．その結果，開発設計段階でのつくりこみ"品質保証"が安定せず，高コストで開発期間が長くなるなど，開発設計プロセスの刷新が急務となっている[9)]．

具体的方策として，最新の数値シミュレーション技術の有効活用により"現物確認改善型"から"予測評価重視型"へ転換を図ることで，開発設計の高品質保証・コスト削減・開発期間の短縮を両立させる"QCD同時達成"の実現が必須要件となっている[4)]．

ここで，図10.1に日本の自動車開発設計の変遷[4),9),10)]を示す．図中より，過去のモデルチェンジ（車両開発〜生産：約4年）では，開発設計完了後に実機実験を主体とした問題発見と改善を繰り返していた．しかし現在では，開発設計の初期段階でのCAE活用とサイマルテニアス・エンジニアリング（Simultaneous Engineering：SE）活動により，試作車両を製作しない開発

10.2 自動車開発設計の現状と CAE 活用の課題

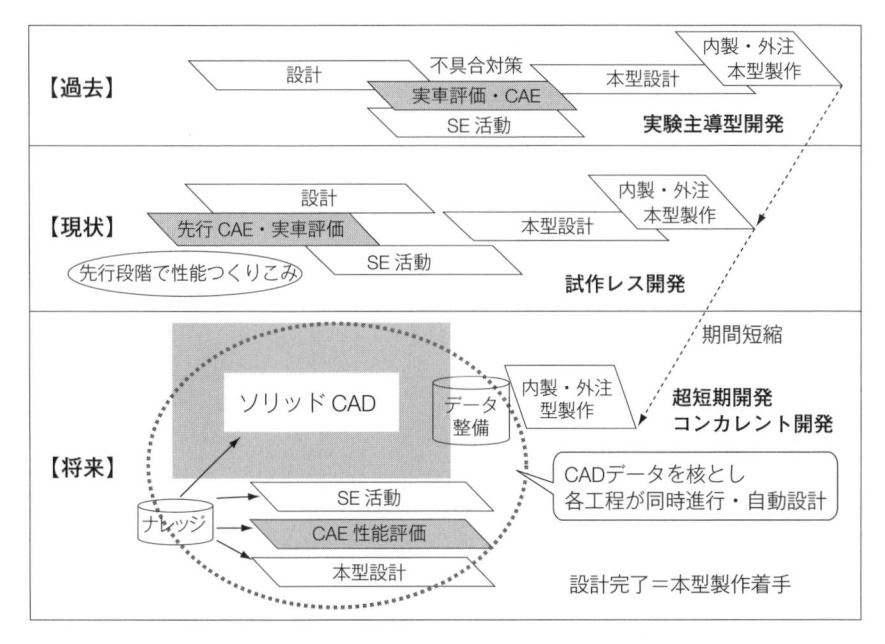

図 10.1 自動車の開発設計～生産の変遷

設計が一部で実施され車両開発期間が半減するなど大幅な改善が見られる．

昨今では，CAE の活用は従来の実機実験の補助的役割の"サーベイランス"から"相対的評価"へと用途が広がり，CAE 活用比率は実機実験と同等レベルにまでに改善されている．現在では，車両開発～生産が 1 年へとさらに短縮され，CAE とソリッド CAD（Computer Aided Design）を中核として各工程が同時進行する"超短期コンカレント開発"へ移行している．もはや試作品を作って実験評価を繰り返す現状の開発設計のビジネスプロセスでは，"QCD 同時達成"は困難である．

10.2.2 開発設計刷新のための CAE の適用課題

そこで筆者[4]は，自動車開発設計のビジネスプロセス刷新させるための"CAE の適用課題"を抽出し，"QCD 同時達成"を実現させる観点から図 10.2 に要約・整理した．図中のように，これまでの実機実験偏重の"現物確

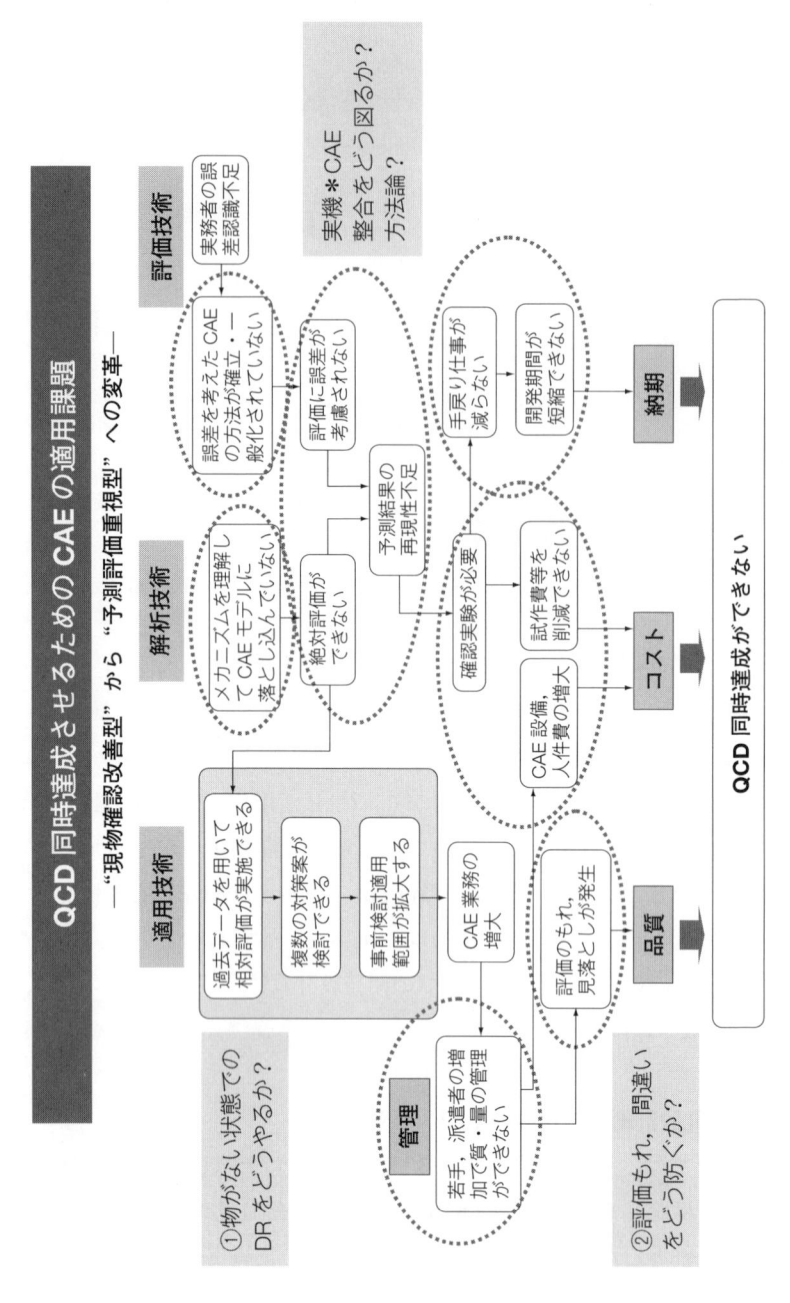

図 10.2　開発設計刷新への CAE 適用課題

QCD 同時達成させるための CAE の適用課題
—"現物確認改善型"から"予測評価重視型"への変革—

評価技術
- 実務者の誤差認識不足
- 誤差を考えた CAE の方法が確立・一般化されていない
- 評価に誤差が考慮されない

実機 * CAE 整合をどう図るか？方法論？

解析技術
- メカニズムを理解して CAE モデルに落とし込んでいない
- 絶対評価ができない
- 予測結果の再現性不足
- 確認実験が必要

- 手戻り仕事が減らない
- 開発期間が短縮できない → **納期**

- 試作費等を削減できない
- CAE 設備・人件費の増大 → **コスト**

適用技術
- 過去データを用いて相対評価が実施できる
- 複数の対策案が検討できる
- 事前検討適用範囲が拡大する
- CAE 業務の増大

管理
- 若手、派遣者の増加で質・量の管理ができない
- 評価のもれ、見落としが発生 → **品質**

① 物がない状態での DR をどうやるか？

② 評価もれ、間違いをどう防ぐか？

QCD 同時達成ができない

認改善型"から脱皮し，CAE 解析を主体とする"予測評価重視型"へ置き換えるには，実機実験データとの乖離"ギャップ"（解析誤差）は，従前の十数％から 1～2％程度になるように改善をしなければならない．

そこで，CAE の適用技術・解析技術・評価技術・管理技術の観点から，図中のように因果分析を行い，CAE 適用課題を抽出した．図中から，"QCD 同時達成"を実現させるためには，特に"CAE 解析技術"の向上の基底をなす"解き明かしたい重要な技術問題の発生メカニズム（からくり）"の掌握が重要である．

そして得られた知見を，的確に数値シミュレーションに反映させることで，実機実験との解析誤差を最小化する CAE 解析の新たな方法論の確立が重要となる．実施段階では，実機実験の結果を正確に，かつ精度のよい CAE 解析で合理的かつ高精度に再現できるよう，CAE 解析技術レベルを向上させることが不可欠となる．

10.2.3 CAE 解析技術向上への統計科学の有効性

CAE 解析による開発設計の技術課題の解決に寄与する"統計科学"（statistical science）の有効性について考究する．筆者[4),11),12)]の調査から，開発設計者の関心事は，(1)具体的発想支援ツールとなる"インテリジェンス CAE 解析"の実施であり，(2)"実機実験の解析結果"と乖離のない"高精度 CAE 解析"の展開である．これらの実現に向けて，CAE 解析技術の向上に期待される統計科学活用のねらいは，以下の三つのケースに集約される[6)]．

(i) 一つは，"変動要因解析"である．技術課題解決のための問題の構造を形成する設計諸因子の多くが"経験知"として判明し，技術論的に特定可能であるが，それらの寄与率が十分に明確でないケースである．

(ii) 二つは，素早い問題解決における主要な"開発設計諸因子の特定と制御"である．このケースでは，問題の構造は技術論的に推測できるが，設計諸因子が輻輳している技術領域である．ここでは，判然としない設計諸因子の寄与率を探り，変動要因解析による対策因子の特定と結果の制御（調節）が期待

される．昨今の統計解析では，一般に"近似解法"として"カーブフィッティング"（多項式近似）が活用されている．

　(iii) 三つ目は，問題の構造の発生メカニズム（か・ら・く・り・）が不明なケースであり，"問題の構造推定と予測・制御のための合理性のあるモデル化"である．

　そのねらいは，経験知や固有技術が十分でない"新技術問題の解決"と，懸案となっている"ボトルネックな技術問題の解決"である．このケースでは，実証科学的なアプローチ法により問題発生時の動的挙動を可視化技術で明らかにし，問題の構造を解明してそれらの因果関係を的確にモデル化することが要求される．

10.3　自動車開発設計の高品質保証 CAE 解析モデルの創案

10.3.1　高品質保証 CAE 解析モデル

　量産化段階では，試行錯誤的な試作と実験を繰り返す生産性の低い開発設計を戒め，関連部門が戦略的協創により英知を結集し，最新の CAE を駆使し開発設計の変革を図ることが急務となっている[13),14)]．

　そこで筆者[4)〜6)]は，旧態の開発設計に固執せず，開発設計のプロセスの刷新を図る"高品質保証 CAE 解析モデル"を図 10.3 に創案する．図中に示すように，グローバル生産に必要な高品質保証のもの造りで"QCD 同時達成"を実現するためには，開発設計ビジネスプロセスのハイサイクル化が鍵であり，(A)デジタル化設計，(B)開発設計システムの刷新，(C)超短期開発プロセスシステムへの変革，(D)予測制御の高精度化，(E)知的技術の共有などが克服すべき技術課題である．

　"高品質保証 CAE 解析モデル"では，CAE 解析を体系的・組織的にマネジメントし合理的な CAE 解析を進化させるために，四つのコアモデルとして (1)トータルインテリジェンス CAE マネジメントモデル，(2)インテリジェンス CAE マネジメントシステムアプローチモデル，(3)高信頼性 CAE ソフト技

10.3 自動車開発設計の高品質保証 CAE 解析モデルの創案　　225

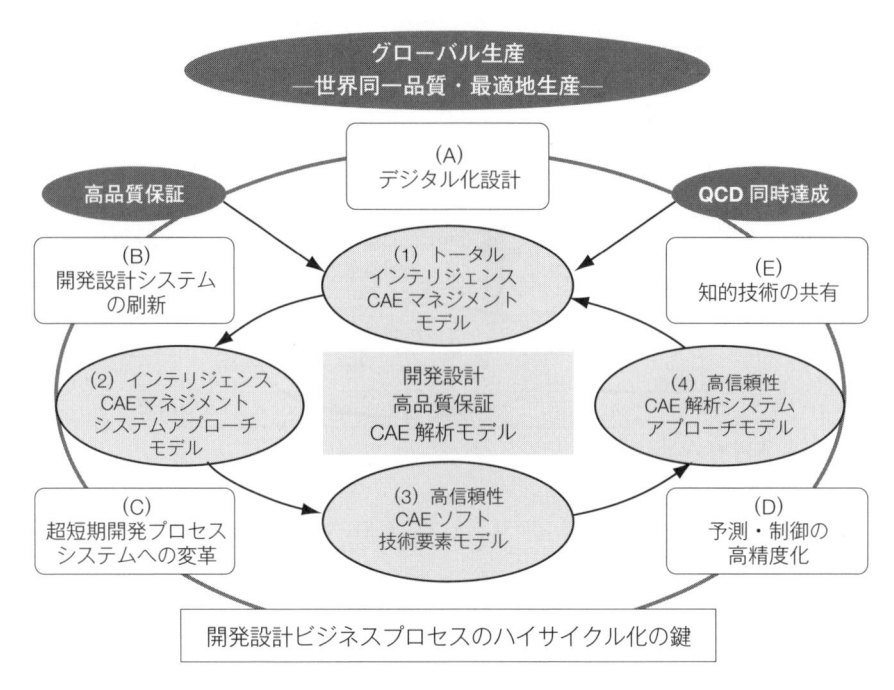

図 10.3　高品質保証 CAE 解析モデル

術要素モデル，(4)高信頼性 CAE 解析システムアプローチモデルを具備しており，それらのコアモデルを"ハイリンケージ"させている．

以下に，四つのコアモデルの特質を述べる．

10.3.2　トータルインテリジェンス CAE マネジメントモデル

筆者[5]が創案した図 10.4 に示す"トータルインテリジェンス CAE マネジメントモデル"のねらいは，開発設計者の具体的発想支援ツールとしての"インテリジェントな CAE 解析"であり，"実機実験の解析結果"と乖離のない"高精度 CAE 解析"の実現である．

一般に開発設計段階においては，図中のように実機実験値と CAE 解析値にギャップ（乖離）が存在する．図中の最下層のステップⅠでは，CAE 解析に対する信頼性不足から実機実験偏重のサーベイ試験が顕在化し，実機実験の割

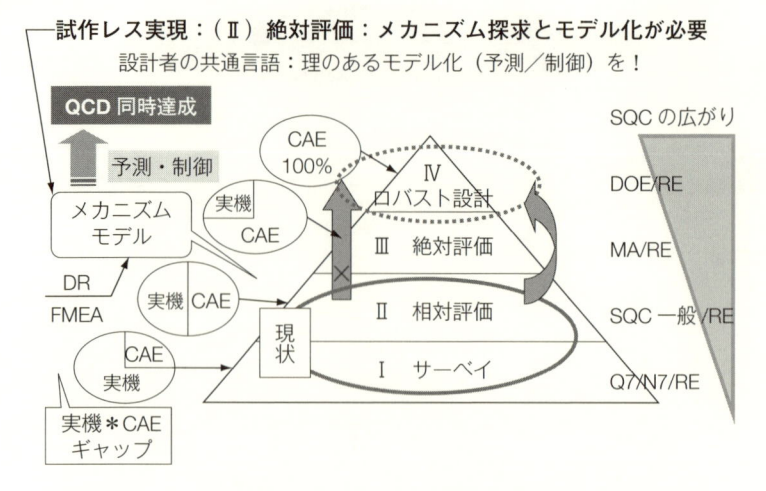

図10.4 トータルインテリジェンス CAE マネジメントモデル

合が75％に対しCAE活用の割合が15％程度とその活用比率は低い．

次のステップIIでは，先進企業でさえCAE解析は相対評価にとどまっており，CAE活用比率は実機実験と同程度の50％程度であり十分とはいえない．それらを打開するために，"可視化技術"と統計科学の併用により懸案となっている問題のメカニズムを解明し，CAE解析精度の向上に寄与した研究例とその効果に着目する．

そしてステップIIIでは，それらの知見を活かしボトルネックな問題の因果関係を探索し，"一般化モデル"を導出することで"絶対評価"を可能にしている．その結果，CAE解析精度の大幅な改善を図り，CAE活用比率を75％へ高めることを可能にしている．

さらにステップIVでは，ステップI～IIIで導出できたCAE解析技術を反映し，実機実験を精度よく再現できるロバストな"最適化CAE設計"に必要な影響因子と寄与率をとらえる．これらによりCAE解析精度を高めることで的確な予測制御が可能になり，CAE活用比率が100％へと飛躍的な向上を図っている．その結果，類型の問題の解決では，CAE解析結果を基にした開発設計とその評価が可能になり，実機実験はCAE解析の検証の役割へと転換させ

ることを可能にしている．

　図中に示すように，論者[6]はCAE解析の各ステップで統計科学の新たな方法論"品質管理新論—Science SQC"の援用の有効性をとらえている．図中に示すように，Q7（QC七つ道具）・N7（新QC七つ道具）・RE（信頼性解析手法）・SQC（統計手法一般）・MA（多変量解析手法）・DOE（実験計画法）などを効果的に組み合わせ活用する"SQCテクニカルメソッド"を推奨し，その有効性を実証している．

10.3.3　インテリジェンスCAEシステムアプローチモデル

　一般に熟練CAE技術者は，具備すべき技術要素のすべての専門家ではないが，それらの特性と相互作用を暗黙知（経験則・経験知）として理解し，良い相互作用が得られるような選択と組合せを行うことで好結果を導いている．一見，このような暗黙的な"属人的ノウハウ"の定式化は，問題解決手法としてのCAE解析技術の洗練に欠かせない"経験則・経験知"を活かす課題解決のCAEシステムアプローチ法"であり，それらを明白知化することは"高品質保証CAE解析モデル"に不可欠なコアモデルである．

　そこで筆者[5]は，それらの開発設計のプロセス"行動様式"を一般化するために，前述の"トータルインテリジェンスCAEマネジメントモデル"を適用した高信頼性CAEソフトの開発とその知的運用をねらいとする"インテリジェンスCAEシステムアプローチモデル"を図10.5に創案した．

　例えば，懸案としている"市場クレーム"（機能故障）の低減が進まないケースでは，"なぜ，故障が起きるのか"，"故障がどのようなからくりで生じるのか"などについて，当該の技術問題の解明"真因を探る"場合，まず(A)実機・実験により"問題の動的挙動の可視化"が必要である．

　ここでは，社内外の専門家の英知を結集する協働活動"パートナリング"[15),16)]により，最新のSQC手法も活用し(B)輻輳した因果関係を調査分析し，故障の発生メカニズムの推論を行うことが大切である．

　的確な故障解析と要因解析を行うために，N7・SQC・RE・MA・DOEな

第10章　自動車開発設計の未然防止

	(A)	(B)	(C)	(D)	(E)
設計	◎	◎	◎	○	◎
実験	◎	◎	○	○	◎
CAE	○	○	○	◎	◎
ソフト開発	△	○	○	◎	△
SQC	○	○	△	○	◎

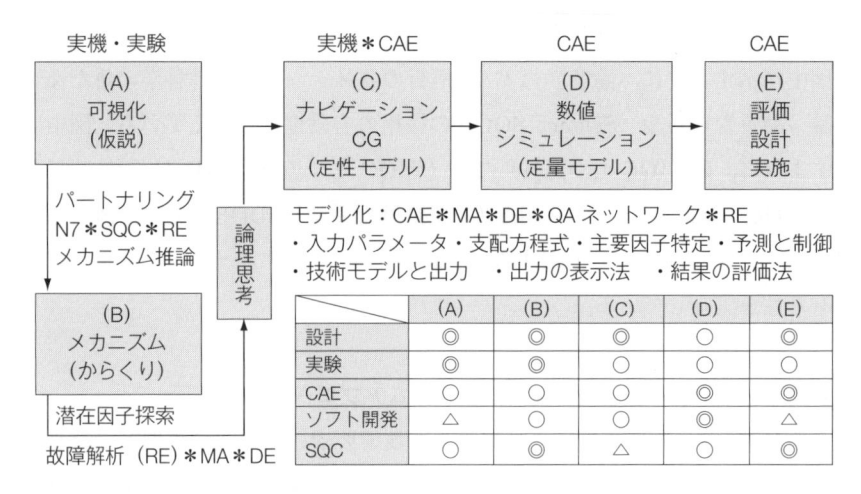

図10.5　インテリジェンスCAEシステムアプローチモデル

どを援用し，これまでの知見にない"見過ごされている"潜在的な因子の探索を行い，論理的な思考プロセスで"故障の発生メカニズム"（からくり）を論証する．

次に，(C)それらの知見を統合化し"コンピュータグラフィックス"（CG：Computer Graphics）を援用し，実機実験における故障が生じる瞬間（動的挙動）を"可視化"により合理的に再現し，それを定性的なレベルで整合する"CAE–CG–ナビゲーションソフト"（CAE–CG–NS）を創案する．この"CAE–CG–NS"の創作段階では，未解明のからくりの因果関係をモデル化する知的作業として"実機・実験"が必要不可欠になる．これらを通して，実機・実験とCAEの両解析による絶対値評価により，乖離（ギャップ）を減縮させる新たな知見を得ることが極めて大切になる．

そしてさらに，(D)高信頼性CAEソフトの開発段階では，精緻な実機・実験を行い，からくりの暗黙知を十分に明白知化する．これらの知的作業のプロセスで得られた多くの知見を統合化し，絶対値による予測・制御を可能にする"信頼性の高い数値シミュレーション"（定量モデル化）を行い，最終段階の(E)実機・実験で検証を行う．

10.3 自動車開発設計の高品質保証 CAE 解析モデルの創案　　229

分散化した組織によるビジネスプロセスの場合，これらの各作業プロセス段階(A)–(E)では，"設計―実験―CAE 解析―CAE ソフト開発―SQC"にかかわる専門家が各作業プロセス段階で，チーム活動（◎メイン，○サブ，△サポート）を行う，いわゆる"パートナリング"が必要不可欠になる．

10.3.4　高信頼性 CAE 解析の技術要素モデル

上述で得られた知見を基に，筆者[4]は信頼性の高い CAE 解析を実現するために，"高信頼性 CAE 解析の技術要素モデル"を図 10.6 に創案した．実機実験に頼らない知的な CAE 解析ソフトを創出するための技術要素として，(1)問題の設定（現物による問題の正しい確認），(2)モデル（数値計算・モデルの適合），(3)アルゴリズム（計算技法），(4)理論（問題を解き明かすのに必要な理論の確立），(5)計算機技術（計算機の選定）など，的確な掌握が不可欠となる．

図中から，一般に CAE 解析を行おうとする際の各技術要素の選択肢は十分に広いことが推察される．CAE を開発設計の課題解決手段として，当該プロセスに組み入れる視点に立つとき，これらの技術要素がいかに多く，かつ，それぞれが充実したものであっても十分とはいえない．なぜなら，信頼性の高い CAE 解析では，複数の技術要素から構成される展開プロセスが必要であると考えられる[13],[17],[18]．

それゆえに CAE 解析の実施段階[13]では，まず(1)解決したい問題を設定し，その問題を例えば何らかの数式としてモデル化するところから出発する．次に(2)CAE 解析においては，モデルを解析する手段として計算機を利用するが，(3)その際の解析手段はソフトウェアとして実現可能な計算手段，すなわち，アルゴリズムとして与えられている必要がある．

ここで，アルゴリズム自体の正当性，適用範囲，性能，あるいは期待すべき精度は，何らかの理論から導かれる．(4)アルゴリズムを実現する"器"として，機能する計算機そのものに関する技術が CAE 解析の成功を左右する大きな要素であることは言うまでもない．そしてさらに，(5)CAE 解析プロセスを

230 第 10 章 自動車開発設計の未然防止

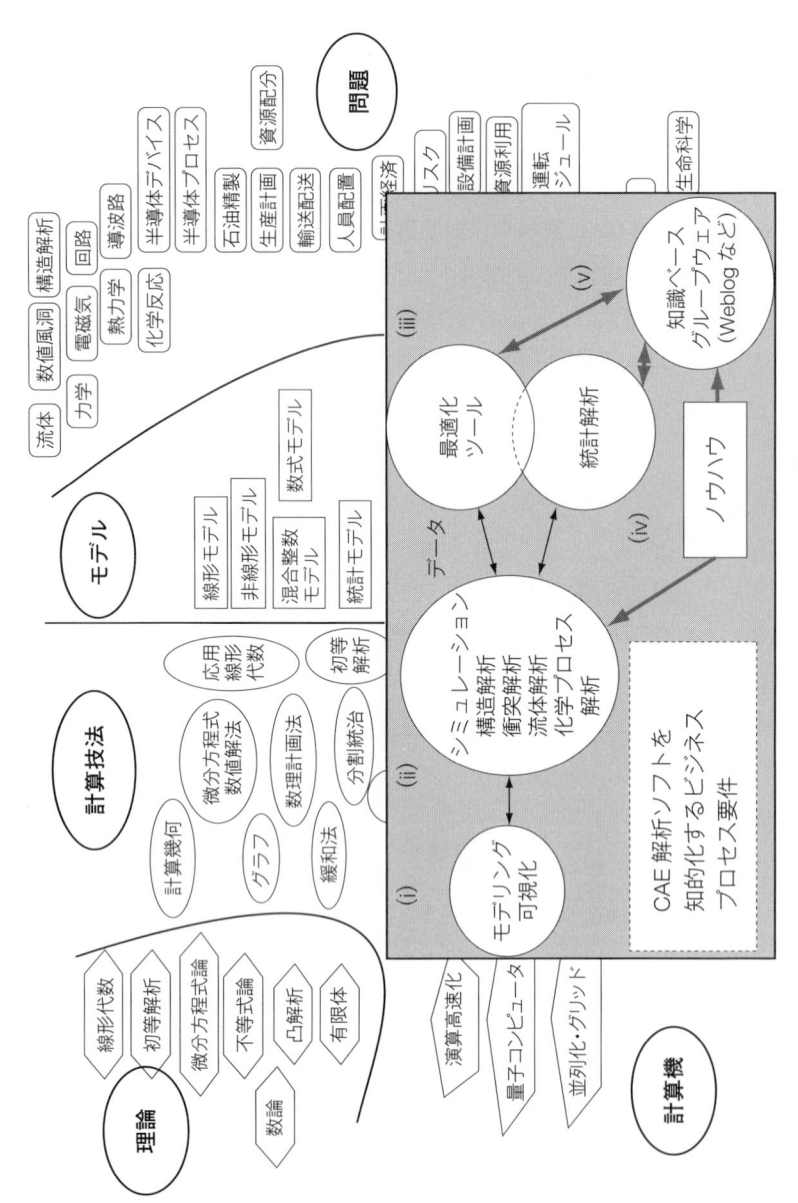

図 10.6 高信頼性 CAE 解析の技術要素モデル

10.3 自動車開発設計の高品質保証 CAE 解析モデルの創案

構成する技術要素は相互に整合し，また弱点を補完し合うものでなければならない．理論的に優れたアルゴリズムでも，計算機上に効率よく実装できなければ結果を出すことはできない．アルゴリズムの性能も，モデリングとの相性に大きく左右されるので，問題設定が正しくてもモデリングを誤るとアルゴリズムが効率よく動作しない．

また(6)アルゴリズムと計算機の相性も無視できない．計算機の特性を活かすことができるアルゴリズムが，適正な解析結果を出すことができる．すなわち，技術要素の適切な組合せを誤ると CAE 解析というプロセス全体は機能しない．CAE 解析の成功は，広範な技術要素のいわば"総合力"にかかっており，（図中に示すように）"CAE 解析ソフトを知的化するビジネスプロセスの要件とその展開"がキーとなる．

具体的には，(i)問題のメカニズムを確実にモデリング化し，(ii)適切な解析法の選択によるシミュレーションの実施展開にあたっては，(iii)データ解析に最適なツールの選定と統計解析手法の併用，さらに(iv)ノウハウ，(v)知識ベースの活用展開が不可欠となる．

10.3.5 高信頼性 CAE 解析システムアプローチ法

そこで筆者ら[6),13),19),20)]は，高品質保証のものづくりの視点から"自動車開発設計プロセスの進化"が不可欠と考え，CAE 解析を知的に運用するために統計科学手法を援用する，いわゆる"数値実験統計学"を駆使した"高信頼性 CAE 解析システムアプローチ法"を図 10.7 に創出した．

そのねらいは，技術課題解決に不可欠な技術要素である開発設計に必要な技術要素（設計諸因子）の影響度を的確に把握するために統計科学を援用し，要因解析，特定・制御，メカニズム解析に至るまでの近似解の提供から的確な構造モデルの提供を行うことにある．

具体的には，(1)設計諸因子が固有技術的に特定可能なケースメソッド-1 では変動要因解析を行い，(2)設計諸因子の特定・制御が技術的に不明なケースメソッド-2 では，ニューラルネットワーク（NN）と MA 併用によるカーブ

図10.7の内容：

可視化
メカニズム解析
例3 オイルシール油漏れ　例4 自動車用ボルト締結
例5 ウレタン発泡成形シミュレータ

CAE ∗ SQC

要因効果の把握　　　　カーブフィッティング
変動要因解析　　　　　設計因子特定・制御
例1 アウターミラー振動特性　　例2 自動車揚力特性

N7/RE　SQC　MA　DOE/RE　統計科学手法

CAE：　近似解の提供　　→　構造モデルの提供

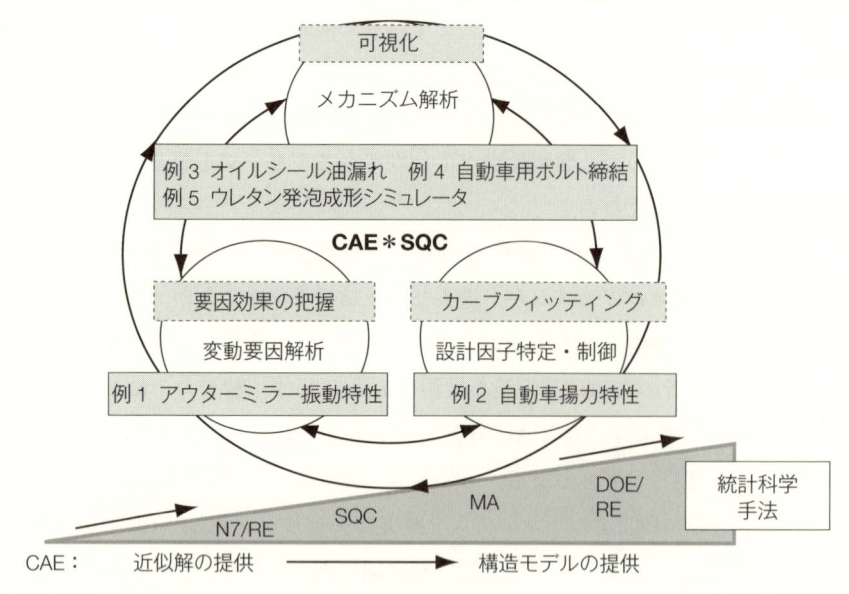

図 10.7　高信頼性 CAE 解析システムアプローチ法

フィッティングを行う．さらに(3)技術問題のメカニズムが不明なケースメソッド-3 では，可視化実験—因果分析による問題発生の"メカニズム"を推量・洞察し，定性的なモデル化（CG とナビゲーションの併用）を行い，さらに定量的モデル化（CAE と CAD の併用）を行う．

合理的な展開の方法論として，筆者[3]が確立した"Science SQC"のコア原理の"問題解決の山登り—SQC Technical Methods"（N7/RE–SQC–MA–DOE/RE）を適用する．図中には，次節の適用事例で取り扱う今日的な技術課題を示している（例1〜例5）．

10.4　適 用 例

本節では，10.3 節で創案した"高品質保証 CAE 解析モデル"を自動車開発設計の今日的な技術課題解決に適用した研究成果を例示する[6],[21]．

10.4 適用例

10.4.1 設計諸因子が固有技術的に特定可能な例―ドアアウターミラー CAE 防振最適化アプローチ

ここでは，設計諸因子が固有技術的に特定可能な例（ケースメソッド-1）として，A社のドアアウターミラー CAE 防振最適化アプローチ法を取り上げる．トラック用"アウターミラー振れ"の防止は，前後左右の視界確保に重要であり，CAE 解析によりミニマムコストで"防振設計構造の最適化―QCD 同時達成"が要求される．

筆者ら[10]は，試行錯誤のない防振設計を行うために，蓄積された経験技術を基に"ミラー振れ"の因果分析のために，"SQC テクニカルメソッド"を援用する"高信頼性 CAE 解析システムアプローチ法"を適用した．図 10.8 に示すように，実機・実験結果と乖離のない CAE 解析（防振対策に寄与率の高い設計諸元因子と最適水準の探索）のために，統計科学の援用により数値シミュレーションを行った．これにより，ミラー振れを回避する共振周波数を予

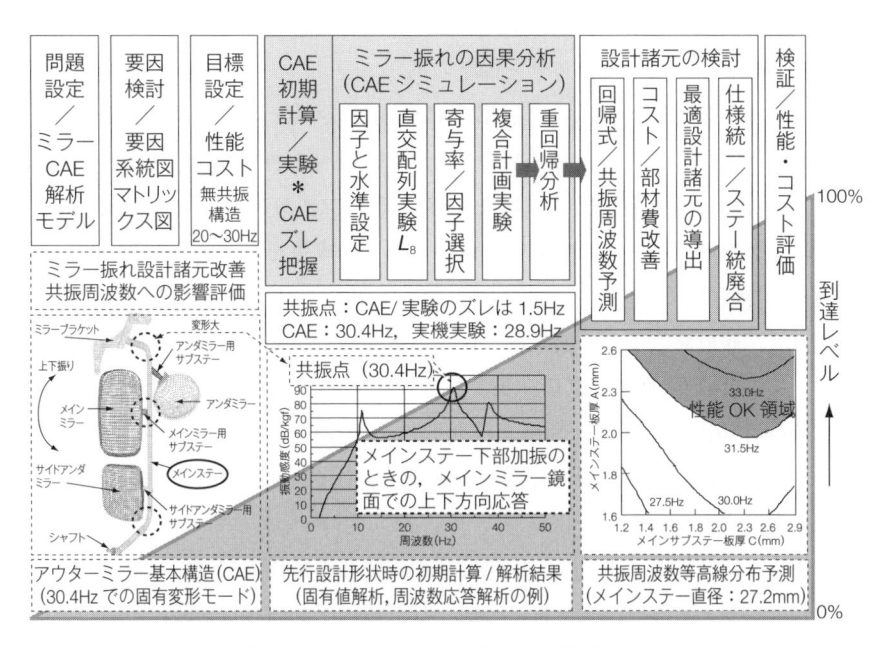

図 10.8 ドアアウターミラーの CAE 防振最適化アプローチ

測・制御し，設計諸元（質量・構造）の改善を図った．

まず防振性能向上を図るステップフローとして，(1)問題設定，(2)要因検討（N7：要因系統図，マトリックス図など），(3)目標設定（無共振点：30 Hz 以上）を行った．次に(4)CAE 初期計算の段階では，共振（上下振れ）するメインミラーを保持するメインステーの主に3か所の変形に対し，実験値と CAE 解析値の共振周波数の"ズレ"を把握した．そして(5)因果分析（CAE）では，(i)因子と水準の設定（メイン／サイドサブステーの板厚と直径：5因子と交互作用）を行い，(ii)直交配列実験（L_8：2水準系）により(iii)寄与率の高い因子選択した．

そこで(iv)選択された因子の2次効果を鑑み，追加実験として(v)複合計画実験を行った．それらの実験データを用い，(vi)重回帰分析を行い，1次と2次効果を考慮するカーブフィッティングを実施した．さらに(vii)導出できた回帰式を用い，設計諸元の検討を進めた．ここでは(ix)性能とコストの両立を目指し，(x)共振周波数等高分布予測を行い，最適設計諸元を導出した（図中のメインステー板厚＊サブステー板厚の例）．

以上のように，筆者らは"高信頼性 CAE 解析システムアプローチ法―ケースメソッド-1"により，複数仕様のステーの統廃合を行い，(xi)性能とコストを両立することで生産段階にすばやく移行でき，QCD 同時達成を実現した．さらに，類型の問題解決にも同様に適用し所与の成果を得ている．

10.4.2 設計諸因子が不明な例―NN と重回帰解析を併用した車両揚力特性 CAE 最適化アプローチ

次に設計諸因子の特定・制御が技術的に不明な例（ケースメソッド-2）として，B 社の統計科学を援用した"車両揚力特性 CAE 最適化アプローチ法"を取り上げる．

一般に，開発設計段階では，因果関係が輻輳し蓄積技術だけでは解決されないケースが多々ある．因果分析に必要な設計諸因子が固有技術的に不明な典型的な問題解決に，筆者ら[3),22),23)]は図 10.9 に示す風洞実験による実車両を用

10.4 適用例

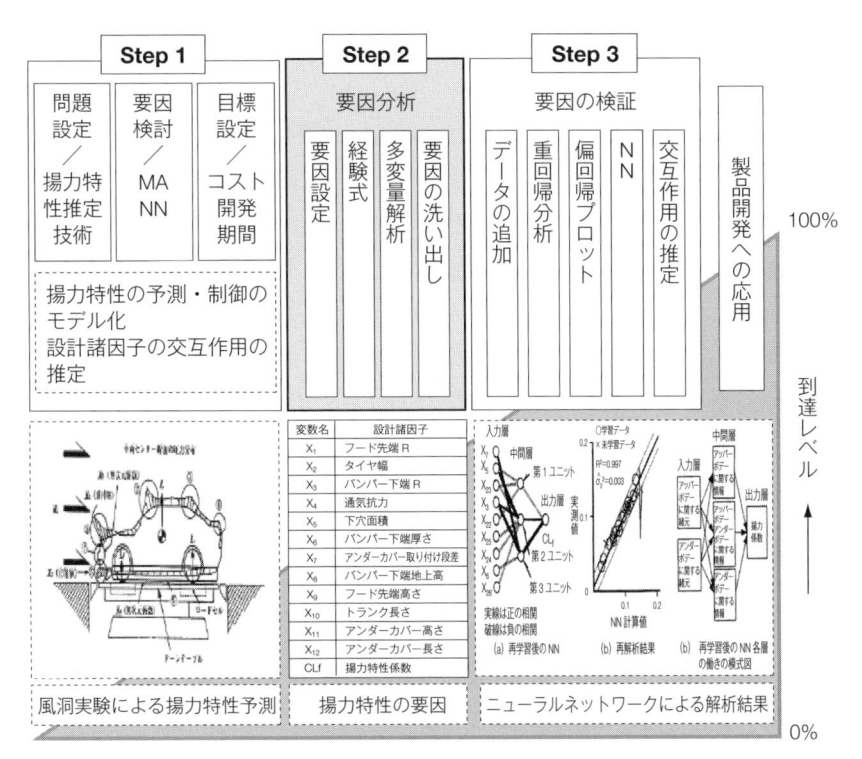

図10.9 車両揚力特性CAE最適化アプローチ

いた"揚力特性の特定・制御のモデル化"を進めた.

このケースでも，"SQCテクニカルメソッド"を援用し，揚力特性の特定・制御を可能にするモデル構築を図った．まずStep 1では，風洞実験により得られたデータを活用し，多変量解析（MA）と非線形回帰分析（Neural Network：NN）を併用する変動要因解析により，主要な設計諸因子の影響度（主効果），並びに設計諸因子の交互作用の有無を推量した.

次のStep 2の要因分析では，得られた知見と経験知を活かした因果分析により，輻輳した新たな設計諸因子の洗い出しを行った．そして得られた"揚力特性の特定・制御のモデル式"の妥当性（設計諸因子の主効果と交互作用の推量）を把握した．さらにStep 3の要因の検証では，偏回帰プロットとNNな

どの統計解析により，実利性のある精緻なモデル化を行い，製品開発（モデルチェンジ）へ適用した．

具体的には，Step 1 では多変量連関図と線形重回帰分析法を繰り返し援用し，経験技術で取り込んだ設計諸因子の結果（前輪と後輪の揚力係数値）への影響度（非線形効果）を残差分析などで確認した．これらの解析アプローチにより，乗用車の車体上部形状因子に加え，新たな設計因子として車体下部形状因子を発見し，それらの輻輳する因子間の相互作用を特定した．

そして Step 2 では，得られたモデル式（重回帰モデル）を洞察し，揚力特性の因果分析からメカニズムを推量し実機実験により確証を得ることができた．さらにそれらの知見を活かし，Step 3 では(a)抽出された最適な設計諸因子により NN 解析を実施した．それにより，(b)揚力係数の実測値を高精度に予測できるモデル式（NN 計算値）を導出できた．その結果，(c)揚力係数と輻輳している設計諸因子間の因果関係を具象化（図示化）できた．

これらの知見を得たことにより，"車両揚力特性 CAE 最適化設計アプローチ"が可能になり，"QCD 同時達成"を実現した．さらに同様に，類型の問題解決にも適用し所与の成果を得ている．

10.4.3 技術問題のメカニズムが不明なケース―駆動系オイルシール油漏れの高精度 CAE 解析

さらに技術問題のメカニズムが不明な例（ケースメソッド-3）として，自動車アッセンブリーメーカー C 社とサプライヤー（部品供給メーカー）D 社の"パートナリング"による"駆動系オイルシール油漏れの高精度 CAE 解析"を取り上げる．

筆者ら[3),4),24)]は，ここでも"SQC テクニカルメソッド"を援用し，図 10.10 のように"自動車オイルシール油漏れ防止のための CAE 最適化設計アプローチ"を適用した．図中のように，"現象把握―可視化実験―論理思考―CAE 解析―最適化設計"の解析プロセスにより，世界の自動車メーカーのボトルネックな技術課題"駆動系オイルシール油漏れ"の解決を進めた．

10.4 適用例

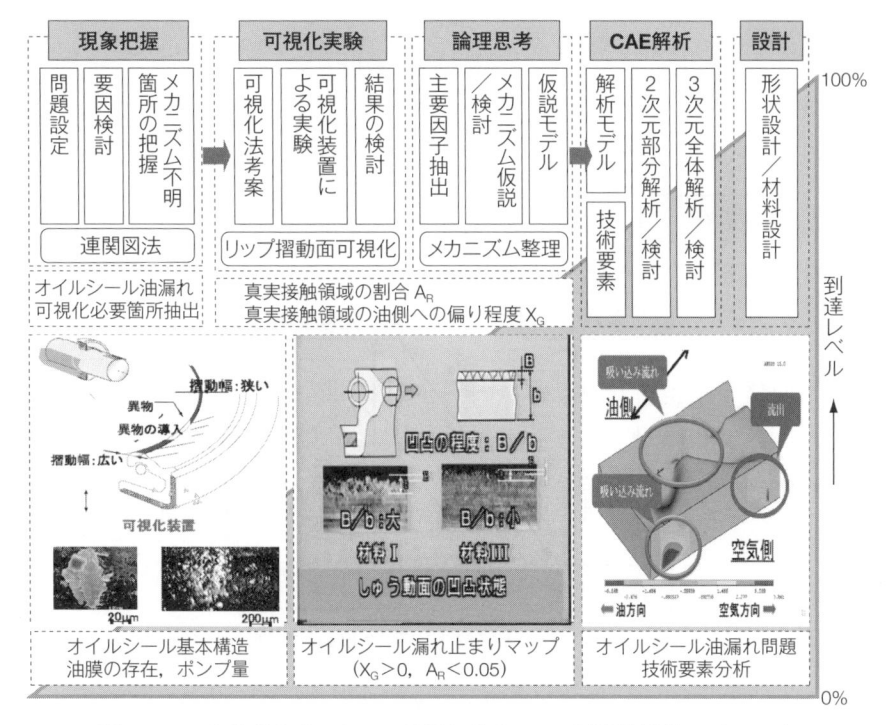

図10.10 自動車オイルシール油漏れ防止CAE最適化設計アプローチ

　まず，よくわかっていないオイルシールの油漏れが発生するメカニズムを推量するために，現象把握として可視化装置を開発した．これにより，オイルシールリップ回転摺動部まわりの歯車回転摩耗粉（異物）が機械的結合により成長していく過程，いわゆる"動的挙動の可視化"を可能にしたことで，オイルシール油漏れのメカニズムを推量できた．

　そして得られた知見から，設計対策として(i)数十万km走行しても異物が発生しにくい"歯面強度改善"（材質・熱処理改善）と，(ii)ドライブシャフトと回転接触するオイルシールリップ表面層の潤滑状態（摺動面の凹凸状態）を理化学的に適切に確保できる設計方案を創出できた．

　そしてこれらの総合的な設計技術要素を，図10.11の"オイルシールシミュレータ用の技術要素モデル"に取り込み，オイルシール油漏れの実現象を精度

第10章　自動車開発設計の未然防止

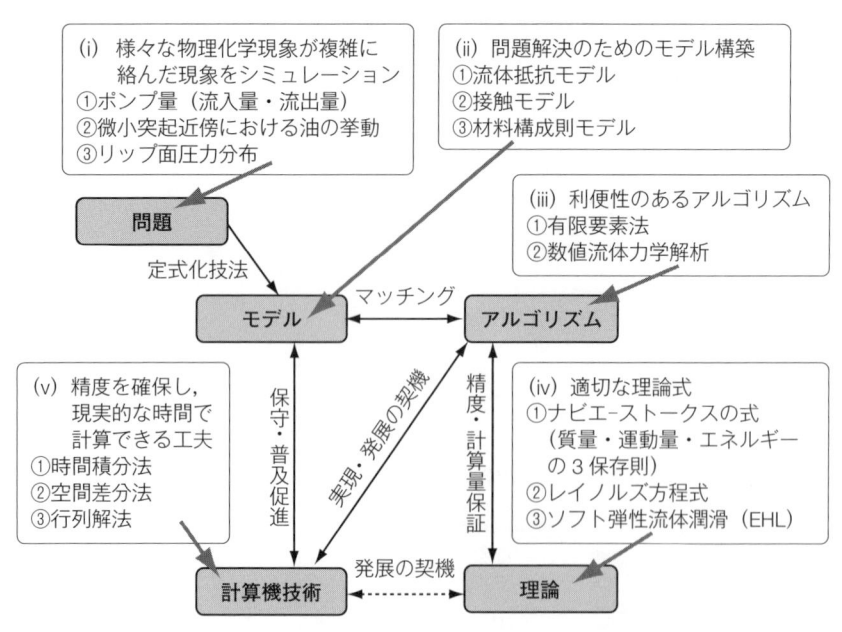

```
(i) 様々な物理化学現象が複雑に
    絡んだ現象をシミュレーション
 ①ポンプ量（流入量・流出量）
 ②微小突起近傍における油の挙動
 ③リップ面圧力分布

(ii) 問題解決のためのモデル構築
 ①流体抵抗モデル
 ②接触モデル
 ③材料構成則モデル

(iii) 利便性のあるアルゴリズム
 ①有限要素法
 ②数値流体力学解析

(iv) 適切な理論式
 ①ナビエ-ストークスの式
  （質量・運動量・エネルギー
   の3保存則）
 ②レイノルズ方程式
 ③ソフト弾性流体潤滑（EHL）

(v) 精度を確保し，
    現実的な時間で
    計算できる工夫
 ①時間積分法
 ②空間差分法
 ③行列解法
```

問題 → モデル（定式化技法）
モデル ↔ アルゴリズム（マッチング）
モデル — 計算機技術（保守・普及促進）
モデル — 理論（実現・発展の契機）
アルゴリズム — 理論（精度・計算量保証）
計算機技術 — 理論（発展の契機）

図 10.11　オイルシールシミュレータ用の技術要素モデル

よく再現でき，それらの特定・制御を的確に掌握できる"高信頼性 CAE 解析ソフト"として具現化した．

図中に示すように，
(1) 問題の特定では，様々に輻輳する"物理化学現象のシミュレーション"［方法論(i)：①〜③］
(2) モデル化では，"問題解決のためのモデル構築"［方法論(ii)：①〜③］
(3) 計算技法では，"利便性のあるアルゴリズム"［方法論(iii)：①〜②］
(4) 合理性のある理論では，［方法論(iv)：①〜③］の採用
(5) 計算機では，"計算精度を確保し，現実的な時間で計算できる工夫"［方法論(v)：①〜③］

を実施した．

その結果，図 10.10 中に示す信頼性の高い"数値シミュレーション（CAE

解析),2次元解析(two-dimensional analysis:2D)—3次元解析(three-dimensional analysis:3D)"が可能になり,"高品質保証 CAE 解析モデル"を具現化できた.

図中の CAE 解析は,オイルシール部まわりのポンプ流量[潤滑油の流れ:空気(大気)側—油(歯車)側]の数値シミュレーション例である.これにより,設計改善(形状設計,材料設計)を的確にでき,オイルシール油漏れ(市場クレーム)が 1/20 以下となり,所与の成果を得ることができた.

10.4.4 "高品質保証 CAE 解析モデル"の水平展開とその成果

筆者ら [4),9),13] は,10.4.3項に示した"技術課題のメカニズムが不明なケース"として,一つは自動車用座席シートパッドの成形における試作期間短縮と成形精度の向上を目的とした"自動車シートパッドのウレタン発泡成形シミュレータの開発"に,"高品質保証 CAE 解析モデル"を適用し,生産工程でのつくり込み品質の飛躍的改善に所与の成果を得ている.

さらに筆者ら [4),25),26] は,"高精度 CAE 解析アプローチ"を応用し,自動車用ボルト締結部の緩み防止に適用した,"ボルト締結用高精度 CAE 解析シミュレータ"の開発を進め,所与の成果を得ている.

これらは,いずれも"高品質保証 CAE 解析モデル"の四つのコアモデルである"トータルインジェンス CAE マネジメントモデル","インテリジェンス CAE システムアプローチモデル","高信頼性 CAE 解析の技術要素モデル","高信頼性 CAE 解析システムアプローチ法"を統合的に適用したものであり,開発設計のビジネスプロセスの刷新に寄与している.

10.5 まとめ

本章では,自動車産業開発設計の未然防止と題して,自動車産業の開発設計のプロセス刷新に貢献する"高品質保証 CAE 解析モデル"を創案し,適用事例を通してその有効性を検証した.

参考文献

1) 天坂格郎編著，製造業の品質経営あり方研究会編：『ニュージャパンモデル―サイエンス TQM：戦略的品質経営の理論と実際』，丸善株式会社，2008.
2) 天坂格郎，黒須誠治，森田道也：『ものづくり新論―JIT を超えて：ジャストインタイムの進化』，森北出版株式会社，2009.
3) K. Amasaka, *"Science SQC, New Quality Control principle: The Quality Strategy of Toyota"*, Springer, 2004.
4) K. Amasaka, "Highly reliable CAE Model, The Key to Strategic Development of New JIT", *Journal of Advanced Manufacturing Systems*, Vol.6, No.2, pp. 159–176, 2007.
5) K. Amasaka, "An Integrated Intelligence Development Design CAE Model Utilizing New JIT: Application to Automotive High Reliability Assurance", *Journal of Advanced Manufacturing Systems*, Vol.7, No.2, pp.221–241, 2008.
6) K. Amasaka, "Proposal and Effectiveness of a High Quality Assurance CAE Analysis Model: Innovation of Design and Development in Automotive Industry", *Current Development in Theory and Applications of Computer Science*, Engineering and Technology, Vol.2, No.1/2, 2010, pp.23–48.
7) 天坂格郎："特集マネジメントにおける質(Quality)の変化・拡大―21 世紀の管理技術の体系化をめざして"，品質，Vol.3, No.4, pp.5–7, 2000.
8) 日本経済新聞：さらなる成長へのヒント―新たなる経営モデルを求めて：ニッポン新・成長戦略フォーラム―持続的成長の条件，2006 年 4 月 14 日.
9) 天坂格郎(第 4 分科会主査)："自動車産業における数値シミュレーションに必要な設計品質保証体系の確立に向けて"，日本品質管理学会第 111 回シンポジウム―デジタルエンジニアリング時代の品質管理，日本品質管理学会拡大計画研究会第 4 分科会報告, pp.41–46, 2006.
10) 天坂格郎他："シミュレーションデータを基に行うリスク評価のための数値実験統計学を目指して(報告 1–報告 4)"，2008 年度リスク解析戦略研究センター第 2 回 "製品・サービスの質保証・信頼性" 研究会，統計数理研究所，2009.
11) 天坂格郎："高信頼性 CAE モデルの研究：シミュレーションと統計科学"，統計数理研究所平成 20 年度研究報告会報告集, pp.85–86, 2009.
12) 天坂格郎："高信頼性 CAE モデルの研究(II)：開発設計と数値実験統計学"，統計数理研究所平成 21 年度研究報告会報告集, pp.82–83, 2010.
13) 天坂格郎編著：『自動車産業における数値シミュレーションに必要な設計品質保証体系の確立に向けて』，日本品質管理学会拡大研究会研究報告書，シミュレーションと SQC 研究会第 4 分科会編, pp.1–110, 2008.
14) 天坂格郎："第 4 章製品設計"，日本品質管理学会編『新版品質保証ハンドブック』，第 II 部品質保証のプロセス, pp.87–101, 2010.

15) K. Amasaka: *"Applying New JIT—Toyota's Global Production Strategy: Epoch-making Innovation in the Work Environment"*, Robotics and Computer-Integrated Manufacturing, Vol.23, Issue 3, pp.285–293, 2007.
16) 天坂格郎："4．戦略的品質経営と SCM の新展開—トヨタと NOK の協創タスクチームを例として",『サプライチェーンマネジメント：企業間連携の理論と実際』, 朝倉書店, pp.79–109, 2004.
17) R.C. Whaley et al., "Automated Empirical Optimization of Software and the ATLAS Project", Technical Report, *University of Tennessee, Knoxville, TN, Department of Computer Science*, 2000.
18) E. Alba, *"Parallel Metahuuristics: A New Class of Algorithms"*, Addison Wiley, 2005.
19) S. Stefan et al., "Distributed Manufacturing Simulation as an Enabling Technology for the Digital Factory", *Journal of Advanced Manufacturing Systems*, Vol.2, No.1, pp.111–126, 2003.
20) V. Leo et al., "Simulation-based Decision Support for Manufacturing System Life Cycle Management", *Journal of Advanced Manufacturing Systems*, Vol. 3, No.2, pp.115–128, 2004.
21) 天坂格郎："リスク評価のための数値実験統計学の確立—自動車開発設計の高品質保証 CAE 解析モデルの研究—", 日本行動計量学会第 38 回大会抄録集, pp. 318–321, 2010.
22) 天坂格郎, 中矢裕之, 織田和典, 大橋徹也, 尾崎俊治："自動車の揚力特性推定に関する一考察：ニューラルネットワークと多変量解析の併用—", システム制御情報学会論文誌, Vol.9, No.5, pp.229–237, 1996.
23) H. Yamada, M. Yamaji, M. and K. Amasaka, "Effectiveness of Statistical Sciences for Improvement of CAE Analysis Technology of Development Design Process", *Proceedings of Asia Pacific Industrial Engiineering & Management Systems Conference, Kitakyushu, Japan*, pp.490–497, 2009.
24) Y. Ito, M, Sato, M. Yamaji, and K. Amasaka, "An Analysis of Bottleneck Technology by Using Experiments and CAE : Example of the Automotive Transaxle oil Seal Leakage", *Proceedings of Asia Pacific Industrial Engineering & Management Systems Conference, Kitakyushu, Japan*, pp. 1280–1285, 2009.
25) T. Ueno, M. Yamaji, H. Tsubaki and K. Amasaka, "Establishment of Bolt Tightening Simulation System for Automotive Industry, Application of the Highly Reliable CAE Model", *The International Business & Economics Research Journal*, Vol.8, No.5, pp.57–67, 2009.
26) T. Takahashi, T. Ueno, M. Yamaji and K. Amasaka, "Establishment of Highly Precise CAE Analysis Model Using Automotive Bolts", *International Business & Economics Research Journal*, Vol.9, No.5, pp.103–113, 2010.

索　引

アルファベット

Anonymous　183
ARAC システム　143
BSE　19, 77
BSI　96
CCP　92, 96
CDS　194
CIES　97
Critical Control Point　92
CSIO　182
CSR　100
DDoS 攻撃　60
DoS　179, 183
DR　210
ECB　199
EC 条約　36
EU　199
FMEA　55, 77, 153, 213
Food Safety System Certification 22000　97
FSSC 22000　97
FTA　54, 153, 214
GFSI　97
GMF　77
GM 作物　76
HACCP　77, 84, 91
Hazard　85
IMF　199
INES　133
IPA　189
ISO 9001　84
ISO 22000　95
ISO/IEC guide 51　18
MBS　196

Nimda　60
NRC　11, 143
O-PRP　96
PAS 220　96
PlayStation Network　180
PRP　95
PS 3　182
QC 工程図　216
Qriocity サービス　182
RCA　77
RCM　153
Risk　85
　── analysis　85
　── assessment　85
　── communication　85
　── evaluation　85
　── identification　85
　── management　85
　── treatment　85
Science SQC　219
SNEI　182
Sony OnlineEntertainment 社　180
SOP　84
SPEEDI　12, 143
S&P 社　198
SQC テクニカルメソッド　227
SQL　184
　──インジェクション　189
TQM　95
VaR　197

あ　行

曖昧　30
アノニマス　57, 59, 183
安心　14

安全　14
安全性　18
医食同源　75
位置　31
遺伝子組換え作物　76
遺伝子組換え食品　77
インテリジェンスCAEシステムアプローチモデル　227
ウエルシュ菌　80, 110
ウォーカー　27
牛海綿状脳症　19, 77
英国規格協会　96
栄養補助食品　73
黄色ブドウ球菌　79, 81, 109
オペレーションPRP　96

　　　　　か　行

外部被曝　142
科学的な不確実性　26
科学的リスク評価　41
核分裂生成物　136
カタストロフィ　37
感染型　81
完全な不確実性　30
カンピロバクター菌　79
危害分析　77, 92
　——ワークシート　93
　——を実施する　91
期限表示ミス　119
機密　60
吸収線量　138
急性毒性　74
脅威　39
ギリシャ財政危機　197
クレジットライン　197
クロイツフェルト・ヤコブ病　20
健康食品　73
健康被害　74
健康保菌者　82

原材料配合調査表　113
原子力安全・保安院　148
原子力規制委員会　11
原子力事故　133
源流管理　206
個　45
高信頼性CAE解析システムアプローチ法　231
高信頼性CAE解析の技術要素モデル　229
厚生労働省　90
高知県地域防災計画　172
工程FMEA　216
高品質保証CAE解析モデル　224
ゴースト効果　89
コーデックス委員会　73
国際原子力事象評価尺度　133
個体群　64
誤謬　52
小麦アレルギー抗体　75
コメット　25
根本原因分析　77

　　　　　さ　行

サイマルテニアス・エンジニアリング　220
サウスウッド　19
　——報告書　20
サブプライム問題　193
サブ・プライムローン　194
サプリメント　73
サルモネラ菌　79, 81, 107
サンディエゴ市　186
自己開示　60
地震防災戦略　165
静岡県地域防災計画　170
しつけの3原則　118
実験評価試験　215
実質同等性　75

社会的責任　100
集団成極化　61
出血性大腸菌 O-157　79, 108
首都圏直下地震　163
貞観地震　28
証券化商品　194
消費者庁　90
情報処理推進機構セキュリティセンター　192
食中毒　78, 107
　——菌　78
　——予防の3原則　81
食品安全　100
　——委員会　90
　——保障　100
食品衛生 7S　84, 96
食品危害　71, 72
食品添加物　73, 77
食品取扱いの3原則　82
食品の定義　72
食品防御　100
食物アレルギー　75
食料自給率　100
深層防護　50, 134
　——の誤謬　51
信頼性重視保全　153
水準　30
ストレステスト　200
性質　31
脆弱性　39
セレウス菌　80
全社的品質管理　95
洗浄殺菌マニュアル　123
前提条件プログラム　95
線量当量預託　146
組織事故　48
ソニー　179
ソブリン・リスク　202

た 行

体細胞クローン家畜　78
他者と自己の相互作用　64
多様性　64
地域防災計画　159
茶のしずく石鹸事件　75
腸炎ビブリオ菌　79
対　54
強い予防原則　35
定常　38
デクシア　200
添加剤　77
東海地震　164
東京都地域防災計画　167
東京都防災対応指針　175
統計科学　223
東南海・南海地震　164
トータルインテリジェンス CAE マネジメントモデル　225
毒素型　81
匿名性　59
ドライ化　82
トランス・サイエンス　24
トレーサビリティ　99

な 行

ナイト　27
　——流の不確実性　32
内部告発の一般化　99
内部被曝　142
農林水産省　90
ノロウイルス　80, 109

は 行

バイオテロ　100
ハインリッヒの法則　151
ハザード　85
　——分析　77

発生確率　87
パパンドレウ首相　197
半減期　137
必須管理点　92, 96
非定常　38
ヒヤリ・ハット　151
病原菌　78
標準作業書　84
標的型メール攻撃　188
品質保証　210
　——体系図　210
フードセーフティ　100
フードセキュリティ　100
フードチェーンアプローチ　99
フードディフェンス　100
不確実性　27
複雑系　55
複雑性　45
複雑適応系　45
負債倍率　195
ブラックハット　63
プリオン病　20
ベアー・スターンズ　196
平衡領域　49
防止　33, 41
　——原則　33
放射性物質　135
放射線　135
　——照射食品　78
放射能　135
没個性化　63
ボツリヌス菌　80, 81
ボパールの悲劇　50
ホワイトハット　63

ま 行

慢性毒性　74

三重県 HACCP　129
未然防止　34
三菱重工業　179
ミドルウェア　188
ムーディーズ社　198

や 行

抑止　39
予防　33, 41
　——原則　36
　——処置　34
　——的方策　34
弱い予防原則　35

ら 行

ラスムッセン　14
リーマンショック　193
リーマン・ブラザーズ　195
リオ宣言　35
リコール　205
リスク　18, 85
　——アセスメント　85
　——管理　85
　——コミュニケーション　85, 89
　——対応　85
　——特定　85
　——評価　85
　——分析　85
　——マネジメント　85
流動性リスク管理　202
連鎖モデル　55

わ 行

ワインバーグ　24

著者紹介

[監修者]

畠中　伸敏（はたなか　のぶとし）【全体監修，第1, 2章執筆】

1947年大阪府生まれ．慶應義塾大学大学院工学研究科修士課程修了．工学博士．
キヤノン株式会社を経て，現在，東京情報大学大学院総合情報学研究科教授．青山学院大学大学院理工学研究科非常勤講師．
主な著書
『個人情報保護とリスク分析』，編著，日本規格協会，2005．
『情報セキュリティのためのリスク分析・評価』(第2版)，編著，日科技連出版社，2008．
『環境配慮型設計』，日科技連出版社，2012．ほか多数．
受賞歴
日本品質管理学会 品質技術賞（2000, 2002年），言語処理学会優秀発表賞（2002年）

[編著者]

米虫　節夫（こめむし　さだを）【第3, 4章執筆】

1941年大阪府生まれ．大阪大学大学院工学研究科発酵工学専攻博士課程中退．工学博士．
大阪大学薬学部助手，近畿大学農学部教授を経て，現在，大阪市立大学大学院客員教授．
食品安全ネットワーク会長．
主な著書
『やさしいシリーズ9 食品衛生新5S入門』編著，日本規格協会，2004．
『ISO22000のための食品衛生7S実践講座』(全3巻)，編著，日科技連出版社，2006．
『やさしいシリーズ10 ISO 22000食品安全マネジメントシステム入門』(新装版)，日本規格協会，2012．ほか多数
受賞歴
日経品質管理文献賞（1977, 2000, 2006年），日本防菌防黴学会学会賞（2010年）

岡本　眞一（おかもと　しんいち）【第5章執筆】

1949年東京都生まれ．早稲田大学大学院理工学研究科博士課程修了．工学博士．
現在，東京情報大学総合情報学部教授，早稲田大学非常勤講師，アジア工科大学（Asian Institute of Technology）客員教授．
主な著書
『コンジョイント分析』，ナカニシヤ出版，1999．
『特級技能士のための管理・監督の知識』（共著），職業訓練教材研究会，2003．
『環境経営入門』（編著），日科技連出版社，2007．ほか多数
受賞歴
早稲田大学小野梓記念学術賞（1979年），AIT教育賞（2004年），
厚生労働大臣表彰（2009年）

[特別寄稿]

天坂　格郎（あまさか　かくろう）【第10章執筆】

1947年青森県生まれ．工学博士（広島大学大学院電気系Ⅱ類）．
トヨタ自動車(株)TQM推進部部長を経て，現在，青山学院大学大学院理工学研究科教授．
オペレーションズ・マネジメント＆ストラテジー学会会長．
専門：New JIT, Science TQM, Science SQC, Customer Science, Numerical Simulation

[著　者]

伊藤　重隆（いとう　しげたか）【第7, 8章執筆】

1949年東京都生まれ．慶應義塾大学工学部管理工学科卒業．
(株)富士銀行，富士銀行信託会社（NY）上級副社長を経て，現在，みずほ情報総研株式会社公共システム業務部シニアアドバイザー，情報システム学会副会長．
専門：情報システム論，情報セキュリティ，金融リスク管理

及川　忠雄（おいかわ　ただお）【第9章執筆】

1941年岩手県生まれ．東北大学工学部精密工学科卒業．工学博士．
いすゞ自動車(株)，(株)ゼクセル，ボッシュエレクトロニクス(株)を経て，現在，QKマネジメント研究所代表，明治大学理工学部兼任講師．
専門：機械工学，内燃機関，品質管理，環境管理

折原　秀博（おりはら　ひでひろ）【第6章執筆】

1954年山形県生まれ．東京教育大学理学部中退．
東京都港区企画部情報システム課長，首都大学東京システムデザイン学部事務部長などを経て，現在，東京都環境局担当部長．
専門：情報セキュリティ，環境マネジメント

金山　民生（かなやま　たみお）【第4章執筆】

1969年兵庫県生まれ．鳥取大学農学部農林総合科学科卒業．
フジッコ(株)にて技術開発・工場品質管理，鳥取県畜産農業協同組合にて商品開発・工場品質管理・ISO 22000事務局を歴任．現在，東洋産業(株)技術部コンサルティング室室長．
専門：食品衛生7S，HACCP構築など食品衛生管理活動の支援．

西屋　和夫（にしや　かずお）【第3章執筆】

1948年福井県生まれ．早稲田大学政治経済学部政治学科卒業．
(株)りそな銀行を経て，りそな総合研究所(株)にてマネジメントシステム導入支援コンサルティングを担当．現在，食品安全指導コンサルタント．
専門：食品衛生7S, HACCP, ISMS, プライバシーマーク，ISO 9001 等

予防と未然防止
事件・事故を回避する安全・安心の科学

定価：本体 2,700 円（税別）

2012 年 3 月 22 日　第 1 版第 1 刷発行

監　　修　畠中　伸敏
編　　著　米虫節夫・岡本眞一
発 行 者　田中　正躬
発 行 所　財団法人　日本規格協会
　　　　　〒 107-8440　東京都港区赤坂 4 丁目 1-24
　　　　　　　　　　　http://www.jsa.or.jp/
　　　　　　　　　　　振替　00160-2-195146
印 刷 所　株式会社ディグ
製　　作　有限会社カイ編集舎

© Nobutoshi Hatanaka, et al., 2012　　　　Printed in Japan
ISBN978-4-542-70168-7

当会発行図書，海外規格のお求めは，下記をご利用ください．
　出版サービス第一課 :(03)3583-8002
　書店販売 :(03)3583-8041　注文 FAX:(03)3583-0462
　JSA Web Store:http://www.webstore.jsa.or.jp/
編集に関するお問合せは，下記をご利用ください．
　編集第一課 :(03)3583-8007　FAX:(03)3582-3372
　　本書及び当会発行図書に関するご感想・ご意見・ご要望等を，
　　氏名・年齢・住所・連絡先を明記の上，下記へお寄せください．
　　　　e-mail:dokusya@jsa.or.jp　FAX:(03)3582-3372
　　　　（個人情報の取り扱いについては，当会の個人情報保護方針によります．）